Ralf Georg Reuth | Günther Lachmann

Das erste Leben der Angela M.

Ralf Georg Reuth
Günther Lachmann

Das erste Leben der Angela M.

Mit 17 Abbildungen

Piper München Zürich

Mehr über unsere Autoren und Bücher:
www.piper.de

MIX
Papier aus verantwor-
tungsvollen Quellen
FSC® C014496

ISBN 978-3-492-05581-9
5. Auflage 2021
© Piper Verlag GmbH, München 2013
Gesetzt aus der Adobe Minion Pro
Satz: Tobias Wantzen, Bremen
Druck und Bindung: GGP Media GmbH, Pößneck
Printed in Germany

Inhaltsverzeichnis

Ohne Macht gibt es Chaos
Fazit | **284**

Man weiß … über 35 Jahre meines Lebens kaum etwas
Einleitung

Eine Ewigkeit trennt diesen Abend von ihrem ersten Leben. Es liegt verborgen hinter all den Jahren der Orientierung und Konsolidierung, zugedeckt durch Bilder und Berichte des steilen Aufstiegs, der sie schließlich an diesen Ort geführt hat. Angela Merkel hat mehr erreicht, als sie selbst zu hoffen wagte. Wäre sie eine Romantikerin, würde sie vielleicht sagen, dass ihr ein Traum erfüllt wurde. Aber sie ist viel zu sehr Realistin, um zu träumen. Ihr Denken strebt nach Ordnung, nichts soll dem Zufall überlassen bleiben. Erfolg ist ihrem Verständnis nach niemals glückliche Fügung, sondern immer nur die Bestätigung einer gründlichen Kalkulation: Erfolg ist für sie das nüchterne Ergebnis einer aufgehenden Gleichung. Und so zeigt sie sich an diesem Abend auch nicht überschwänglich emotional, sondern erklärt nüchtern: »Aber dass ich einmal im Rosengarten des Weißen Hauses stehen würde und dass ich von einem amerikanischen Präsidenten die Freiheitsmedaille empfangen würde, das lag jenseits all meiner Vorstellungskräfte.«

Es ist der 7. Juni 2011. Noch vier Monate, dann wird Angela Merkel als Kanzlerin der Bundesrepublik Deutschland sechs Jahre das wiedervereinigte Land regiert haben, das sie einst gar nicht wiedervereinigen wollte. Aber wer weiß das schon an diesem Abend im Rosengarten des Weißen Hauses in Washington? Und derjenige, der es mindestens so gut wissen muss wie sie selbst, ihr Ehemann Joachim Sauer, hört ihre Worte mit ausdrucksloser Miene.[1] Er, der amerikanische Präsident Barack Obama und dessen Ehefrau Michelle verfolgen die Rede an den festlich für das State Dinner eingedeckten Tischen. Sie sitzen mit dem Rücken zum Rednerpult, wo Angela Merkel vor 206 geladenen Gästen den Amerikanern ihren Dank für die ihr zuteilwerdende höchste Auszeichnung der Vereinigten Staaten ausspricht. Sie wird an Persönlichkeiten vergeben, die im Geiste der Freiheit einen bedeutenden Beitrag »für die Sicherheit oder das nationale Interesse der USA, den Weltfrieden und kulturelle oder andere bedeutsame öffentliche Belange«[2] geleistet haben.

Obama und dessen Ehefrau Michelle haben ihre Stühle zurechtgerückt, damit sie die Rednerin wenigstens seitlich anschauen können. Sauer hingegen dreht sich nicht einmal in dem Augenblick zu ihr um, in dem sie auf die zuvor von Obama genannte Begründung für die Preisverleihung eingeht. Angela Merkel habe es in ihrer Jugend abgelehnt, für die Stasi zu spionieren, hat Obama gesagt. Aber nicht dafür bekomme sie den Orden. Auch nicht dafür, »dass ihr die Freiheit verweigert wurde, auch nicht für das Erlangen der Freiheit«, sagte er, und ein jeder der Anwesenden mag sich insgeheim gefragt haben: Wenn nicht dafür, wofür denn dann? Die Antwort lautete: »Sondern für das, was sie durch die erlangte Freiheit erreicht hat.«[3]

In diesen Minuten nun steuert Angela Merkel auf jenen Punkt zu, der sie weit zurück bis ans Ende der DDR führt, an jene Grenze zwischen Unfreiheit und Freiheit, an die Zeit des Übergangs von ihrem ersten in ihr zweites Leben.

Sie spricht davon, dass sich die Sehnsucht nach Freiheit nicht in Mauern gefangen halten lässt. »Und welche Kraft die Sehnsucht nach Freiheit entfalten kann, das hat die Geschichte schon oft gezeigt«, sagt sie. »Sie bewegte Menschen dazu, Ängste zu überwinden, sich offen gegen Diktaturen zu stellen. So auch im Osten Deutschlands und Europas vor rund 22 Jahren.«

Sauers Gesicht ist unbewegt, als sich seine Frau in ihrer Rede immer weiter von sich selbst entfernt. Wichtige Reden geht sie vorher oft noch einmal mit ihm durch.[4] Und was sie hier und heute Abend sagt, ist zweifellos wichtig. Wort für Wort tastet sie sich in ihrem sorgsam ausgearbeiteten Text voran, der nun grammatikalisch in die dritte Person Plural wechselt und es vermeidet, diejenigen beim Namen zu nennen, denen die Welt ihrer Ansicht nach die Überwindung der Diktatur im Namen des demokratischen Sozialismus zu verdanken hat. Sie, die vorhin noch eindringlich von ihren lebhaften und ganz persönlichen Erinnerungen an den Mauerbau vor 50 Jahren gesprochen hat und davon, »dass Erwachsene, auch meine Eltern, vor Fassungslosigkeit weinten«, bleibt bei der Schilderung des nur 20 Jahre zurückliegenden Geschehens vage, ganz so, als seien die damals handelnden Personen bis heute in einem dichten Nebel verborgen. Angela Merkel spricht weder von Politikern noch von den Bürgern oder den Bürgerrechtsbewegungen der DDR, sondern wählt ausdrücklich das in diesem Fall so verallgemeinernde, weder die Umstände noch die handelnden Personen näher bestimmende Wort »Menschen«. Menschen hätten die Mauer zwischen Ost und West überwunden, sagt sie. Wer wollte ihr da widersprechen, auch wenn dies nur ein Teil der Wahrheit ist. Der andere Teil sind wirtschaftliche Zwänge, die in den sozialistischen Staaten Reformen unausweichlich machten. Aber viel mehr als das interessiert jetzt und hier im Rosengarten, wie sie selbst, die dort oben im schwarzen Abendkleid am Rednerpult steht und zu der alle aufschauen, ihre damalige Rolle sieht. Doch genau das sagt sie nicht. Sie bleibt die Antwort schuldig. »Ich verneige mich in Demut vor allen, die für die Freiheit ihr Leben in Gefahr bringen (…)«, sagt sie. »Und einige dieser mutigen Frauen und Männer begleiten mich heute Abend. Die Freiheitsmedaille, die mir verliehen wird, wird auch ihnen verliehen.«

So liegt ihr erstes Leben auch an diesem Tag und darüber hinaus im Vagen, eingegraben in ihr eigenes Gedächtnis und in die Erinnerung all jener, die sie damals begleiteten und förderten. Allen anderen aber, die in jenen Tagen nicht in ihrem engsten Umkreis dabei waren, ist die weltanschaulich-politische Seite dieses Lebens bis heute weitgehend unbekannt, und sie bleibt es, weil Angela Merkel selbst diese Seite, die sowohl den Menschen als auch die Politikerin erst erklären könnte, im Verborgenen belässt. Lieber nimmt sie es in Kauf, dass Zweifel an ihrer Person bleiben, an ihr, der ungewöhnlichen und erfolgreichen Politikerin, die an der Spitze der wirtschaftlich stärksten Nation in der europäischen Finanzkrise zur einflussreichsten Regierungschefin Europas aufstieg.

»Warum tust du dir das an, Mädel?«, sagte einmal ein alter Mann zu ihr, der eigens auf Socken aus seiner Mansardenwohnung im Berliner Stadtteil Prenzlauer Berg zu einem CDU-Wahlkampfstand auf der Schönhauser Allee zu ihr heruntergekommen war.[5] Was sie ihm damals in den frühen Jahren ihrer Karriere geantwortet hat, ist nicht überliefert. Aber mit seiner Frage steht dieser alte Mann stellvertretend für viele, die Angela Merkel begegneten und sich keinen Reim auf diese Frau aus dem Osten Deutschlands machen konnten. Bis heute rätseln Zeitgeschichtler und Journalisten über ihr Weltbild, ihre Antriebskräfte, ihre Ziele und ihre Unnahbarkeit, die sie, die doch ganz oben angekommen ist, immer noch umgibt. Warum wirkt Angela Merkel so distanziert? »Strahlt sie die Einsamkeit aus, oder wird sie ihr zugemutet?«, fragt Johannes Leithäuser von der *Frankfurter Allgemeinen Zeitung*.[6]

Wer könnte sie ihr zumuten, wenn nicht sie selbst? Welche Umstände zwingen eine Frau wie Angela Merkel, die von sich selbst behauptet, ein »gemeinschaftshungriger Gruppenmensch« zu sein[7], die eigene Persönlichkeit so zu reduzieren? Auffallend oft tauchen in dem wenigen, was sie selbst in den zahlreichen Interviews der vergangenen 20 Jahre über ihre Kindheit und Jugend berichtete, Schilderungen aus ihren ersten Lebensjahren auf, an die ein Mensch normalerweise kaum eigene Erinnerungen hat. Sie aber spricht genau darüber. Sie spiegelt damit das, was andere über ihr frühes Leben gesagt haben, und verstellt möglicherweise mit diesem Spiegelbild den Zugang zu dem, was sie selbst im Innersten bewegt. So erzählt sie, dass sie zwar früh sprach, aber erst spät und dann auch nur mit großen Schwierigkeiten laufen lernte. Auf Nachfragen sinniert sie über die Gründe: »Vielleicht liegt es daran, dass ich als kleines Kind meistens im Laufstall saß.«[8] Vielleicht, vielleicht aber auch nicht. Vermutlich war es so. Aber es könnte auch anders gewesen sein.

Eigenartig verschwommen und auch widersprüchlich äußert sie sich über die DDR. »Mich verband mit diesem Land überhaupt nichts. Und ich habe die DDR nie als mein Heimatland empfunden«, sagt Angela Merkel. Sie habe »niemals DDR-Fernsehen gesehen, mit Ausnahme von Sportsendungen«. »Und später habe ich mich so verhalten, dass ich mit diesem Staat nicht dauernd in Konflikt leben musste.«[9] War sie deshalb in der FDJ, der »Kampfreserve der Partei«, als Funktionärin tätig, ob an der Schule, an der Universität und an der Akademie? Niemand konnte sie dazu gezwungen haben. Im Fernsehen bekannte sie gegenüber Günter Gaus kurz nach der deutschen Einheit sogar: »Ich war gerne in der FDJ.«

Sie sagt auch: »Ja, ich hatte eine schöne Kindheit. Das wird ja im Westen oft übersehen, dass das Leben in der DDR nicht nur aus Politik bestand. Die Uckermark als Landschaft ist wunderschön, wir sind im Wald rumgerannt, haben Blaubeeren gepflückt, Pilze gesammelt. Ich hatte mein Gartenstück, im Sommer bin ich jeden Tag baden gefahren. Abends auf dem See schwimmen war schön. Weihnachtslieder singen mit Echo.«[10] Wie passen diese Erinnerungen zu der Aussage, dass sie mit der DDR »überhaupt nichts« verband? Ihr Biograf Langguth meint dann auch, sie habe etwas »Sphinxhaftes an sich«. Und auf die Frage »Wie viel DDR steckt in Angela Merkel?« weiß auch er keine Antwort, wenn er schreibt: »Trotz aller Publizität und medialer Argusaugen sind sich viele, im Osten wie im Westen Deutschlands, in der Beantwortung dieser Frage nicht sicher.«[11]

So wenig Angela Merkel über sich selbst und ihr Leben in der DDR preisgibt, so viel möchte sie über die Menschen erfahren, mit denen sie zu tun hat. Dabei geht es nicht nur um ihre Stärken und Schwächen, sie möchte ihre Wünsche kennen, ihre Vorlieben und Abneigungen. Sie interessiert sich für Hoffnungen wie für Enttäuschungen, für Feindseligkeiten und Karriereambitionen. Journalisten, die sie länger begleitet haben, sagen, sie habe in der CDU ein engmaschiges »Spitzelsystem« aufgebaut.[12] Sie sei deutschlandweit vernetzt. »Selbst aus Sitzungen von Bezirksvorständen bekommt sie Informationen.« Denn Wissen ist Macht. »Sie (selbst) hat kein Vertrauen zu niemandem – vielleicht, weil man auch zu ihr kein Vertrauen haben kann«, sagt ein langjähriger Weggefährte aus dem Osten.[13] Andere wiederum entdecken bei ihr eine Vorliebe fürs Versteckspiel, wenn sie etwa mit dem Linken-Politiker Dietmar Bartsch vor einer politischen Fernsehsendung schnell noch einige Sätze Russisch spricht. »Sie mag die kleinen Geheimnisse, und manchmal steht das in ihren Augen, wenn man ihr eine Frage stellt. Dann zögert sie mit der Antwort, schaut wissend und sagt dann irgendetwas Harmloses.«[14]

Damit verblüfft sie die Leute, weil das Gesagte zuweilen so banal ist, dass niemand damit rechnet, und sie den Gesprächspartner so unbemerkt auf eine ganz andere Fährte lockt. Als sie einmal gefragt wurde, wie ihr zeitraubender Beruf denn eigentlich das Verhältnis zu ihrem Ehemann, der damals noch ihr Lebensgefährte war, verändert habe, antwortete sie mit der Attitüde der treu sorgenden Hausfrau: »Zum Beispiel blieb der Pflaumenkuchen auf der Strecke, den ich früher immer gebacken habe. Dieses Jahr ist mir irgendwann beim Spazierengehen bewusst geworden, dass jetzt die Pflaumen reif werden, aber an Kuchenbacken gar nicht zu denken ist.«[15] Plötzlich ging es nicht mehr um die Ehe, sondern ums Kuchenbacken.

Angela Merkel habe »die Kunst, allen Fragen auszuweichen, sich nicht festzulegen, nichts zu sagen, zu einem Grad perfektioniert, der nicht einmal im *Neuen Deutschland* der alten SED erreicht worden war«, schreibt Matthias Krauß.[16] »Wer zu untersuchen trachtet«, so Krauß, »was Angela Merkel über sich selbst preisgibt, der stößt zuallererst auf ein einfaches Ergebnis: am liebsten gar nichts.« Am Ende ihrer Biografie meint Jacqueline Boysen fast schon resigniert: »Die Politikerin hat ihre Fähigkeit, eine Maske zu tragen, perfektioniert.« Einen Blick hinter diese Maske lasse sie nicht zu …«[17] »Keiner soll hinter ihren selbst gewählten Schutzschirm schauen können«, konstatiert auch Biograf Gerd Langguth.[18] Wen wundert es da, dass sie »Verschwiegenheit« im Fragebogen des *FAZ-Magazins* als ihre Haupttugend bezeichnet.[19]

Doch nicht nur sie selbst, der »ganze Merkel-Clan steht unter diesem Verhüllungszwang«, spitzt der Publizist Hajo Schumacher zu: »Vater Kasner, der strenge Geistliche, boykottiert Mikrofone, die Mutter wagt sich maximal zu einer Wahlveranstaltung der Tochter. Professor Sauer, angesehener Grundlagenforscher, ließ ein ARD-Team in Bayreuth mit leisem Triumph wissen, dass er keine Auftritte plane und auch sonst nichts sagen werde. Sie lächelt dazu.«[20] Angela Merkel selbst räumt dann auch ein: »Man weiß in den alten Bundesländern über 35 Jahre meines Lebens kaum etwas. Dieses Leben war ein Leben außerhalb des Berufspolitischen, sodass ich eigentlich eine verschärfte Seiteneinsteigerin bin. Das macht neugierig. Und das verstehe ich.«[21] Nachgeben aber will sie dieser Neugier nicht. Immer wieder lässt sie ihre Gesprächspartner enttäuscht zurück. Den Autoren dieses Buchs ließ sie von ihrem Regierungssprecher mitteilen, dass sie keine Zeit habe, sich mit den an sie gerichteten Fragen zu beschäftigen.[22]

Mit dem wenigen und oft Banalen, das sie über ihre DDR-Zeit preisgibt, hat Angela Merkel eine Vorstellung von ihrem ersten Leben geschaffen. Es ist die Vorstellung von der Pfarrerstochter, einer Außenseiterin, die dennoch eine Wissenschaftskarriere in der DDR machte, von einer jungen Frau, die den real existierenden Sozialismus als Bürde ansah und schon als Kind vom politischen System der Bundesrepublik schwärmte. Zu dieser Vorstellung gehört auch, dass sie in der Wendezeit tatkräftig für die Einheit der Nation kämpfte. Alles ist so, wie es einer Kanzlerin aus den Reihen der christlich-demokratischen Union gut ansteht. Und alles ist auch – nur in Nuancen unterschiedlich – in die Biografien eingeflossen, die Evelyn Roll[23], Jaqueline Boysen[24], Wolfgang Stock[25], Gerd Langguth[26] und zuletzt Stefan Kornelius[27] geschrieben haben.

Doch verlief das erste Leben der Angela Merkel wirklich so, wie es bislang dargestellt wurde? In der schriftlichen Hinterlassenschaft der DDR nach Antworten zu suchen ist mühevoll. Die Unterlagen sind weitgehend vernichtet worden – diejenigen der kirchlichen Weiterbildungsstätte, die der Vater leitete, ebenso wie die der Organisationen, deren Mitglied er war; und auch die Dokumente der FDJ-Gliederungen, denen Angela Merkel angehörte, ob an der Leipziger Karl-Marx-Universität oder an der Akademie der Wissenschaften in Berlin. Und das wenige, was die DDR überdauert hat, ist oft aus Datenschutzgründen gesperrt. Ähnlich ernüchternd verhält es sich mit den meisten Zeitzeugen. Wer fragt und von ihnen mehr wissen will, als dass sie als Jugendliche bei einer Moskau-Reise eine Langspielplatte der Beatles gekauft hat, stößt oft auf Misstrauen und Zurückhaltung, mitunter sogar auf Angst. Über die zweite Diktatur in Deutschland redet man eben nicht gern. Dennoch gibt es vereinzelt erhellende Dokumente und mitunter auch auskunftsbereite Weggefährten der Angela Merkel aus frühen Tagen.

Doch erst die Integration aller zusammengetragenen Informationen in den zeithistorischen Rahmen ermöglicht einen unverstellten Blick auf das erste Leben der Angela Merkel. Denn nur wer die Kirchenpolitik des SED-Staats und die Methoden, mit denen sie durchgesetzt wurde, kennt, wird die Rolle ihres Vaters und damit auch ihre Stellung in der Schule begreifen können. Nur wer weiß, was 1981 in Polen geschah, wird Angela Merkels Äußerungen deuten können. Und nur wer weiß, wie die Wende in der DDR in den Jahren 1989/90 zustande kam und welche dabei die entscheidenden Kräfte waren, wird die damalige Angela Merkel politisch verorten können. In dieser Methodik der Schilderung, die manchmal die Hauptperson verlässt und Zeitgeschichte erzählt, wie sie so in Teilen noch nicht erzählt worden ist, liegt der besondere Ansatz dieses Buches.

So formt sich alles – wie die Stücke eines Puzzles – zu einem Bild vom ersten Leben der jetzigen Bundeskanzlerin, das im Widerspruch steht zu demjenigen, welches sie selbst von sich entwirft. Dabei geht es neben der Prägung durch ihr kirchliches Elternhaus darum, wie sie es mit dem Sozialismus und mit der sowjetischen Reformpolitik unter Gorbatschow hielt. Es geht darum, ob sie während der Wende tatsächlich als »verschärfte Seiteneinsteigerin« agierte, wie sie von sich sagt, oder ob ihr politisches Engagement nicht doch folgerichtig war aus ihrer Tätigkeit als Propagandistin der Betriebsgewerkschaftsleitung und als Funktionärin der FDJ-Grundorganisation an der Akademie der Wissenschaften der DDR.

Und schließlich ist da der kometenhafte Aufstieg der unauffälligen Frau im Faltenrock zur Bundesministerin innerhalb nur eines einzigen Jahres. Wie war dieser überhaupt möglich gewesen? Ist es der Zufall, der in Zeiten des Umbruchs solche Karrieren hervorbringt? Oder sind andere Faktoren ausschlaggebend, wie etwa die Spezifik ihrer

Persönlichkeit, jenes Zusammenspiel von äußerlicher Unscheinbarkeit, messerscharfer Intelligenz und konsequenter Härte – einer Persönlichkeit, die so überlegen war, weil sie völlig unterschätzt wurde? Welche Rolle spielen Beziehungsgeflechte bei einem solch unglaublichen Aufstieg – Beziehungsgeflechte, die dann auch verständlich machten, weshalb wir über das erste Leben der Angela Merkel bislang so wenig wissen?

1 Ein Mensch wird nicht dadurch gläubig, dass er im Pfarrhaus aufwächst
(1954 bis 1973)

Angela Merkel wurde am 17. Juli 1954 als Angela Dorothea Kasner in Hamburg geboren. Bereits in den ersten Monaten der Schwangerschaft seiner Frau Herlind hatte Angelas Vater, Horst Kasner, die Hansestadt verlassen und war als Pfarrer in den anderen Teil Deutschlands gegangen. Die DDR, die von den sowjetischen Besatzern und ihren deutschen Helfern als Antwort auf die Gründung der Bundesrepublik ins Leben gerufen worden war, befand sich damals im Umbruch. Stalins Tod lag ein Jahr zurück, und sein Nachfolger Chruschtschow brach Zug um Zug mit dem großen Führer. Mit der Entstalinisierung schien jenseits der Weltanschauungsgrenze ein neuer politischer Frühling heraufzuziehen – auch in der DDR, wo die SED-Eliten dem toten Diktator soeben noch so emphatisch gehuldigt hatten. Selbst wenn die Blockkonfrontation in unverminderter Schärfe anhielt und die Panzer der Sowjetmacht den Volksaufstand niederwalzten, zu dem sich der Protest der Bauarbeiter von der Ost-Berliner Stalinallee im Juni 1953 ausgeweitet hatte, so blieb doch den Menschen im sowjetisch besetzten Teil Deutschlands auch ein Stück Hoffnung.

Und tatsächlich veränderte sich seit Stalins Tod und der Verkündung des »Neuen Kurses« in der DDR einiges zum Positiven – auch für die Pfarrer. Der Druck auf die Kirchen ließ nach. Vorüber war die Zeit, in der die SED im Zuge des »planmäßigen Aufbaus der Grundlagen des Sozialismus« nach sowjetischem Vorbild offen gegen die beiden Kirchen kämpfte. Im überwiegend protestantischen Mitteldeutschland war sie vor allem gegen die evangelische Kirche vorgegangen, deren »Junge Gemeinde« hatte im Mittelpunkt des staatlichen Terrors gestanden. Ihren Mitgliedern wurde das Tragen des Bekenntniszeichens, der Anstecknadel mit dem Kreuz auf der Weltkugel, untersagt, ehe sie als »illegale Agenten- und Spionageorganisation« gebrandmarkt wurde. Bald wurden auch Geistliche verhaftet, Kirchenbesitz enteignet, der Religionsunterricht aus den Schulen verbannt und Zeitschriften verboten. Mehr als 3000 Schüler und Studenten hatten die Machthaber von den weiterführenden Schulen und Universitäten geworfen. Doch jetzt wurden die meisten Relegationen wieder zurückgenommen, und auch sonst hatte es den Anschein, als würden seit der Einbestellung des Ersten Sekretärs des ZK der SED, Walter Ulbricht, in den Kreml, wo ihm die sowjetische Führung Anfang Juni 1953 die zu treffenden »Maßnahmen zur Gesundung der politischen Lage in der DDR« diktiert hatte, die Spielräume für die Kirchen wieder etwas größer werden.

Vielleicht trug diese Entwicklung in der DDR dazu bei, dass sich der junge Theologe Horst Kasner entschied, die Bundesrepublik zu verlassen. Der spätere Hamburger Bischof Hans-Otto Wölber habe ihm gesagt, dass er in Brandenburg gebraucht werde, weil die Kirche dort nicht genügend Pfarrer habe. Daraufhin sei er gegangen, so wie er auch nach Afrika gegangen wäre, wenn ihn seine Kirche dorthin geschickt hätte, antwortete Kasner, als er nach 1989 danach gefragt wurde.[1] Gewiss lag seiner Entscheidung auch eine Haltung zugrunde, die dem damaligen Schwarz-Weiß-Schema des Kalten Krieges zuwiderlief. Denn linke protestantische Kreise standen Adenauers West-Integrations-Politik, seinem Wiederbewaffnungskurs und seiner konsequenten Ablehnung des Moskauer Angebots, ein neutrales Gesamtdeutschland zu schaffen, ablehnend gegenüber. Mehr Sozialismus lautete dort die Losung. Der DDR gewannen die linken Protestanten gleichwohl nicht so viel ab, auch wenn sie manches, was dort geschah, als nachvollziehbare Reaktion auf die Bonner Politik ansahen. Dies galt offenbar auch für den jungen Theologen Kasner, der anfangs vom Ministerium für Staatssicherheit (MfS) als »Gegner« des »Arbeiter- und Bauernstaates« eingestuft wurde.[2]

Vielleicht erleichterte es Horst Kasner die Entscheidung, dem vom Krieg schwer gezeichneten Hamburg den Rücken zu kehren und in die brandenburgische Provinz zu gehen, dass er in gewisser Hinsicht in seine Heimat zurückkehrte. Er war am 6. August 1926 in Berlin-Pankow als Sohn eines polnischen Auswanderers namens Ludwig Kazmierczak geboren worden. Schon bald hatte dieser seinen Namen eindeutschen lassen. Ludwig Kasner, wie dieser jetzt hieß, lebte von Anfang der 20er-Jahre bis zu seinem Tod 1959 in Berlin und war dort zuletzt als Polizist tätig.[3] Über Horst Kasners Jugend ist fast nichts bekannt. Man weiß nicht, wo er seinen Kriegsdienst ableistete und ob er in Gefangenschaft geraten war. Sicher ist nur, dass er eine Realschule besuchte. Von 1948 an studierte er Theologie in Heidelberg, Bielefeld und Hamburg, wo er nach dem Examen in der Winterhuder Epiphanienkirche Vikar wurde. In der Hansestadt lernte er auch die aus Westpreußen stammende Lehramtsstudentin Herlind Jentzsch kennen. Die beiden heirateten, und ein Jahr nach der Hochzeit kam im Sommer 1954 ihre erste Tochter Angela Dorothea Kasner zur Welt.

Da war ihr Vater schon in der »Ostzone«, wie die DDR damals im Westen genannt wurde. Im Frühjahr hatte er dort seinen Dienst angetreten, genauer gesagt in der 300-Seelen-Gemeinde Quitzow bei Perleberg in der brandenburgischen Prignitz, die etwa 80 Kilometer von Berlin entfernt ist. Im September kamen seine Frau und Tochter nach, die den Sommer bei der Großmutter in Hamburg-Eimsbüttel verbracht hatten. Der Umzugsunternehmer habe ihnen damals gesagt, so berichtete Kasner nach der Wende, er kenne nur zwei Sorten von Leuten, die von West nach Ost wechselten: »Kommunisten oder wirklichen Idioten.« Normalerweise ginge es doch andersherum.[4] Tatsächlich verließen in jener Zeit 30 000 bis 40 000 Menschen im Monat den »Arbeiter- und Bauernstaat« in Richtung Westen und damit in Richtung Freiheit.

In Quitzow war für die Kasners der Anfang schwer.[5] Die junge Familie des Hilfspredigers wohnte in einem kleinen Pfarrhaus in der Nähe der Dorfkirche. Die Lebensmittel kamen von einem »Pfarrland«, das verpachtet wurde und der Unterhaltung der Pfarrei diente. Darüber hinaus hielt ein Kirchendiener zwei Ziegen, also musste Kasner lernen, Ziegen zu melken, und eine Nachbarin brachte seiner Frau bei, wie sie Brennnesselspinat zubereiten konnte.[6] So jedenfalls erzählt es Angela Merkel heute. Auch das Geld war knapp, denn das Einkommen der Geistlichen im Osten lag deutlich unter dem im Westen. Hinzu kam, dass in der DDR Herlind Kasner, die in Hamburg ihr Studium beendet hatte, die Ausübung ihres Berufs als Lehrerin verweigert wurde.[7] Die Genossen wollten keine im Westen ausgebildete Lehrerin für Englisch und Latein. Sie blieb die Pfarrersfrau zu Hause. Im Sommer 1957 brachte sie ein weiteres Kind zur Welt. Diesmal war es ein Junge, den die Kasners auf den Namen des biblischen Apostels Marcus tauften.

Nicht leichter gestaltete sich die tägliche Arbeit des Hilfspredigers mit der Jungen Gemeinde der evangelischen Kirche. Die SED hatte den Ausbau ihrer Jugendorganisation, der FDJ, forciert. Im gleichen Jahr, als die Kasners nach Quitzow kamen, war überdies die »Jugendweihe« als Gegenveranstaltung zu Konfirmation und Kommunion eingeführt worden. Die Kirchen protestierten zwar dagegen und erklärten die Unvereinbarkeit von beidem, konnten aber nicht verhindern, dass besonders der Jungen Gemeinde auf lange Sicht der Nachwuchs entzogen werden sollte, denn das Tragen des Blauhemds der FDJ brachte im SED-Staat Vorteile allerorten.

Mitte der Fünfzigerjahre lernte der Quitzower Jugendpfarrer dann Albrecht Schönherr[8] kennen, den Superintendenten des Kirchenkreises Brandenburg an der Havel und Direktor des dortigen Predigerseminars. Schönherr hatte in Tübingen und Berlin Theologie studiert, Dietrich Bonhoeffers Finkenwalder Predigerseminar besucht und eine Pfarrei zunächst in Greifswald, dann im uckermärkischen Brüssow übernommen. Von 1940 an hatte er als Angehöriger der Wehrmacht den Zweiten Weltkrieg miterlebt, war in Italien in Kriegsgefangenschaft geraten und 1946 nach Brüssow heimgekehrt, wo seine Familie lebte. Nach den Schrecken des Krieges vom Nationalsozialismus geläutert, hatte er sich ganz der Bonhoeffer'schen Theologie verschrieben, der für ihn wegen seines Widerstands gegen die Hitler-Barbarei Vorbild war. Aus der Sicht Schönherrs, der die Teilung als unabänderliche Strafe für die deutsche Schuld ansah, musste es daher nur folgerichtig sein, sich jenen gegenüber zu öffnen, die dieser Hitler-Barbarei ein Ende bereitet hatten. Durch ein Arrangement mit ihnen, so glaubte der Kirchenmann, würde der evangelischen Kirche eine Zukunft in der DDR beschieden sein, denn Sozialismus und Christentum müssten einander nicht ausschließen. »Nicht der theoretische Atheismus, sondern der praktische Atheismus der Christen, wie er sich in Angst, Zank und Heuchelei ausdrückt«, meinte Schönherr, »ist die eigentliche Gefahr für die Gemeinde und die Welt.«[9]

Schönherr fand Gefallen an dem aus der Bundesrepublik übergesiedelten DDR-Neubürger Kasner. Und dieser geriet zunehmend unter den Einfluss des Brandenburger Superintendenten, der im Oktober 1957 dem wortgewandten und Neuen gegenüber aufgeschlossenen Jugendpfarrer aus Quitzow zu einer besseren Stellung verhalf. Kasner wurde wegen »seiner Fähigkeit, auch pädagogisch zu wirken«[10], von der berlin-brandenburgischen Kirchenleitung nach Templin in die Uckermark geschickt.[11] In einem Gebäude des dortigen Waldhofs, einer Behinderteneinrichtung der Stephanus-Stiftung, sollte unter seiner Verantwortung ein Seminar für kirchliche Dienste entstehen, denn Schulung und Orientierung taten not in einer sozialistischen Wirklichkeit, in der es die evangelischen Kirchen alles andere als leicht hatten.

In Templin verbesserten sich die Lebensumstände der Kasners maßgeblich. Denn der Waldhof, wo die Familie des Pfarrers den ersten Stock des Hauses »Fichtengrund« bewohnte, war ein autarker Raum inmitten der real sozialistischen Welt. Auf dem weitläufigen Gelände mit seinen lang gezogenen Backsteinbauten gab es neben einer Förderschule für geistig Behinderte Stallungen und Scheunen. Die von den Behinderten betriebene Landwirtschaft sorgte für einen üppiger gedeckten Tisch als andernorts im Land. Und auch die Schusterei, Näherei und Gärtnerei des Waldhofs erleichterten der Pfarrersfamilie das Leben, insbesondere wenn auch noch das eine oder andere West-Paket eintraf. Für die 15 Kinder der kirchlichen Angestellten – und damit auch für Angela Kasner – war es wie auf einem großen Abenteuerspielplatz, auch wenn die Pfleglinge manche Eltern aus der Stadt davon abhielten, ihre Kinder hinaus auf den Waldhof zu lassen. Einer ihrer Spielkameraden war Matthias Rau, der Sohn des Leiters der Behinderteneinrichtung. Matthias war fünf, Angela vier Jahre alt, als sein Vater, ein Diakon von der Ostsee, die Arbeit auf dem Waldhof annahm. Matthias und Angela wurden Freunde. Und als solche streunten sie durch die Scheunen und Ställe. Im Sommer schwammen sie im nahe gelegenen See.

Auch die beruflichen Anfänge Horst Kasners auf dem Waldhof, wo fortan Rüst- und Freizeiten für die Geistlichen der berlin-brandenburgischen Landeskirche stattfanden, schienen unter einem guten Stern zu stehen, denn im Verhältnis von Kirche und Staatsmacht wurden neue Töne angeschlagen. Schon 1958, ausgerechnet in dem Jahr, in dem sich mit dem Chruschtschow-Ultimatum die Krise um das geteilte Berlin weiter verschärfte, hatten sich der DDR-Ministerpräsident Otto Grotewohl und der Thüringer Landesbischof Moritz Mitzenheim sowie der Greifswalder Bischof Friedrich-Wilhelm Krummacher wiederholt zusammengesetzt. Als Ergebnis der Gespräche gaben die Bischöfe im Juli desselben Jahres ein gemeinsames Kommuniqué heraus. Darin sagten sie mehr oder weniger im Alleingang zu, dass »die Kirchen die Entwicklung zum Sozialismus respektieren und zum friedlichen Aufbau des Volkslebens beitragen« wollten.[12] Im Oktober 1960 verkündete Ulbricht vor

Zweierlei Wege. Matthias Rau und Angela Kasner vor einer Scheune auf dem Waldhof bei Templin Ende der Fünfzigerjahre

der DDR-Volkskammer gar, dass »Christentum und die humanistischen Ziele des Sozialismus keine Gegensätze sind«. Das stimmte besonders die jüngeren Linken in den evangelischen Kirchen hoffnungsfroh, obwohl der Kalte Krieg im geteilten Deutschland seinem Höhepunkt entgegentrieb.

Das galt auch für den jungen Pastor Horst Kasner. Was er nicht sah: Hinter den propagandistisch herausgestellten Äußerungen des Ersten Sekretärs verbarg sich eine neue, von Moskau vorgegebene strategische Konzeption für den Umgang mit der »Feindorganisation Kirche«. Deren Ausgangspunkt war die Erkenntnis, dass in den Satellitenstaaten eine offen ausgetragene, aggressiv-konfrontative Auseinandersetzung mit den Kirchen nicht weiterführte. Deshalb sollten neue Wege beschritten werden. Fortan sollten die Kirchen der Sache des Sozialismus dienstbar gemacht werden, das hieß, für die außenpolitischen Ziele der Sowjetunion eingespannt werden.[13] Für die protestantische DDR, in der damals noch 70 Prozent der SED-Mitglieder der evangelischen Kirche angehörten, bedeutete dies, die Kirchen, insbesondere die evangelischen, sollten mithelfen, den »Arbeiter- und Bauernstaat« als zweiten deutschen Staat zu konsolidieren. Denn dieser hatte alle Not, sich selbst zu behaupten. Zum einen wurde er von einem Großteil der internationalen Staatengemeinschaft nicht anerkannt; zum anderen hatte er mit einem regelrechten Exodus seiner Bevölkerung in den Westen zu kämpfen. Das Regime beabsichtigte daher, den Kirchen erweiterte Spielräume zuzugestehen, um im Gegenzug von ihnen ein Bekenntnis zur DDR zu erhalten. Die SED war sich dabei bewusst, dass dies nur erreicht werden würde, wenn es gelänge, eine DDR-eigene evangelische Kirchenorganisation zu schaffen. Hierfür musste die gesamtdeutsche EKD zerschlagen und West-Berlin in der ebenfalls grenzüberschreitenden Landeskirche Berlin-Brandenburg isoliert werden.

Wenn sich Horst Kasner mit der Idee einer eigenen ostdeutschen Kirchenorganisation anfreundete, dann deshalb, weil er glaubte, zu neuen Ufern aufbrechen und die alten Zöpfe der Amtskirche abschneiden zu können. Sicherlich war auch eine gewisse Naivität im Spiel, was das wahre Wesen des zweiten deutschen Staats anbelangte. So ahnte er wahrscheinlich nicht einmal, dass ihn die Bezirksleitung des Ministeriums für Staatssicherheit (MfS) in Neustrelitz und auch die örtliche Kreisdienststelle Templin systematisch ausspionierten. Unter dem Decknamen »Zentrum« wurden Mitarbeiter der Behinderteneinrichtung als Inoffizielle Mitarbeiter (IM) verpflichtet, Lagepläne und Skizzen der Räumlichkeiten erstellt. Nichts blieb dem Geheimdienst verborgen: Wer zu Kasner zu Besuch kam und wer an seinen Rüstzeiten teilnahm, wurde penibel registriert und ausgeforscht. Und auch er selbst stand unter ständiger Beobachtung des Geheimdienstes.[14]

So konnte es sich der Leiter der Templiner Fortbildungsstätte anfangs sicherlich nicht vorstellen, dass die von der Abteilung Kirchenfragen beim Zentralkomitee der SED im Einzelnen vorgegebenen kirchenpolitischen Ziele mittels Infiltration und Zersetzung durch das vom sowjetischen Geheimdienst KGB dominierte MfS erreicht werden sollten. Hierfür sollten Geistliche und kirchliche Mitarbeiter korrumpiert oder zum Mitmachen beim Geheimdienst erpresst werden. Ein weiteres Mittel war die Einschleusung von MfS-Zuträgern in die kirchlichen Organisationen, aber auch die Gewinnung von Pfarrern, deren politische Auffassungen mit denen der Staatsmacht kompatibel erschienen. Entscheidend war dabei für die zuständige MfS-Abteilung V, die spätere Abteilung XX/4, dass die Schlüsselpositionen innerhalb der Kirche mit den »richtigen Männern« besetzt werden würden, wobei die politische Orientierung und nicht die faktische Verpflichtung für den Geheimdienst entscheidend war.

Aus Sicht der SED, in deren Propaganda die EKD wegen des im Februar 1957 mit der Bundeswehr abgeschlossenen Seelsorgevertrags als »NATO-Kirche« attackiert wurde, war es deshalb folgerichtig, als frühe Ansprechpartner die Bischöfe Mitzenheim und Krummacher auszuwählen. Denn Mitzenheim gehörte zu den allerersten evangelischen Kirchenmännern, die sich mit ihrem sogenannten Thüringer Weg offen zum SED-Staat bekannten, was ihm später höchste Auszeichnungen einbrachte.[15] Im Fall des Bischofs Krummacher fanden sich nach der Wende Dokumente, die ihn als geheimen KGB-Informanten mit dem Decknamen »Martin« auswiesen.[16] Der einst flammende Nationalsozialist war in sowjetischer Kriegsgefangenschaft Stalins »Nationalkomitee Freies Deutschland« beigetreten und leitete dort einen kirchlichen Arbeitskreis, ehe er als Angehöriger der Gruppe Ulbricht unmittelbar nach Kriegsende nach Berlin kam.[17] Neben dem Thüringer Landesbischof und dessen Greifswalder Amtskollegen gehörte von Anfang an auch Kasners Förderer Schönherr zu denjenigen evangelischen Geistlichen, auf die die sowjetisch kontrollierte Staatsmacht bei der Verwirklichung ihrer neuen kirchenpolitischen Konzeption setzte.

Bestandteil dieser kirchenpolitischen Konzeption war auch die Gründung nationaler und internationaler christlicher Organisationen, mit denen sowohl Repräsentanten innerhalb der Kirchen als auch diese selbst gegeneinander ausgespielt werden sollten.[18] Unter Beteiligung wohlmeinender Christen, die im Sozialismus eine echte Alternative zum westlichen Kapitalismus sahen, hoben Kirchenleute, die sich wissentlich und unwissentlich in den Dienst des KGB gestellt hatten, im Jahr 1958 in Prag die »Christliche Friedenskonferenz« (CFK) aus der Taufe.[19] Unter dem Dogma der Notwendigkeit des Friedens in einer atomar hochgerüsteten bipolaren Welt sollte die Organisation, deren personelle Besetzung bis in alle Einzelheiten vom KGB festgelegt wurde[20], die Politik der »friedliebenden Sowjetunion« gegen die »aggressiven imperialistischen Kreise« des Westens und dessen Militärbündnis NATO unterstützen.

Im Februar 1961 – ein paar Monate vor dem Bau der Berliner Mauer – wurde ein Arbeitsausschuss der CFK in der DDR unter dem Vorsitz des SED-nahen Greifswalder Theologieprofessors Werner Schmauch gebildet. Das DDR-Staatssekretariat für Kirchenfragen finanzierte die Räumlichkeiten und deren Ausstattung. Die Dienststelle hatte die Administration der SED-Kirchenpolitik übernommen, war aber in Personalunion eng mit dem MfS verflochten, wie das Beispiel des Kirchenstaatssekretärs Klaus Gysi zeigt. Der Vater des heutigen Linken-Politikers Gregor Gysi wurde vom MfS als Inoffizieller Mitarbeiter (IM) unter dem Decknamen »Kurt« geführt. Dass der Regionalausschuss, wie die DDR-Abteilung der CFK bald heißen sollte, ein Kind des Regimes beziehungsweise seines Geheimdienstes war, geht auch aus einer Jahresanalyse der Abteilung V/4 des MfS vom 20. Dezember 1960 hervor. Dort heißt es: »Es wurde erreicht, dass im Rahmen der Prager Christlichen Friedenskonferenz eine deutsche Sektion der PCF gebildet wurde, in welcher die inoffiziellen Mitarbeiter des Referats I leitende Positionen bekommen haben.«[21] Eine leitende Funktion hatte bei der vom Bonner Innenministerium als »kommunistische Tarnorganisation« zur Durchsetzung der außenpolitischen Interessen Moskaus eingestuften CFK[22] auch Albrecht Schönherr. Im Jahr 1964 folgte der Mitbegründer des DDR-Regionalausschusses zunächst nur kommissarisch, dann regulär Werner Schmauch als dessen Vorsitzender.[23]

Über Schönherr kam Horst Kasner nicht nur zur CFK, sondern auch zum Weißenseer Arbeitskreis. In der Kirchlichen Bruderschaft, die am 17. Januar 1958 im Adolf-Stoecker-Stift in Berlin-Weißensee ins Leben gerufen worden war, lernte der Templiner die Vorzeige-Theologen des SED-Staats kennen, unter anderen den ebenfalls aus Westdeutschland übergesiedelten Hanfried Müller. Zu Müller, der mit

Schönherr und einigen anderen zu den Gründern der Bruderschaft gehörte, fand sich nach der Wende Aktenmaterial des MfS, das ihn seit 1954 als Geheimen Informator mit dem Decknamen »Hans Meier« auswies.[24] Seine Rolle als Vordenker im Weißenseer Arbeitskreis und als Professor der Ost-Berliner Humboldt-Universität, deren Theologische Fakultät er in den Fünfzigerjahren zu einem Hort des Stalinismus gemacht hatte, sicherte dem CFK-Mann Müller beste Beziehungen zum SED-Politbüro. Der Minister für Staatssicherheit, Armeegeneral Erich Mielke, zeichnete den Theologen sogar mit der »Verdienstmedaille der Nationalen Volksarmee« und dem »Kampforden für Volk und Vaterland« aus.[25] Kasner traf im Weißenseer Arbeitskreis ebenfalls auf den CFK-Funktionär und späteren Vizepräsidenten der Prager Dachorganisation Gerhard Bassarak[26], der von der SED ebenfalls zum Theologieprofessor der Humboldt-Universität gemacht wurde. Der mitunter auf dem Waldhof weilende Bassarak, bei dem Kasner später promovieren wollte[27], wurde vom MfS als IM mit dem Decknamen »Buss« geführt und mit dem Vaterländischen Verdienstorden ausgezeichnet.[28] Auch Heinrich Fink, den Theologieprofessor und IM »Heiner«, lernte der Leiter der Templiner Fortbildungsstätte später im Umfeld der Weißenseer kennen.

Dem Arbeitskreis gehörten auch einige Mitglieder der Blockpartei CDU an, denn die Partei war – wie das MfS und das Staatssekretariat für Kirchenfragen – ein Instrument zur Beeinflussung der Kirchen. Hierfür existierte eine Abteilung für Kirchenfragen, die direkt beim Parteivorsitzenden Gerald Götting angebunden war. Sie wurde über viele Jahre hinweg von dem CFK-Funktionär Günter Wirth geleitet. Ein anderer, der bei der Beeinflussung der Kirchen eine

wichtige Rolle spielte, war der ehemalige Methodisten-Lai-
enprediger Carl Ordnung, der viele Jahre dem Hauptvorstand der Blockpartei angehörte und es zum Spitzenfunktionär der CFK brachte.[29] Die CDU und das Staatssekretariat
für Kirchenfragen waren sogar offiziell miteinander verbunden. So war der Stellvertreter des Staatssekretärs stets
ein CDU-Mann. Es bestand aber auch eine inoffizielle Zusammenarbeit mit dem MfS beziehungsweise dem KGB.
So arbeitete sogar Parteichef Götting seit 1951 für den KGB
und seit 1953 als Inoffizieller Mitarbeiter unter dem Decknamen »Göbel« für das MfS.[30]

Vor allem der Weißenseer Arbeitskreis nahm Horst Kasner neben seiner Templiner Fortbildungsstätte in Beschlag.
Oft fuhr er nach Berlin, um an den Sitzungen der Bruderschaft teilzunehmen, bei denen bis tief in die Nacht diskutiert wurde. Die Treffen waren Kasner wichtig, nicht zuletzt deshalb, weil er sich durch die Teilnahme aufgewertet
sah. Er gehörte jetzt dazu. Und ein Familienmensch war er
ja ohnehin nicht, jedenfalls nicht der, den sich seine Tochter Angela als Kind gewünscht hätte. »Er hat immer viel
gearbeitet. Arbeit und Freizeit flossen bei ihm zusammen,
und manchmal hat er sich mit der Arbeit vielleicht auch
von den Familienpflichten ferngehalten«, sagt Angela Merkel, und der leise Vorwurf ist aus ihren Worten unschwer
herauszuhören.[31] Sie suchte seine Zuneigung und hatte offenbar manchmal das Gefühl, davon zu wenig zu bekommen. Sie bewunderte sein Charisma, seinen Verstand und
die Achtung, die er bei anderen genoss. All das flößte ihr
aber auch gehörigen Respekt ein. »Mein Vater hatte eine
klare Meinung«, sagt sie. »Er ist sehr gründlich.«[32] Sie vermisste ihn, wenn er nicht daheim, sondern für die berlin-
brandenburgische Kirche unterwegs war. »Das Schlimmste

war, dass er oft sagte, er sei sofort wieder da, aber dann erst nach Stunden wiederkam. Solche Tage bestanden im Wesentlichen daraus, dass ich über die Straße bis zum nächsten Laden gegangen bin – weiter habe ich mich nicht getraut – und dort sehr lange nach ihm Ausschau gehalten habe. Aber abends haben wir zusammengesessen, und dann war alles wieder schön.«[33] Vielleicht, meint sie, sei sie der Liebling ihres Vaters gewesen – nach dem sie sich so sehr sehnte, dass sie ihm ihr Leben lang entgegenging. Und insgeheim ist er in gewisser Weise bis heute ihr Vorbild.

Im Sommer 1961 sollte Angela Kasner eingeschult werden. Einige Wochen zuvor war die vierköpfige Familie in einem »gebuchten« VW-Käfer mit Herlinds Mutter in Bayern unterwegs gewesen. Seit ihrer Übersiedlung hatte Horst Kasners Frau den Kontakt zu ihrer Familie in Hamburg gehalten. Und wenn sie nicht dorthin fuhr, kamen die Großmutter und die Tante mit ihren Kindern nach Templin, trotz all der bürokratischen Hindernisse und Schikanen, die mit Reisen über die Zonengrenze, wie die innerdeutsche Grenze genannt wurde, verbunden waren. Der Urlaub mit der Großmutter sollte der letzte sein. »Ich weiß noch ganz genau, dass wir aus dem Urlaub im Westen zurückkamen«, erinnert sich Angela Merkel. »Mein Vater hatte auf dem Weg nach Hause in Pankow noch seiner eigenen Mutter erzählt, irgendetwas werde passieren, er spüre das, in den Wäldern sei überall Stacheldraht zu sehen. Von Samstag auf Sonntag begann dann der Mauerbau. Mein Vater hatte an dem Sonntag Gottesdienst, und es war eine furchtbare Stimmung in der Kirche. Ich werde das nie vergessen. Die Leute haben geweint, auch meine Mutter hat geweint. Alle waren fassungslos.«[34] Die Geschichte mit den Tränen ihrer Mutter erzählt sie bis heute immer wieder, so auch, als ihr im Rosengarten des Weißen Hauses die Freiheitsmedaille der Vereinigten Staaten verliehen wurde. [35]

Der Mauerbau sei das »erste politische Ereignis« gewesen, das sie »richtig geprägt« habe, sagt sie. Was sie nicht sagt, ist, wo ihr Vater damals politisch stand. Die Weißenseer, deren Vorsitzender seit 1960 Schönherr hieß, brachten für den Bau der Mauer Verständnis auf oder versuchten zumindest, den entstandenen Imageschaden für das Regime innerhalb der evangelischen Kirche zu mindern. Denn der Ansehensverlust für den SED-Staat, dem das eigene Volk davonlief, war nicht gering. Es war klar, dass die Mauer den weiteren Exodus aus dem »Arbeiter- und Bauernstaat« verhindern sollte. Gegen diese Erkenntnis half auch die Propaganda vom »antifaschistischen Schutzwall« nicht, den angeblich fortgesetzte Übergriffe der westlichen Aggressoren notwendig machten.

Diese Propaganda hörte auch Angela Kasner, als sie kurz nach dem denkwürdigen 13. August in die Templiner Goethe-Schule ging, die später nach dem kommunistischen Spitzenfunktionär Hermann Matern benannt wurde. Dort war es ihr unangenehm, nach dem Beruf ihres Vaters gefragt zu werden. »Das habe ich gehasst wie die Pest, weil ich ja wusste, dass die Lehrer auf die Pfarrerskinder besonders achteten«, sagt sie.[36] Erleichtert haben mochte ihr die Sache sicherlich, dass Horst Kasner, der Leiter der Ausbildungsstätte auf dem Waldhof, aus Sicht der SED ja nicht zu den »konterrevolutionären« Kirchenmännern gehörte. Diese bildeten damals in der berlin-brandenburgischen Landeskirche noch die große Mehrheit. Und diese Mehrheit empörte sich über den von Ulbricht und seinen sowjetischen Hintermännern verantworteten Mauerbau, mit dem der Kalte Krieg in der öffentlichen Wahrnehmung seinem Höhepunkt entgegentrieb. Besonders harsch reagierte der Berliner Bischof Otto Dibelius, ein konsequenter Gegner des SED-Regimes und leidenschaftlicher Verfechter der Einheit der Kirche. Dibelius war soeben als Ratsvorsitzender der EKD ausgeschieden. Sein Nachfolger wurde Kurt Scharf. Er wollte die Einheit der evangelischen Christenheit in Deutschland bewahren, indem er versuchte, sie aus dem Ost-West-Konflikt herauszuhalten, sah sich aber durch die Abriegelung West-Berlins vor schwerwiegende organisatorische Probleme gestellt. Gemeinsame Veranstaltungen der EKD waren nicht mehr möglich, gestattete doch das Regime den Kirchenleuten aus dem Osten die Ausreise aus der DDR nicht mehr oder behinderte sie zumindest. Und auch in umgekehrter Richtung gestalteten sich die Dinge schwierig. Sogar Scharf wurde die Übersiedlung und auch die Einreise in den »Arbeiter- und Bauernstaat« und in dessen »Hauptstadt« Ost-Berlin untersagt. Um den Zusammenhalt der Kirche dennoch zu gewährleisten, war schon im Jahr vor dem Mauerbau – sozusagen als Unterorganisation der EKD – die Konferenz der Kirchenleitungen (KKL) der acht evangelischen Landeskirchen auf dem Territorium der DDR ins Leben gerufen worden.

Vorsitzender dieser sogenannten Ost-Konferenz war der vielgesichtige Greifswalder Bischof Krummacher, der durch seine Verstrickung mit dem Geheimdienst in seinen Entscheidungen nicht frei war, sich aber zunehmend den Positionen des Berliner Bischofs Otto Dibelius annäherte. Dieser hatte 1959 in seiner bekannten Obrigkeitsschrift der SED jegliche Legitimation abgesprochen, indem er konstatierte: »In einem totalitären Bereich gibt es überhaupt kein Recht.«[37] Später fügte er – sozusagen als Rat für den Umgang der Geistlichen mit dem Staat – noch hinzu, dass diejenigen, »die sich in Gott verantwortlich wissen, in Mündigkeit und Gewissenhaftigkeit tun (sollten), was vor Gott recht ist«.[38] Nicht minder eindeutig ausfallen sollte die Standortbestimmung der evangelischen Kirchen in der DDR, die die Ost-Konferenz im Auftrag der EKD auf dem Höhepunkt des Kalten Krieges im Herbst 1961 von einem Sonderausschuss anfertigen ließ. In Anlehnung an die Barmer Erklärung aus dem Jahr 1934 hieß es darin, Christen sollten sich nicht dem »Absolutheitsanspruch einer Ideologie unterwerfen«, die »Weltrevolution« könne nicht »die letzte Entscheidung und der neue Mensch in der neuen Gesellschaft nicht die Vollendung der Geschichte sein«.[39]

Die Gegenposition zu dieser Standortbestimmung, die im März 1963 verbreitet wurde, bezogen die Weißenseer, in deren elfköpfigem Leiterkreis Angela Merkels Vater saß.[40] Er war damit für das Papier mitverantwortlich, das unter der Federführung Hanfried Müllers und unter Beteiligung Schönherrs[41] entstand. Danach habe sich die Kirche in den Dienst der sozialistischen Gesellschaft zu stellen. In den »Sieben Sätze(n) von der Freiheit der Kirche zum Dienen«[42] vom November 1963 theologisierten die Autoren den von der SED gepredigten Antifaschismus. Die Zusammenarbeit mit der (angeblich) antifaschistischen Staatsmacht wurde darin unter Berufung auf Bonhoeffers Theologie zur Christenpflicht erhoben, um eine Wiederholung der Hitler-Barbarei zu verhindern. Die »Sieben Sätze« stellten den ideologischen Kern der »Kirche im Sozialismus«-Konzeption dar. Einiges deutet daraufhin, dass Kasner sogar an der Schrift mitgearbeitet hatte, wenn er später für sich reklamierte, »der eigentliche Erfinder« dieser »Kirche im Sozialismus« gewesen zu sein.[43]

Verifizierbar ist Kasners Autorenschaft aber nicht mehr.

MfS-Unterlagen über seine Rolle im Weißenseer Arbeitskreis, für dessen Steuerung die Ost-Berliner MfS-Zentrale
in der Normannenstraße verantwortlich zeichnete, gibt es
heute so gut wie nicht mehr. Kasners Beteiligung am Zu-
standekommen der neuen Rollenbestimmung für die evangelische Kirche in der DDR lässt sich nur vermuten. Denn
in einer späteren Einschätzung der Geheimdienstler der
für Templin zuständigen Neustrelitzer Bezirksverwaltung
ist die Rede davon, dass Kasner nicht nur an einem guten
Verhältnis zwischen Staat und Kirche interessiert sei. Er sei
auch bestrebt, »dieses Verhältnis (…) auf eine höhere kirchliche Ebene zu übertragen«, heißt es. Weil er sich nicht
scheue, seinen Standpunkt offen darzulegen, habe sich
»Pastor Kasner bei den progressiven Kräften (…) ein hohes
Ansehen erworben«, wurde außerdem noch vermerkt.[44]

Dessen Tochter Angela gehörte angesichts dessen ganz
selbstverständlich jenen Institutionen an, mit denen der
SED-Staat Kinder und Jugendliche nach seinem Ideal form-
te. Als sie in die zweite Klasse kam, wurde sie bei den Jung-
pionieren Mitglied. Im ersten Jahr hatte der Vater sie nicht
gehen lassen. »Ich wollte ihr zeigen, dass man nicht alles
mitmachen muss«, sagt Horst Kasner im Nachhinein.[45] Sie
selbst erinnert sich so: »Sie haben gesagt, jeder Mensch
muss in die Schule gehen, aber nicht jeder Mensch muss
Pionier werden.«[46] »Und gemeinschaftshungrig, wie ich
war, wollte ich zu den Pionieren, die anderen Kinder gingen ja schließlich auch hin.«[47] Zwingend notwendig wäre
das damals aber nicht gewesen, denn zu jener Zeit, als sie
die Grundschule besuchte, hatte die DDR-Bevölkerung die
Mitgliedschaft ihrer Kinder in den Jugendorganisationen
des Staats längst noch nicht mehrheitlich akzeptiert. Im Jahr
1959 waren nur rund die Hälfte aller Grundschüler auch

Pioniere.[48] Über das mangelnde Interesse an den Jugendorganisationen des Staats klagte damals sogar der Erste Sekretär des ZK der SED, Walter Ulbricht.[49] Erst in den nachfolgenden Jahrzehnten wurden die Pioniere tatsächlich zu der von der Parteiführung angestrebten Massenorganisation. Im Jahr des Mauerfalls hatten es die Sozialisten dann geschafft, gut 98 Prozent aller Grundschüler waren dabei.

Im Dezember 1962 trug Angela Kasner also erstmals das blaue Halstuch. Von nun an lernte sie gemeinsam mit ihren Klassenkameraden, dass die Bundesrepublik der Klassenfeind sei und der Kapitalismus die Menschen unterdrücke und ausbeute. Vor allem aber lernte sie Kollektivismus, denn nichts stand den Interessen der Partei mehr im Wege als der Wunsch nach einem selbstbestimmten Leben. »Das höchste Prinzip (...) ist die Kollektivität«, schrieb die Staatsführung ins »Statut der Freien Deutschen Jugend« (FDJ). »Die Leitungen beraten, planen und entscheiden im Kollektiv (...), die innerverbandliche Demokratie schließt die Pflicht aller Mitglieder und jeder Organisation zur Erfüllung der Beschlüsse und zur Einhaltung der Disziplin ein.«[50]

Zum Lebensrhythmus der Pionierin Angela Kasner zählten nun auch die Fahnenappelle, bei denen die Kinder den Arm zum Gruß erhoben und die Losung riefen: »Für Frieden und Sozialismus seid bereit – immer bereit!« Manchmal wurden sie auch von den Lehrern so begrüßt. Sie lernten die Gebote der Pioniere auswendig. Das erste lautete: »Wir Jungpioniere lieben unsere Deutsche Demokratische Republik.« Die Botschaft an die Kinder war unmissverständlich: Das System stand über allem, es duldete keine Konkurrenz. Und so regierte der Sozialismus bis in die Familien hinein. Das war eben so. »Sie hat immer alles mitgemacht«, erinnert sich ihr Lehrer Charly Horn.[51] Ihr jüngerer Bruder Marcus war anders. »Der hinterfragte gerne, wollte wissen, warum etwas genau so und nicht anders gemacht wird«, sagt Horn. Aber beide seien glänzende Schüler gewesen, auch wenn sich daran heute nicht mehr alle in Templin erinnern können. Sie brachte nur Einsen und Zweien mit nach Hause. Etwas anderes wurde im Hause Kasner allerdings auch nicht erwartet. »Ihr seid Pfarrerskinder! Ihr müsst immer etwas besser sein als die anderen«, gab Mutter Herlind ihren Kindern morgens mit auf den Weg, weil sie sonst im »Staat der Werktätigen« nicht studieren dürften.[52]

Die Mutter war streng, legte größten Wert auf Disziplin – aus Sorge um die Zukunft ihrer Kinder in einem Staat, der ihr selbst die Arbeitserlaubnis verweigert hatte. So kam es, dass auch Angela Kasners Geschwister – der drei Jahre jüngere Marcus und die im August 1964 geborene Schwester Irene – nicht wie die Mehrzahl der Kinder in der DDR in eine Kinderkrippe gingen. »Jeden Tag nach der Schule habe ich bei meiner Mutter alles ›abgesprochen‹, wie ich es immer genannt habe. Ich bin meinen Eltern noch heute dankbar, dass wir zu Hause die Möglichkeit dazu hatten«, erinnert sich Angela Merkel.[53] Diese Nähe prägte das Mutter-Tochter-Verhältnis. Und wenn sie an diese Zeit zurückdenkt, hat Angela Merkel eine Mutter vor Augen, die »feinfühlig, fröhlich, lebenslustig und offenherzig«[54] ihren Alltag bewältigte.

Von ihrem Vater hatte Angela Kasner in dieser Zeit wiederum recht wenig. Er stand an vorderster Front, als im Zuge der groß angelegten, von Hanfried Müller und anderen Weißenseern mitkonzipierten Operation der Einfluss der »reaktionären Kräfte« zurückgedrängt und die Spaltung von EKD und Landeskirche von Berlin-Brandenburg in Angriff genommen wurde. Neben den Namen von Müller und Kasner taucht in den Unterlagen der Staatsorgane nunmehr auch der von Clemens de Maizière auf[55], des Vaters des späteren DDR-Ministerpräsidenten und Merkel-Förderers Lothar de Maizière. Der Rechtsanwalt und einflussreiche Funktionär der Blockpartei CDU, der in sowjetischer Kriegsgefangenschaft gewesen war, hatte sich nach seiner Rückkehr ganz der Sowjetmacht verschrieben. Als »Parteisekretär mit besonderem Auftrag« wurde er in die Westzonen geschickt, wo er alte Bekannte und Verwandte für die Sache des Ostens gewinnen sollte. Dann, nach der Gründung der DDR, registrierte ihn der Staatssicherheitsdienst als Geheimen Mitarbeiter, zunächst unter dem Decknamen »Clemens«, dann unter »Phil« und schließlich unter dem Pseudonym »Anwalt«. Im Visier des Geheimen Mitarbeiters und CFK-Mannes stand neben dem eigenen Bruder Ulrich, der es in der Armee des »Klassenfeindes«, der Bundeswehr, bis zum Generalinspekteur bringen sollte, die »Feindorganisation« evangelische Kirche, in der er nun Seite an Seite mit Müller und Kasner im Sinne der SED wirkte.

Auftakt der Operation Kirchenspaltung war ein Treffen des thüringischen Landesbischofs Mitzenheim mit Ulbricht im August 1964. Mit Bedacht wurde für die Begegnung ein symbolträchtiger Ort ausgewählt. Der Gottesmann und der Erste Sekretär des ZK der SED kamen auf der Wartburg zusammen, wo einst der große Reformator Martin Luther mit seiner Übersetzung des Neuen Testaments ein neues Kapitel der Kirchengeschichte in Deutschland aufgeschlagen hatte. Hier wollten auch sie ihr neues Kapitel Kirchengeschichte beginnen. Dazu musste aus Sicht der SED unbedingt die Wahl des EKD-Ratsvorsitzenden Scharf zum neuen berlin-brandenburgischen Bischof, also zum Dibelius-Nachfolger, verhindert werden. Knapp zwei Jahre später stand die Entscheidung an. Über den Verlauf der Synode der Landeskirche, die zwischen dem 13. und 17. Februar 1966 gleichzeitig in Ost- und West-Berlin tagte, hielt das Staatssekretariat für Kirchenfragen fest, dass der Theologe (Hanfried) Müller auf der Synode konsequent die »Politik unseres Staates« vertreten habe. »Er trug durch sein Auftreten wesentlich zur Koordinierung der zahlenmäßig schwachen progressiven Kräfte (…) bei.« Dann heißt es weiter: »Auch die Synodalen Rechtsanwalt de Maizière und Pfarrer Kasner hielten sich an unsere Konzeption.«[56]

Dies änderte jedoch nichts daran, dass die Sache fehlschlug. Denn der Wunschkandidat des MfS, Superintendent Günter Jacob, trat entgegen allen Maßnahmenplänen wegen zu geringer Chancen gar nicht erst zum Urnengang an. Außerdem hatte er sich mit seinem Rivalen verständigt. So wurde Scharf gewählt. Als dieser dann in einem Rundbrief die Einheit der evangelischen Kirche beschwor, war es Kasner, der zusammen mit zwei anderen Geistlichen in einem Schreiben an die Kirchenleitung scharf gegen dessen »Versendungsaktionen« zu Felde zog. Ganz auf Spaltungskurs, schrieb der Templiner Pastor und Synodale, er bezweifle, »dass es unter den gegebenen Verhältnissen unserer kirchlichen Arbeit dienlich sei, wenn Bischof D. Scharf in solcher Weise von West-Berlin aus in unseren Bereich hineinspricht«.[57]

Kasners Schreiben entsprach ganz und gar seiner inzwischen ablehnenden, teilweise feindseligen Haltung gegenüber dem politischen System der Bundesrepublik – eine Haltung, von der er zeit seines Lebens nicht mehr abrücken sollte. So äußerte der Pastor analog zur SED-Propaganda im Herbst 1966, im Weststaat sei der Boden für eine Demokratie »nicht reif«. Dazu trügen die »starken nazistischen Elemente« bei. »Auch das Denken in Klasseninteressen, genau wie zur Weimarer Zeit, mache aus der Gesellschaft einen einzigen Interessentenhaufen. Da es vorwiegend ums Geld gehe, könne eine gedeihliche Entwicklung nach innen bis auf Weiteres nicht stattfinden.« Über die Unionsparteien, die mit Ludwig Erhard damals den Bundeskanzler stellten, urteilte Kasner, dass sie »abgewirtschaftet« hätten. »Die SPD brauche unter den gegebenen Umständen nur zu warten, bis ihr die Führung zufalle. Es könne aber auch so kommen, dass von dem Parteihader der Staat zerfalle und eine Beute der Radikalen werde wie einst schon in der Weimarer Zeit«, hielt der Informant des MfS über Kasners Auslassungen fest – Auslassungen, die in dessen Feststellung gegipfelt haben sollen, dass die Mauer in absehbarer Zeit durchlässiger gemacht werden könne, »weil wir von drüben wegen der zahlreicher werdenden Arbeitslosen immer mehr Zuzug bekommen würden«.[58] Zu dem Zeitpunkt, als diese Worte niedergeschrieben wurden, hatte sich fast ein Fünftel der gesamten DDR-Bevölkerung in den Westen abgesetzt.

Als im Dezember 1966 in Bonn die Große Koalition gebildet wurde, mochte sich Kasner in seiner Einschätzung bestätigt sehen, dass die CDU »abgewirtschaftet« habe. Die SED-Propaganda nahm den Regierungswechsel zum Anlass, die EKD erneut als Vehikel zur Durchsetzung der aggressiven Bonner Politik und den EKD-Vorsitzenden Scharf als deren Handlanger zu verunglimpfen. Parallel dazu lief nun eine MfS-Operation an, in deren Mittelpunkt Kasner stehen sollte, der nach wie vor eine Führungsfunktion im Weißenseer Arbeitskreis ausübte.[59] Ziel des Unternehmens war es, Schönherr auf der Provinzialsynode der Landeskirche Berlin-Brandenburg am 12. Januar 1967 als Bischofverwalter durchzusetzen, um damit einer »von Westberlin unabhängigen Landeskirche im Bereich der DDR« näherzukommen. Im »Operativplan« der MfS-Abteilung XX/4 heißt es dazu: »Über die IM ›Meier‹ (Hanfried Müller, die Autoren) und ›Horst‹ (Horst Dohle, die Autoren) wird organisiert, daß der Synodale Kasner, Templin, einen Antrag in die Synode einbringt, der folgende Forderungen zur Bekämpfung der reaktionären Pläne beinhaltet: a) Die Verwalterfunktion ist selbständig und ohne jede Einmischung von West-Berlin auszuüben; b) Generalsuperintendent Schönherr ist auf Lebenszeit als Bischofsverwalter einzusetzen; c) das Verwalteramt ist eine hauptamtliche Funktion. Der Dienstsitz ist Berlin; d) der Verwalter ist in alle Rechte eines Bischofs einzusetzen.« Weiter heißt es: »In Zusammenarbeit mit der BV (Bezirksverwaltung, die Autoren) Cottbus, Frankfurt/Oder, Neubrandenburg, Potsdam und der Verwaltung Groß-Berlin ist zu organisieren, daß alle IM und Verbindungen von IM den Antrag von Kasner unterstützen.«[60]

Das vom MfS sorgfältig geplante Vorhaben, bei dem Synodale ihrer braunen Vergangenheit wegen zur »richtigen« Stimmabgabe genötigt werden sollten, wurde umgesetzt: Schönherr wurde unter der Regie des Geheimdienstes und unter entscheidender Beteiligung Kasners von der Synode in das Amt des Bischofsverwalters der Region Ost der Landeskirche von Berlin-Brandenburg gewählt. Aus taktischen Gründen hatte er – wie aus den Unterlagen des Staatssicherheitsdienstes hervorgeht – zuvor seinen DDR-Regionalausschuss-Vorsitz bei der Christlichen Friedenskonferenz abgegeben, um dort fortan als weniger exponierter Stellvertreter zu fungieren.[61] Dies schien mit Blick auf die Wahl in das Amt des Bischofverwalters erforderlich, wies ihn doch der CFK-Vorsitz als zu Moskau-nah aus.

Die Isolierung West-Berlins in der evangelischen Kirche von Berlin-Brandenburg war damit – zur Genugtuung Kasners – um ein gutes Stück vorangetrieben worden. Doch der Prozess, die freiheitlich-demokratisch orientierten gesamtdeutschen Kräfte auszuschalten, war längst nicht abgeschlossen. So gab sich Kasner einem Bericht der Neustrelitzer MfS-Bezirksverwaltung zufolge unzufrieden über die Wahl einiger neuer Synodaler der berlin-brandenburgischen Landeskirche, sah er doch darin einen »Ruck nach rückwärts in die Orthodoxie, zum Teil in die theologische und politische Reaktion«.[62]

Jene »theologische und politische Reaktion« schlug aus Sicht Kasners auf der östlichen Teilsynode der EKD zurück, die zwischen dem 1. und 7. April 1967 in Fürstenwalde tagte. Dominiert wurde sie vom Greifswalder Bischof und Vorsitzenden der Ost-Konferenz Krummacher, der der Kontrolle der Staatsmacht beziehungsweise ihres Sicherheitsdienstes inzwischen entglitten war und sich nicht mehr länger vor den Karren fremder Interessen spannen ließ. Alle Versuche von MfS und KGB, ihn seiner Vergangenheit im Hitler-Reich wegen wieder gefügig zu machen, waren fehlgeschlagen. Der Bischof, der für manche die Personifikation der kirchlichen Einheit und der kirchlichen Selbstbehauptung in der zweiten deutschen Diktatur wurde[63], bekannte sich in seiner flammenden Rede leidenschaftlich zur organisatorischen Einheit der evangelischen Kirchen. »Wir bitten Gott, uns auch im geteilten Volk den gemeinsamen Weg gehen zu lassen (…) Die Kirchen werden aufgefordert, ihre

Einheit (…) aufzugeben (…) Damit wird die Gesellschaftsordnung zur Herrin über den Christendienst gemacht. Gerade dadurch wird der Christendienst gehindert.«[64] Die
Spandauer Teilsynode, die über Kuriere die Verbindung
zu den Brüdern in der brandenburgischen Provinz über
Mauer und Stacheldraht hinweg wegen der Störmaßnah-
men des MfS mehr schlecht als recht halten konnte, stand
diesem Bekenntnis in nichts nach. Sie verkündete: »Wir
vereinen uns mit unseren Brüdern in Fürstenwalde.«[65]

Infolge des Rückschlags für die SED-Kirchenpolitik
führte Schönherr Gespräche mit dem Staatssekretär für
Kirchenfragen und versicherte, dass die »Fehlentwicklung«
von Fürstenwalde revidiert werde.[66] Die DDR-Staatsmacht
ergriff im Jahr darauf die Initiative, indem sie in die neue Verfassung für den »Arbeiter- und Bauernstaat« ein De-facto-
Verbot der EKD aufnehmen ließ. Das Recht auf eine freie
Religionsausübung war darin nicht mehr verankert. Stattdessen hieß es, die Kirchen hätten »ihre Angelegenheiten
und ihre Tätigkeit in Übereinstimmung mit der Verfassung
und den gesetzlichen Bestimmungen der Deutschen Demokratischen Republik zu ordnen und durchzuführen«.[67]
Es war Mitzenheim, der die Auslegung der Verfassungspas-
sage vornahm, wenn er erklärte: »Die Staatsgrenzen der
Deutschen Demokratischen Republik bilden auch die Grenze der kirchlichen Organisationsmöglichkeiten«.[68]

*Auf die Bemerkung »Sie kommen aus einem kirchlich gepräg-
ten Elternhaus, in dem Sozialismus gleichwohl kein Schimpf-
wort war«, antwortete die Bundeskanzlerin: »Wie kommen
Sie denn darauf? Mein Vater kam in den Sechzigerjahren zu
der Erkenntnis, dass die Teilung Deutschlands für eine bestimmte Zeit als Realität hinzunehmen sei und dass Seelsorge*

44

in der DDR etwas anderes als in der Bundesrepublik zu sein
habe. Das heißt aber nicht, dass er diese Realität guthieß und
den Gedanken an die Einheit aufgegeben hätte.«[69]

Die Spaltung der gesamtdeutschen Kirchenorganisationen
war das eine Betätigungsfeld Horst Kasners, seine Templiner Weiterbildungsstätte das andere. Hier entwickelte er
nicht weniger Ehrgeiz. Mit der Hilfe Schönherrs, der 1963
Generalsuperintendent des Kirchenkreises Eberswalde geworden war[70], zu dem auch Templin gehörte, wurde der
Waldhof allmählich auch zu einer festen Größe des »fortschrittlichen Dialogs« in der Landeskirche von Berlin-Brandenburg. Die Einrichtung, die später Pastoralkolleg und
damit Bestandteil der Pfarrerausbildung werden sollte, war
dabei immer auch ein Ort der Indoktrination, ein Ort, an
dem die Anschauungen, die im Weißenseer Arbeitskreis erarbeitet worden waren, an den Pfarrernachwuchs weiterver-
mittelt wurden. Darauf angesprochen, »dass er dabei doch
sehr viel tun (…) und erziehungsmäßig auf (…) (Pfarrer
und Vikare) einwirken kann«, bejahte Kasner dies. Allerdings, so meinte er, »könne er natürlich nicht als politischer
Agitator auftreten, sondern mit seinen Worten versuchen,
sie davon zu überzeugen, daß es an der Zeit ist, einmal
umzudenken«.[71] Wo der Leiter der Fortbildungsstätte, der
gleichzeitig das Amt des Gemeindepfarrers ausübte, politisch stand, war inzwischen kein Geheimnis mehr. In seiner Kirche nannten ihn seine Gegner längst den »roten
Pastor« oder den »roten Kasner«.[72]

Für ihn ergaben sich aus Theologie, christlicher Sozial-
lehre und der sozialistischen Gesellschaftsordnung keine
unvereinbaren Gegensätze, vielmehr standen sie in einer
Art symbiotischer Beziehung zueinander, sie waren seiner

Ansicht nach zwei Seiten ein und derselben Medaille. Und so verteidigte er auch die Erziehungsinstrumente des SED-Staats. Zur Jugendweihe etwa, die die Jugendlichen »in die große Gemeinschaft des werktätigen Volkes« aufnahm, »das unter Führung der Arbeiterklasse und ihrer revolutionären Partei, einig im Willen und im Handeln, die entwickelte sozialistische Gesellschaft in der Deutschen Demokratischen Republik errichtet«[73], schrieb Kasner: »Die Frage, ob Jugendliche, die an der evangelischen Unterweisung teilnehmen, der Aufforderung der gesellschaftlichen Erziehungs- und Bildungsträger zur Teilnahme an den Jugendstunden und an der Jugendweihe mit eingeschlossenem Gelöbnis nachkommen sollen oder nicht, kann eigentlich und letztlich nur von den betreffenden Eltern selbst gemeinsam mit den ihnen anvertrauten Kindern beantwortet und verantwortet werden.«[74] Kasner wertete damit die Teilnahme an der vom sozialistischen Staat bewusst als Gegenstück zur Konfirmation praktizierten Jugendweihe als »pädagogische Ermessensfrage« und zeigte sich gar nicht einverstanden mit der oppositionellen Haltung, mit der viele seiner Kollegen die Jugendweihe ebenso konsequent ablehnten, wie sie ihren Kindern von der Mitgliedschaft bei den Jungen Pionieren und der FDJ abrieten. In seinen Augen war es geradezu lebensfremd, seine Kinder mit solchen Vorgaben in die sozialistische Welt mit den ihr eigenen normativen Zwängen zu entlassen. Insofern kritisierte er das Verhalten seiner Kollegen überaus deutlich: »Kirchliche Beratungs- und Entscheidungsgremien müssen diesen Gegebenheiten mehr als bisher Rechnung tragen und können für sich nicht das Recht in Anspruch nehmen, Eltern und Jugendlichen in der Jugendweihefrage dekretorische Anweisungen zu erteilen.« Schließlich finde christlicher Glaube seine »Orientierung an einem situationsbezogenen und nicht an einem statischen Wahrheitsverständnis«, so Kasner, der der Synode empfahl, sich weder für die Teilnahme an der Jugendweihe auszusprechen noch zur Nichtteilnahme aufzufordern.

Nach Kasners Auffassung sollte die Kirche dem Sozialismus nicht ins Handwerk pfuschen. Er notierte: »Unsere christlichen Verhaltenstraditionen vermitteln uns unter veränderten gesellschaftlichen Bedingungen für unsere ethischen Entscheidungen keine unmittelbare Orientierung mehr. Als ethisch verbindlich kann nur das angesehen werden, was als vernünftig einsichtig geworden ist. Einer dekretorischen Normethik kann sich der heutige Mensch nicht mehr unterstellen, es sei denn durch Zwang.« Demnach musste die Kirche ihre überlieferten Überzeugungen und Handlungsmuster in die staatlichen Gegebenheiten einfügen. Alles andere wäre perspektivloser Anachronismus. Oder, um es mit Karl Marx zu sagen: »Das gesellschaftliche Sein bestimmt das Bewusstsein.« Nicht theologische Leitsätze und religiöse Traditionen.

Und doch war der Mann aus Templin kein dogmatischer Parteigänger der SED. Er setzte sich auch mit dem auseinander, was die Genossen auf den Index gesetzt hatten. Solche Literatur bezog Kasner über kirchliche Kontakte auch aus dem Westen, erinnert sich Angela Merkels Schulfreund Matthias Rau. Bis zum Mauerbau schmuggelten Besucher aus der Bundesrepublik die Bücher an den Grenzsoldaten vorbei. Später kamen sie auf dem Postweg nach Templin. Und wenn einmal etwas konfisziert wurde, beschwerte sich Kasner bei den »mit ihm befassten staatlichen Stellen«[75], die dann dafür sorgten, dass die Pakete weitergeleitet wurden. »Was wirklich heiß war, kam nicht auf dem Postwege«, sagt Rau.[76] Mindestens einmal die Woche fuhr sein Vater nach Ost-Berlin ins »Hospiz«, ein christliches Hotel in der Albrechtstraße am S-Bahnhof Friedrichstraße. Auch Kasner machte sich regelmäßig auf den Weg dorthin. Im »Hospiz« trafen sie Kollegen aus Westdeutschland, die wirklich brisante Literatur über die Grenze schmuggelten. »Durch Kasner habe ich Wolfgang Leonhards *Die Revolution entlässt ihre Kinder* gelesen«, sagt Rau mit dem Glanz an eine ganz besondere, eine innige Erinnerung in den Augen. Das Buch, in dem Leonhard beschreibt, wie er 1945 mit der Gruppe Ulbricht nach Ost-Berlin kam und wenige Jahre später mit dem Stalinismus brach und über Prag nach Jugoslawien flüchtete, stand in der DDR ganz oben auf dem Index. Damit sollte man damals wirklich nicht erwischt werden. Das zweite Buch, das ihn und seine Entwicklung entscheidend prägte, war *Als Gefangene bei Stalin und Hitler: Eine Welt im Dunkel,* in dem die von den Nazis und unter Stalin verfolgte Kommunistin Margarete Buber-Neumann mit dem Stalinismus bricht. Auch dieses Buch bekam er von Angelas Vater, der unterm Dach des Wohnhauses sein Arbeitszimmer eingerichtet hatte. Es war bis zur Decke vollgestopft mit Büchern, die es in der DDR in keiner Buchhandlung gab und deren Besitz einem die allergrößten Schwierigkeiten bereiten konnte. In dieses Reich unterm Dach mit den verbotenen Schriften zog es Matthias immer wieder. Und nicht nur ihn. Zusammen mit zwei gleichaltrigen Jungen aus kirchlichen Elternhäusern, die sich in der Jungen Gemeinde engagierten, saß er oft nächtelang dort oben beim Pfarrer und diskutierte über Gott und die Welt. »Oft ging es um die Frage: Wie bringen wir uns ein in die DDR? Er war nicht gegen die DDR. Sein Thema war die Rolle des Menschen im Sozialismus«, sagt Rau. »Angela

Unauffällig und zurückhaltend. Angela Kasner mit Freundinnen bei einer Faschingsfeier Mitte der Sechzigerjahre

war nie dabei.« Stattdessen organisierte sie FDJ-Veranstaltungen und lief in der blauen Bluse in der Schule herum.[77]

Angela Kasner hatte keine Hobbys, abgesehen von den Museums- und Theaterbesuchen bei ihrer Großmutter in Berlin, bei denen sie, wie sie sagt, schon im Alter von 14 Jahren mit Amerikanern essen gegangen sei und vom Leben in der DDR erzählte habe.[78] Sie war nicht sehr musikalisch und vollkommen unsportlich. »Fußballspielen konnte man mit ihr nicht«, erinnert sich ihr Schulfreund Rau. Während er Gitarre spielte, lernte sie vor allem für die Schule. Da gingen sie gemeinsam hin, im Winter dauerte der Fußmarsch fast eine Stunde. Meistens begleitete sie ein erwachsener Psychiatriepatient. Aber für Matthias war die Schule nicht das, was sie für Angela zu sein schien. Sie waren beide überdurchschnittlich intelligent, brachten beide sehr gute Noten heim, doch er hat keine guten Erinnerungen daran. »Da wurde man verbogen«, sagt er.[79] Anders als Angela, das

Mädchen von nebenan, das zu den Pionieren ging und seit 1968 in die FDJ, verweigerte sich Rau den sozialistischen Kinder- und Jugendorganisationen, hörte lieber Wolf Biermann, übte dessen Protestlieder auf der Gitarre und spielte sie Angela in den Räumen der Jungen Gemeinde vor. Sie hörte ihm gern zu, aber dann zog sie doch wieder das blaue Halstuch der Pioniere oder die blaue Bluse der FDJ an. Sie genoss den Waldhof mit seinen Freiheiten und marschierte im Gleichschritt im Kollektiv, denn sie wollte dazugehören und vorankommen.

Angela Merkel sagt über sich selbst: »Ich bin ein sehr individualistischer Typ, ich mag das Kollektivistische nicht.«[80]

Rau sagt, er wäre nie auf die Idee gekommen, es jemandem übel zu nehmen, weil er zu den Pionieren oder in die FDJ ging. Er sah auch keinen Widerspruch zwischen den Diskussionen mit dem von ihm verklärten Horst Kasner und dem Verhalten seiner Kinder, die sich in den sozialistischen Jugendorganisationen des SED-Staats engagierten. »Er hatte es seinen Kindern freigestellt, ob sie da mitmachen wollten oder nicht«, sagt Rau. »Das fand ich okay.« Pioniere und die FDJ entsprachen einfach nicht seinem Naturell, seinem Drang nach Freiheit und offenem Widerspruch. Einmal wäre er deshalb fast von der Schule geflogen. Das war in den ersten Wochen des neuen Schuljahrs im Spätsommer 1968. Damals schaute die ganze Welt auf Prag, wo Staats- und Parteichef Alexander Dubček Reformen anging. Kernstück seines Programms war die von Ota Šik als »dritter Weg« zwischen Sozialismus und Kapitalismus erarbeitete »sozialistische Marktwirtschaft«. Durch den Wegfall der Zensur entwickelte sich rasch eine breite öffentliche Debatte, die in Moskau für große Unruhe sorgte. Der Kreml lud zum Krisentreffen der Regierungschefs der Warschauer-Pakt-Staaten. Weil er ihre Mahnungen in den Wind schlug, drohten sie Dubček schließlich mit Gewalt.

Matthias Rau verbrachte die großen Ferien in diesem Sommer 1968 mit seinen Eltern auf Usedom, als etwa eine halbe Million Soldaten aus der Sowjetunion, Ungarn, Polen und Bulgarien in die Tschechoslowakei einmarschierten. Nicht einmal die einige Hundert Kilometer entfernte Insel Usedom blieb davon unberührt. »Als die Panzer rollten, holten Volkspolizisten die tschechischen Urlauber aus ihren Zelten. Ihr Areal wurde abgetrennt, die Menschen wie Vieh zusammengetrieben«, erinnert sich Rau. »Dann mussten die Urlauber in einer langen Pkw-Kolonne in ihre Heimat zurückfahren.« Er war 15 damals, also in einem Alter, in dem empfundenes Unrecht doppelt schwer auf der Seele liegt. Und als er nach den Ferien in der Schule gefragt wurde, was er denn so erlebt habe, brach es förmlich aus ihm heraus. »Ich hab in der Schule ganz genau erzählt, wie es war«, sagt er. »Ich habe von Deportation gesprochen und gefragt, ob ein sozialistischer Staat so mit seinen Brüdern und Schwestern umgeht.« Anschließend verhinderte sein Vater mit Mühe das Schlimmste. Erst ein Bittgang zum Staatssekretär für Kirchenfragen, Hans Seigewasser, rettete den Verbleib seines Sohnes an der Schule.

Vergessen war die Angelegenheit damit allerdings nicht. Denn der sozialistische Staat vergab gemeinhin keine Sünden, sondern archivierte sie mit geradezu manischer Akribie. Und als Matthias nach dem Abitur Medizin studieren wollte, stellten die Genossen sein »Sündenregister« aus der Kaderakte seinen exzellenten Noten gegenüber und senkten den Daumen. Er müsse erst einmal »seine sozialistische

Persönlichkeit festigen«, schrieben sie ihm. In der Hoffnung, damit seine Chancen für die Zulassung zum Studium zu verbessern, absolvierte er eine Ausbildung zum Krankenpfleger an der Berliner Charité. »Doch als ich fertig war, sagten sie: ›Leute, die Arzt werden wollen, haben wir genug. Was wir brauchen, sind Pfleger.‹ Da hab ich sofort gekündigt und bin gegangen«, sagt Rau.

Auch die Kasners machten im Sommer 1968 Urlaub, allerdings nicht an der Ostsee, sondern in einem Ort namens Pec pod Sněžkou im Riesengebirge wo sie dem Reformdrang in der Tschechoslowakei weitaus näher waren. Sie bezogen eine Ferienwohnung bei einer tschechischen Familie. Angela Merkel erinnert sich, dass eines Morgens der Junge der Gastfamilie am Hang hinter dem Haus Briefmarken zerriss. Als sie näher kam, sah sie, dass alle das Bild des bereits im März zum Rücktritt gezwungenen Staats- und Parteichefs Antonín Novotný trugen. Sie fragte den Jungen, warum er die Briefmarken zerriss. »Und er erklärte mir, dass nun eben Dubček der große Held sei und dass deswegen die Briefmarken, auf denen Novotný war, in den Orkus gehörten«[81], sagt sie. Ihre Eltern fuhren dann für zwei Tage nach Prag, um sich ein Bild von der Lage zu machen, die Kinder blieben in Pec pod Sněžkou. Schließlich fuhren sie wieder heim, und Angela verbrachte das Ende der Sommerferien wie immer bei der Großmutter in Pankow, wo sie am Morgen des 21. August in der Küche stand und die Nachricht vom Einmarsch der Warschauer-Pakt-Truppen im Radio hörte.

Zu Beginn des neuen Schuljahrs, in dem ein ideologisch scharfer Ton Einzug hielt, wurde dann auch sie nach ihren Ferienerlebnissen gefragt. Doch anders als Matthias Rau, der seine Wut über die Ereignisse auf Usedom nicht unterdrücken konnte, wich Angela auf eine andere Begebenheit aus, als sie »am Blick des Lehrers« zu erkennen glaubte, »dass die Sache brenzlig wurde«.[82] Ihr Vater ging sogar noch einen Schritt weiter. Er enthielt den Templiner Gottesdienstbesuchern eine Solidaritätsadresse seiner Kirche an die tschechoslowakischen Gemeinden vor. Als die sowjetischen Panzer den kurzen Prager Frühling niederwalzten, empörte sich nicht nur die freie Welt. Auch innerhalb des Ostblocks wurden kritische Stimmen laut, und nicht wenige Kirchenmänner, die auf der Seite des Sozialismus gestanden hatten, äußerten ihren Missmut. In der evangelischen Kirche von Berlin-Brandenburg war dies nicht anders. Dort entschloss man sich nach kontroverser Diskussion mehrheitlich zu einem Brief an die tschechoslowakischen Gemeinden, der in den Gotteshäusern als Kanzelabkündigung verlesen werden sollte. Darin bedauerten die deutschen Brüder den Einsatz militärischer Mittel zur Durchsetzung politischer Ziele und versicherten die Christen im Nachbarland ihrer Fürbitte. Kasner las den Brief, der die Unterschrift Schönherrs in dessen Eigenschaft als Bischofverwalter der Region Ost der evangelischen Kirche von Berlin-Brandenburg trug, erst gar nicht vor. »Er hätte lediglich gesagt, daß er die Maßnahmen nicht versteht«, sagte er gegenüber einem Bekannten.[83]

Der Regionalausschuss der CFK, bei der Angela Merkels Vater Mitglied war, begrüßte in einer ebenfalls von Schönherr mitverantworteten Erklärung von Anfang November 1968 sogar die Militäraktion der Warschauer-Pakt-Staaten. Man sprach von einem Beitrag zur Wahrung des Weltfriedens.[84] Gerechtfertigt wurde die Intervention, an der übrigens auch die DDR mit militärisch-logistischer Unterstützung beteiligt war, mit den Bestrebungen, »besonders seitens des westdeutschen Imperialismus, die CSSR aus dem sozialistischen Lager herauszulösen«. Offensichtlich wollte dies auch Kasner glauben, der sich selbst als »ausgesprochenen Pazifisten« bezeichnete, wenngleich er die Notwendigkeit einer wehrfähigen DDR und eines Wehrpflichtgesetzes anerkannte.[85]

Angela Merkel sagt: »Als der Einmarsch der Truppen des Warschauer Pakts 1968 in die Tschechoslowakei geschah, also die Niederwalzung des Prager Frühlings, das hat die Einstellung der ganzen Familie zur DDR noch einmal massiv verschlechtert.«[86]

Doch nicht nur wegen der Ereignisse des Jahres 1968 verlief das Leben Angela Kasners so ganz anders als dasjenige von Matthias Rau. Ihre Schulzeit war insgesamt so unaufgeregt, dass den meisten dazu heute nur Belanglosigkeiten einfallen. Etwa dass sie nicht »frühreif« war[87] und an den Wänden ihres Kinderzimmers nur ein Cézanne-Druck hing, dass sie für Paul McCartney von den Beatles und nicht für die Rolling Stones schwärmte, dass sie Kunstpostkarten sammelte, dass sie zwar nicht als künftige Führungskraft aufgefallen[88], aber doch gut in ihre Klasse integriert gewesen sei.

Angela Merkel brachte das Kunststück fertig, ihre Schulzeit in einem Interview in eine einzige Antwort zu pressen: »Um 7:30 Uhr begann die Schule. Ich hatte einen recht weiten Schulweg, eine halbe Stunde zu Fuß oder mit dem Fahrrad. Nach der Schule war Christenlehre. Ich war im Chor. Im Sport war ich relativ schlecht. Ich habe viel gelesen als Kind, bin sehr gern spielen und in die Natur gegangen. Ich habe auch meinen Mitschülern bei den Hausaufgaben geholfen.«[89] Weil eine Lehrerin fast jeden Tag über den Nationalsozialismus sprach, bekam Angela Merkel angeblich Albträume.

Matthias Rau denkt gern an die Freizeitveranstaltungen der Jungen Gemeinde und die turbulenten Rüstzeiten zurück, das waren die Ferienlager der evangelischen Kirche. Er kann sich nicht erinnern, dass Angela Kasner einmal dabei war. Gerade in den Rüstzeiten, wo manch kritisches Wort fiel und die jungen Christen wichtige Kontakte für künftige Jahre knüpften, fehlte sie ebenso wie bei den nächtlichen Diskussionen im Arbeitszimmer ihres Vaters unter dem Dach des Hauses »Fichtengrund«. Diese Form der politischen Auseinandersetzung, so schien es Matthias Rau, interessierte sie in dieser Zeit fast genauso wenig wie Sport.

Angela Merkel berichtet hingegen, dass sie sich früh für die Politik im anderen Teil Deutschlands interessiert habe: Schon als Fünfjährige will sie ihrer Großmutter Vorträge gehalten haben. Mit acht Jahren kannte sie demnach alle Namen des christlich-liberalen Bonner Kabinetts auswendig, von Adenauer bis Wuermeling. Die wichtigsten Bundestagsdebatten will sie am Radio verfolgt haben. Sie sagt: »Die Wahl Gustav Heinemanns zum Bundespräsidenten habe ich heimlich in der Schule auf dem Klo gehört.«[90] Sie war 14 Jahre alt, als Heinemann am 5. März 1969 gewählt wurde. Und sie kann sich auch an das im Westen als »rechts« verschriene »ZDF-Magazin« erinnern. Sie sagt: »Das haben wir gesehen, und wir waren sehr froh darüber, weil das eine klare Sprache war (…) Für mich war Löwenthal glaubwürdig. Hinsichtlich der Beurteilung der DDR gab es dort jedenfalls die pointierte Aussprache meiner Empfindungen.«[91]

Für hervorragende gesellschaftliche und schulische Leistungen. FDJlerin Angela Kasner mit der Lessing-Medaille

Im Vergleich zu anderen sei Angela Kasner »geradezu brav« gewesen, sagt der frühere Schuldirektor Johannes Gabriel.[92] »Außer im Hinblick auf ihre Leistungen galt für die Schülerin ansonsten das Gebot der Unauffälligkeit.«[93] Auffällig an ihr war bestenfalls, dass sie in der SED-Jugendorganisation gern organisatorische Führungsaufgaben übernahm. »Nach Erinnerung von Mitschülern war Angela auch in der FDJ ihrer Klasse führend.«[94] Und das zahlte sich schließlich aus. »Für hervorragende gesellschaftliche und schulische Leistungen« wurde sie nach der zehnten Klasse mit der Lessing-Medaille in Silber ausgezeichnet. Später sagt sie, da ist sie schon Bundesministerin für Frauen und Jugend im ersten gesamtdeutschen Kabinett unter Helmut

Kohl: »Ich war gerne in der FDJ.«[95] Und auf die Frage »Weshalb?« antwortet Angela Merkel: »Hauptsächlich wegen der Freizeitveranstaltungen. Viele Gemeinschaftsaktivitäten wurden in der DDR ja nun mal über diese Organisationen abgewickelt.«[96]

Später, in der Abiturklasse, war Angela Kasner dann stellvertretende FDJ-Sekretärin, sagt Peter Bliss, zu jener Zeit FDJ-Sekretär.[97] Ihr damaliger Klassenlehrer Charly Horn erinnert sich, dass sie alle FDJ-Aktionen zu politischen Themen, zu Sportveranstaltungen oder auch beim Einsatz in der Kartoffelernte führend mit umsetzte.[98] »Sie (…) hat alle Aufträge der FDJ ohne Kritik erledigt«, sagt ihr früherer Klassenlehrer, der nicht so gerne über Politik spricht. Sie hingegen erzählt von der kindlichen Leidenschaft für Apfelsaft und Buletten[99], von ihrem kleinen Garten mit einem Beet, auf dem die Möhren gut, der Blumenkohl und die Radieschen weniger gut wuchsen. Sie erzählt allerdings auch von den Cousinen aus Hamburg, die gelegentlich zu Besuch kommen und mit denen sie sich und ihr Leben in der DDR dann immer wieder vergleicht. Dabei kam sie dann zu dem Schluss, dass auch das Leben im Westen nicht frei von Problemen sei.[100] »Das hat mich selbstbewusst gemacht«[101], sagt sie, die in diesen Vergleichen notgedrungen immer die DDR repräsentierte.

In diesem Sinne soll Angela Kasner, die ihr letztes Schuljahr an der Polytechnischen Oberschule, der Gemeinschaftsschule der DDR, absolvierte, auch zu den Vorbereitungstreffen der Jugendweihe gegangen sein.[102] Denn diese DDR hatte ihr den Zugang zur Erweiterten Oberschule (EOS) und damit das Abitur als Schulabschluss ermöglicht – als Pfarrerstochter zweifelsfrei ein Privileg, das den meisten Kindern von Geistlichen, wie etwa denen des heutigen

Mini-Röcke im Sozialismus. Angela Kasner (zweite Reihe, Mitte)
mit ihrer Klasse an der Polytechnischen Oberschule in Templin

Bundespräsidenten Joachim Gauck, nicht zuteilwurde. An
der Feier der Klassenkameraden am 19. April 1969 im Kul-
turhaus »Erich Weinert« nahm Angela Kasner dann offenbar nicht teil, sondern empfing am 3. Mai 1970 in der Templiner St.-Maria-Magdalenen-Kirche die Konfirmation.

Zu dieser Zeit widmete sich ihr Vater wieder ganz den
Vorarbeiten zur Gründung einer DDR-eigenen Kirchenorganisation. Im November 1970 fuhr er zu einer vertrau-
lichen Runde mit Albrecht Schönherr, zu der »nur wenige
Synodale« eingeladen wurden.[103] Kasner gehörte zum engsten Kreis um Schönherr, »zur Schar« derer, die mit ihm
»besonders verbunden« waren, wie es der spätere Bischof
Gottfried Forck und der Dozent am Sprachenkonvikt der
Kirchlichen Hochschule in Ost-Berlin, der Weißenseer Jürgen Henkys, ausdrückten.[104] Kasner half mit, Schönherr an
die Spitze einer Strukturkommission zu bringen, welche
die Ordnung der künftigen DDR-eigenen Kirchenorganisation ausarbeitete. Das Gremium tagte geheim, um für die

Widersacher in der Kirche vollendete Tatsachen zu schaffen. Aus demselben Grund wurde lange Zeit auch die gesamte Gründung der DDR-eigenen Kirchenorganisation geheim gehalten. Schönherr erklärte dies in seiner nach dem Ende der DDR verfassten Rechtfertigungsschrift damit, dass dem Staat möglichst wenig Gelegenheit gegeben werden sollte, sich einzumischen.[105]

Letztlich kam der DDR-Kirchenbund zustande, weil viele der gesamtdeutsch orientierten Kirchenfunktionäre spätestens mit der neuen DDR-Verfassung den Widerstand aufgaben. Wenn sie schon nicht mehr geschlossen als gesamtdeutsche Organisation auftreten konnten, dann sollten die acht ostdeutschen Landeskirchen wenigstens mit einer Stimme gegenüber dem Staat sprechen können, argumentierten sie. Erleichtert wurde ihnen die Zustimmung auch dadurch, dass nach überaus kontroverser Diskussion ein Passus über das Bekenntnis »zu der besonderen Gemeinschaft der ganzen evangelischen Christenheit in Deutschland« in die Ordnung des neuen Kirchenbundes der DDR mit einfloss. Das war vor allem das Verdienst des Greifswalder Bischofs Friedrich-Wilhelm Krummacher, der schon in Fürstenwalde leidenschaftlich für die kirchliche Einheit gekämpft hatte.

Der Kirchen-Publizist Reinhard Henkys schrieb von »einem Weg in die Selbständigkeit« der evangelischen Kirchen der DDR. Sie hätten diesen Weg beschritten, »als eine ›Kirche im Sozialismus‹, die ihre Identität und Entscheidungsfreiheit wahrte und damit den selbständigen Spielraum in der DDR gewann«.[106] Tatsächlich wurde der »Bund der Evangelischen Kirchen« (BEK), der sich im September 1969 in Potsdam-Hermannswerder unter Ausschluss der Öffentlichkeit konstituierte, von denjenigen kontrolliert, die mit der Staatsmacht im Bunde standen: Schönherr wurde BEK-Vorsitzender, und ein Oberkirchenrat namens Ingo Braecklein Synodalpräses. Letzterer war der Vertraute Mitzenheims. Er arbeitete seit 1959 unter dem Decknamen »Ingo« für den Staatssicherheitsdienst, dem er allerhöchste Wertschätzung entgegenbrachte.[107] Später folgte der »Inoffizielle Mitarbeiter« Mitzenheim als thüringischer Landesbischof.[108]

An entscheidender Stelle bei der Gründung des BEK war auch ein in Templin gerne gesehener Mitstreiter Schönherrs dabei: Manfred Stolpe.[109] Dessen Vater hatte nach dem Krieg im Dienst der Roten Armee gestanden, ehe er in Greifswald als Fahrer von Bischof Krummacher anfing. Manfred Stolpe studierte Jura in Jena und ging dann mit Krummachers Hilfe in den Kirchendienst.[110] Er gehörte zu jenen, die überzeugt waren, dass die Kirche in der DDR einen Modus Vivendi mit dem Staat finden müsse. »Sie sollte dabei im Vertrauen auf ihre Sendung die sozialistische Entwicklung voll bejahen«, schrieb Stolpe im April 1962, ein gutes halbes Jahr nach dem Mauerbau, und begründete dies unter anderem damit, dass »die Kräfte, die bereits zwei Weltkriege mit anzettelten (…) in der Bundesrepublik wieder die Macht übernommen (haben)«.[111]

Im selben Jahr gelangte der Konsistorialrat der evangelischen Kirche von Berlin-Brandenburg mit der staatskonformen Einstellung in eine zentrale Position: Er wurde Leiter eines kleinen Verbindungsbüros der Ost-Konferenz – sozusagen der Keimzelle des BEK. Noch als Stolpe, der spätere langjährige Sekretär des BEK, auf Betreiben des Staatssekretariats für Kirchenfragen im November 1989 mit der Ehrendoktorwürde der Universität Greifswald ausgezeichnet werden sollte, hieß es in der Laudatio, dieser sei eine der »engagiertesten Persönlichkeiten, die die Gründung des Bundes der Evangelischen Kirchen der DDR auf den Weg gebracht und dessen Organisations- und Arbeitsformen entscheidend mitgestaltet haben«.[112] Im Jahr der BEK-Gründung wurde Stolpe, der spätere sozialdemokratische Ministerpräsident Brandenburgs und Bundesverkehrsminister, unter dem Decknamen »Sekretär« als IM der Hauptabteilung XX/4 der Berliner MfS-Zentrale übernommen. Er blieb dem nach der Wende erstellten Gutachten der Gauck-Behörde zufolge »nach den Maßstäben des MfS über einen Zeitraum von ca. 20 Jahren ein wichtiger IM im Bereich der Evangelischen Kirchen der DDR«.[113]

Wie sehr die Spaltung der gesamtdeutschen Kirchenorganisation, die heute von weiten Teilen derselben Kirche immer noch als erfolgreiche Maßnahme der Selbstbehauptung gegen das SED-Regime dargestellt wird, tatsächlich vom DDR-Staatssicherheitsdienst gelenkt wurde, geht aus einer späteren »Bearbeitungskonzeption« der MfS-Abteilung XX/4 hervor. Prahlerisch bilanzieren die Verfasser: »Im Ergebnis der bisherigen Politik von Partei und Regierung in Kirchenfragen, die vom MfS durch einen langjährigen und vielfältigen Einsatz der operativen Kräfte und Mittel effektiv unterstützt werden konnte, (...) wurde durch die Gründung des Bundes der evangelischen Kirchen der DDR die Einheit der Evangelischen Kirche in Deutschland (EKD) zerschlagen und der Prozeß der Verselbständigung der evangelischen Kirchen der DDR eingeleitet.«[114]

Nachdem der BEK gegründet war, stand jetzt die »Verselbständigung« der Landeskirche Berlin-Brandenburg im Mittelpunkt. Immer wieder sind es dabei dieselben Namen, die in den Unterlagen der DDR-Staatsorgane auftauchen: Müller, Kasner[115] und Clemens de Maizière, der für seine konspirative Einflussnahme später vom MfS mit der Verdienstmedaille der Nationalen Volksarmee ausgezeichnet werden sollte.[116] So heißt es in einem Papier des Staatssekretariats vom 17. März 1970: »Prof. Müller, Rechtsanwalt de Maizière, Pfarrer Kasner und Landesjugendpfarrer Günther[117] erreichten durch taktisch kluges Auftreten, daß die Synode die feindlichen Konzeptionen nicht beschloß und in der Frage der Eigenständigkeit der Kirche Berlin-Brandenburg auf dem Territorium der DDR mit echten Kompromissen zustimmte.«[118] Zug um Zug wurden so die West-Berliner Protestanten isoliert. Im November 1972 waren die sozialistischen Separatisten schließlich am Ziel: Albrecht Schönherr, der Vorsitzende des BEK, wurde auf der Landessynode unter tatkräftiger Mithilfe des MfS und seiner Helfer im dritten Wahlgang zum Bischof einer eigenständigen Region Ost der evangelischen Kirche von Berlin-Brandenburg gewählt.

Angela Merkel zum Thema Kirchenspaltung: »Man muss Folgendes wissen: Die katholische Kirche hatte inklusive der Bistumsgrenzen ihre Struktur komplett erhalten – also eine katholische Kirche im geteilten Deutschland. In der evangelischen Kirche – ich erinnere an das Schlagwort von der Kirche im Sozialismus – überwog dagegen die Haltung, sich auf eine längere Zeit der Trennung von den westdeutschen Landeskirchen einzustellen. Das führte zu einem deutlichen Verständnis von Eigenständigkeit. Sie sollte sich bei der Verkündigung und pastoralen Arbeit an den ganz anderen Lebensverhältnissen der Menschen in der DDR orientieren. Genau das hat mein Vater auch versucht. Er wollte, dass die Kirche sich an der Realität orientiert, um gleichsam nicht immer in der Fremde zu leben.«[119]

Schönherr wurde am 11. Februar 1973 in der Ost-Berliner Marienkirche durch den Görlitzer Bischof Hans-Joachim Fränkel und in Anwesenheit des DDR-Kirchenstaatssekretärs Hans Seigewasser in sein Bischofsamt eingeführt. Seine Wahl war eine Wegmarke in der Geschichte der evangelischen Kirche in Deutschland, aber der Trennungsprozess war noch nicht abgeschlossen. Denn nach wie vor existierten parallele Organisationsformen und Ordnungen in der geteilten Landeskirche, in der es jetzt zwei Bischöfe gab. In einem MfS-Strategiepapier ist die Rede davon, dass die weitere Einflussnahme auf die Landeskirche so zu erfolgen habe, »dass die effektive Auseinanderentwicklung immer weiter vorangetrieben wird. Im Ergebnis dieser Bemühungen muss es zu einer vollkommenen Aushöhlung der z. Z. bestehenden gemeinsamen Grundordnung kommen«. Bis zum Jahr 1980 sollte das Ziel erreicht sein, »mit Hilfe der CFK (...) die bilateralen Beziehungen zu den Kirchen der sozialistischen Länder, insbesondere zur Russisch-Orthodoxen Kirche (ROK), zu vertiefen« und »die evangelischen Kirchen der DDR samt ihren Repräsentanten aus der bisherigen Verflechtung mit den westdeutschen Kirchen und Kirchenführern herauszureißen«.[120] Denn nur so würde die »Kirche im Sozialismus«, wie die SED und ihr Geheimdienst sie sich vorstellten, Wirklichkeit werden können.

Während sich Horst Kasner seine Meriten für den SED-Staat erwarb, marschierte seine Tochter zielstrebig auf das Abitur zu. Ihr Klassenlehrer Charly Horn war damals Anfang 30. Er war überzeugter Sozialist, hegte keinerlei Zweifel an der DDR und unterrichtete Russisch und Sport an der EOS. »Angela war eine glänzende Schülerin«, sagt er. Immer Klassenbeste. Als Klassenlehrer schaute Horn zum Elternbesuch einmal bei den Kasners vorbei. Das war so vorgeschrieben, das hatte ein Klassenlehrer zu tun, damit er im Bilde war, was zu Hause bei seinen Schülern passierte – privat oder auch politisch. Dabei sind ihm die Privilegien der Kasners nicht entgangen, die unter anderem zwei Autos besaßen, ein privates und einen Dienstwagen. Sie erhielten außerdem die Möglichkeit zu Auslandsreisen bis in die Vereinigten Staaten.[121] Während andere Pfarrer Einladungen der Nationalen Front, zu der sich Parteien und Massenorganisationen unter der Führung der SED zusammengeschlossen hatten, ausschlugen, nahm Horst Kasner sie an. In den Jahren 1974 und 1975 fuhr er nach Italien, wo er nicht nur die Touristenattraktionen besuchte, sondern auch die Elendsviertel Roms und anderer Großstädte. Nach seiner Rückkehr fasste er seine Reiseeindrücke und seine Einschätzung der dortigen gesellschaftspolitischen Situation in einem Dia-Vortrag zusammen, den er vor Angehörigen der örtlichen SED-Prominenz und Vertretern der Nationalen Front hielt. Er zeigte Fotografien von den Quartieren der Armen und von den Menschen, die an ihrer Seite stünden, von dem »Arbeiterpriester aus einem Vorort von Paris, einem spanischen katholischen Priester, der dort unter falschem Namen lebt. Wenn der richtige Name bekannt würde, würde Italien ihn an Spanien ausliefern, und dort würde er hingerichtet werden.« Er sprach dazu von Inflationsraten und Arbeitslosenzahlen und kam zu dem Schluss, nur die Kommunistische Partei Italiens könne »im Bündnis mit den anderen fortschrittlichen Kräften Italien aus dem Elend retten«.[122] Charly Horn hätte ihm sicherlich beigepflichtet, hielt er doch sowohl Angela Kasners Mutter als auch ihren Vater für »echte Persönlichkeiten«.[123]

Horn, in dessen Stimme noch heute, im Alter von 78 Jahren, die norddeutsche Heimat anklingt, spricht auch von einem »christlichen Elternhaus«, wenn er von den Kasners erzählt. Zur Prägung durch dieses Elternhaus sagt Angela Merkel: »Ein Mensch wird nicht dadurch gläubig, dass er im Pfarrhaus aufwächst. Aber natürlich wurden mir dadurch manche ethische Grundsätze vermittelt.«[124] Vielleicht gründen diese gegenüber den Dingen des Glaubens etwas distanziert anmutenden Sätze ja in der Widersprüchlichkeit, die diesem Elternhaus anhaftete, einem Elternhaus, in dem die Familie einerseits das Tischgebet sprach und gleichzeitig einer Macht anhing, welche die Dogmen ihrer Partei zur einzig wahren Religion erhob. Horst Kasner verkündete das Himmelreich Gottes, aber er setzte auf die sozial gerechte und klassenlose Zukunftsgesellschaft auf Erden. Er war berufen, die Menschen zum Schöpfer zu führen, aber er verrichtete das Werk jener Ideologie, die letztendlich jedwede Hinwendung zu Gott als Abkehr wertete und die Kirche in unverhohlener Absicht einzig und allein für ihre Zwecke benutzte, um sie am Ende zu zerstören. Doch mit diesem Widerspruch, in dem etwas Schizophrenes liegt, lebten damals viele Kirchenleute, die sich mit dem SED-Staat eingelassen hatten.

Ähnlich widersprüchlich verhielt es sich mit dem Verhältnis der Menschen zur Sowjetunion. Eigentlich fühlten sich die meisten Ostdeutschen den Russen kulturell überlegen. Andererseits musste die Sowjetunion in jeder Hinsicht das Vorbild sein. Die Staatspartei tat alles, um dies sowie die Verbundenheit mit den »Freunden« herauszustellen. Die »Gesellschaft für Deutsch-Sowjetische Freundschaft« sollte als Massenorganisation neben der FDJ und dem Freien Deutschen Gewerkschaftsbund (FDGB) dafür Sorge tragen. Und auch die sowjetischen Kulturhäuser im ganzen Land hatten die Aufgabe, den deutschen Werktätigen das Riesenreich im Osten näherzubringen. Seit Beginn der Siebzigerjahre taten die in der DDR stationierten sowjetischen Streitkräfte ihren Teil dazu. Es entstanden Partnerschaften zwischen militärischen Einheiten und Kommunen. Die Sowjetarmee half Landwirtschaftlichen Produktionsgenossenschaften (LPGs) beim Ernteeinsatz oder stellte ihr Gerät für Rodungsarbeiten zur Verfügung. Und dennoch blieben die Russen für breite Bevölkerungsschichten nur auf dem Papier »die Freunde«.

Bei den Kasners war dies anders. Man brachte der Sowjetunion, der großen Befreier-Nation vom Hitler-Faschismus, Wertschätzung entgegen. In Templin begegnete man ihren Soldaten auf Schritt und Tritt. Sie gehörten zum Stadtbild, denn im nahen Vogelsang befand sich neben Wünsdorf bei Berlin der größte sowjetische Militärstützpunkt außerhalb des Mutterlandes. Dort waren die 25. Panzerdivision und zahlreiche andere Einheiten der sowjetischen Streikräfte stationiert.

Wohl auch die Anwesenheit der sowjetischen Soldaten hatte bei Angela Merkel das Interesse für alles Russische geweckt. Sie liebte die russische Sprache, weil sie so »gefühlvoll« sei.[125] Und sie lernte diese mit Begeisterung. Wie Horn schwärmt auch Erika Benn, die damals ebenfalls Russisch unterrichtete, noch heute von ihren Sprachkenntnissen: »Angela war unerhört fleißig und eine Autodidaktin, lernte noch an der Bushaltestelle Vokabeln, machte keine Fehler, gab sich zurückhaltend, aber nie schüchtern.«[126] Horn weiß noch zu berichten, dass Angela sich gern mit russischen Soldaten in der Umgebung Templins getroffen hat, was ihre Sprachkenntnisse perfektionierte. »Ich habe viel mit russischen Soldaten geplaudert, weil bei uns ja doppelt so viele Russen im Wald waren wie Deutsche«, sagt Angela Merkel. »Die standen ja manchmal tagelang an den Ecken herum, um auf irgendetwas zu warten.«[127]

Horst Kasner schickte Erika Benn später einen Zeitungsartikel, in dem darüber berichtet wurde, dass der russische Präsident Wladimir Putin ganz begeistert darüber sei, wie gut Angela Merkel seine Muttersprache beherrsche. Zu dem Bericht gab es ein Foto, das Putin und Merkel zusammen zeigte. »Die Angela hat nicht umsonst die Russisch-Olympiade der DDR gewonnen«, sagt Horn. Zur Belohnung durfte sie 1970 mit dem »Zug der Freundschaft« nach Moskau reisen und dort an der Internationalen Russisch-Olympiade teilnehmen. Sie ging damals in die neunte Klasse. Eine Einladung in die Hauptstadt der »Freunde« war etwas Besonderes. Alle Schulen hatten engen Kontakt mit der Sowjetunion zu suchen, hatten Patenschaften mit russischen Schulen zu schließen und ihre Schüler zu Brieffreundschaften anzuhalten. Doch nach Moskau kamen die wenigsten schon als Schüler. An ihre Reise in die Sowjetunion erinnert sich Angela Merkel angeblich nicht nur wegen ihres Erfolgs. Ausgerechnet dort will sie von Russen »auf eine vermeintliche Wiedervereinigung angesprochen« worden sein.[128]

Angela Merkel: »Die Russen haben mir immer gesagt: Das Land wird viel früher wiedervereinigt. Für diese russischen Soldaten war es immer klar. So ein geteiltes Land ist ein unnatürlicher Zustand. Und man soll sich mal nicht solche Sorgen machen. Aber für uns war es keine Perspektive. Für uns gehörte zur Lebensperspektive zu diskutieren, dass man im Prinzip schon irgendwie in den Westen kommen würde, wenn es einem mal ganz schlecht geht.«[129]

Wie offen sie als Jugendliche mit den Sowjet-Soldaten umging, darüber wundert sich Charly Horn noch heute. »Denn eigentlich war sie irgendwie unnahbar, jedenfalls für Erwachsene«, sagt er. Ganz ähnlich drückt sich Siegfried Kinzel aus, der sie in Physik unterrichtete. Angela habe Lehrer »weder provoziert noch geärgert«. Rückblickend sieht er eine »selbstbewusste, ruhige« Schülerin, die, obwohl »mit sich selbst im Reinen, nicht unbekümmert« war. »Sie konnte nie locker werden, war nie ein albernes Mädchen«, sagt er und spricht vom Inbegriff eines »jederzeit beherrschten und gefassten Menschen«.[130]

Charly Horn hingegen gab sich immer schon leutselig, wollte gern Kumpel sein. Er duzte sich mit einigen Schülern und machte immer auf gute Laune. Trotzdem oder vielleicht genau deshalb kam er nicht bei allen an. »Der war ein übler Ideologe«, sagt etwa Angela Kasners Schulfreund Matthias Rau. Jedenfalls war das System bis zu jenem April im Jahr 1973 auf seiner Seite. Doch noch bevor es richtig Frühling wurde, musste er erfahren, wie schnell es mit dem Wohlwollen des Systems vorbei sein konnte. Die Nachrichten waren damals voll von Meldungen aus Vietnam. Im Januar war in Paris nach 30 Jahren Krieg die Friedensvereinbarung unterzeichnet worden. Am 29. März waren die letzten amerikanischen Soldaten abgezogen. Der kommunistische Norden hatte den von den Vereinigten Staaten unterstützten Süden endgültig besiegt. Es war der denkbar größte Triumph der kommunistischen Welt über den Westen. Nun rief der Ostblock zur Aufbauhilfe für Nordvietnam unter dem siegreichen Führer der Kommunisten, Hô Chí Minh, auf.

An der EOS in Templin sollte jede Klasse ein Kulturprogramm darbieten. Für seine Klasse 12b lautete das Thema

»Solidarität mit Vietnam«, erinnert sich Charly Horn. Über den weiteren Verlauf der Ereignisse gibt es unterschiedliche Darstellungen, eine von Horn und eine aus den Erinnerungen damaliger Beobachter. Letztere, wie der damalige EOS-Direktor Gabriel, behaupten, die Schüler des Abiturjahrgangs seien »ziemlich lustlos« gewesen[131], weil sie bereits ihre Studienplätze sicher hatten. Die Klasse 12b soll sich anfangs sogar geweigert haben, überhaupt etwas aufzuführen. Auch habe Charly Horn »sich nicht richtig darum gekümmert«.[132] Der hingegen sagt, er habe sich, nachdem das Thema bekannt gegeben worden war, »sofort mit der FDJ-Leitung der Klasse zusammengesetzt und das besprochen«. Die FDJ-Leitung, das waren Peter Bliss als FDJ-Sekretär und seine Stellvertreterin Angela Kasner. Angeblich soll die Klasse 12b dann öffentlich über den Schulsprechfunk dafür gerügt worden sein, dass sie nicht am Kulturprogramm teilnehmen wolle[133], was Charly Horn bestreitet. Und Horst Kasner habe seine Tochter ermahnt, sie dürfe das bisher Erreichte nicht riskieren und möge doch endlich etwas auf die Beine stellen.[134] Daraufhin soll sich die Klasse entschlossen haben, Christian Morgensterns Gedicht vom Mopsenleben aufzuführen, in dem Möpse »auf Mauerecken« liegen, um »von sotanen vorteilhaften Posten die bunte Welt gemächlich auszukosten«, und das mit der Mahnung endet: »O Mensch, lieg vor dir selber auf der Lauer, sonst bist du auch ein Mops nur auf der Mauer.«[135] »Die Klasse? Wer denn nun wirklich? Einer muss es ja ausgeheckt haben«, sagt Horn. Er erinnert sich daran, dass FDJ-Sekretär Peter Bliss am Morgen des 17. April zu ihm kam und sagte: »Herr Horn, wir treten heute nicht auf. Wir haben kein Programm.« Daraufhin habe er geantwortet: »Gut, Peter, dann gehst du auf die Bühne und sagst, warum ihr nicht auftretet.«

Horn hat 30 Jahre nicht darüber gesprochen, er lehnte alle Anfragen ab. Er nahm hin, dass er erst von der SED und der Staatssicherheit und später in Veröffentlichungen im wiedervereinigten Deutschland zum Alleinschuldigen des Geschehens abgestempelt wurde und darüber sogar seinen Job verlor. Warum er sein Schweigen jetzt bricht, weiß er selbst nicht so genau. Vielleicht will er einfach noch einmal darüber reden, bevor es zu spät ist: »Um 14 Uhr ging es los. Die einzelnen Klassen wurden auf die Bühne gebeten. Dann war meine Klasse, die 12b, an der Reihe. Ich dachte, jetzt kommt Peter auf die Bühne, so wie wir es verabredet hatten. Stattdessen kam die ganze Klasse und brachte das Gedicht vom Mopsenleben. An entsprechender Stelle des Textes riefen Kinder von Genossen dazwischen: ›Sind wir nicht auch alle Möpse?‹ Dann sagte meine Klasse: ›Wir wollen nicht nur Solidarität mit Vietnam, sondern auch mit der afrikanischen Bewegung Frelimo, die für die Befreiung Mosambiks kämpft.‹ Dann sangen sie die Internationale – nicht etwa auf Deutsch oder Russisch, sondern auf Englisch, und verließen die Bühne. Sofort kam der Direktor zu mir und sagte: ›Das wird ein Nachspiel haben.‹«

Das hätte er Horn gar nicht erst sagen müssen. Aber der weitere Ablauf der Dinge überraschte ihn dann doch. Er konnte nicht davon ausgehen, dass er ungeschoren davonkommen würde, und für die Schülerinnen und Schüler befürchtete er das Schlimmste. »Deren Zukunft«, so dachte er, »ist hiermit beendet.« »Es gab damals einen vergleichbaren Fall in der Nähe von Greifswald. Da haben alle Schüler ihren Studienplatz verloren«, sagt Horn. Als er nach der Kulturveranstaltung zu Hause ankam, wartete bereits ein Mitarbeiter der Staatssicherheit auf ihn. »Wir führten ein ernstes Gespräch, in dem wir übereinstimmend der Meinung waren, da stecke der Klassenfeind dahinter«, sagt er. So saßen sie etwa eine Dreiviertelstunde zusammen. »Am Abend rief der Direktor an: ›Morgen beginnt dein Disziplinarverfahren.‹« Er habe »alle möglichen Verfahren« am Hals gehabt damals. Horn erinnert sich an eine außerordentliche Elternversammlung unmittelbar nach dem Eklat. »Geleitet wurde sie vom Direktor, aber Horst Kasner hat ganz schnell das Ruder übernommen«, sagt Horn. »Der konnte so etwas als Pfarrer. Und am Ende waren sich die Eltern einig, dass die Schüler keine Schuld traf.« Außerdem hielten die Schüler zusammen, unter denen viele Genossen-Kinder waren. Keiner bezichtigte jemanden der Rädelsführerschaft.

Zunächst lief der Schulalltag für Horn ohne Sanktionen weiter. »Am Ende des Schuljahrs sagte mir der Direktor: ›Einige deiner Schüler werden keinen Studienplatz bekommen!‹« Doch fast ein ganzes Jahr später, im Mai 1974, holten ihn die Ereignisse wieder ein. »Sie bestellten mich zu einem Kadergespräch in der Schule, das von einer Vertreterin der Abteilung Volksbildung geleitet wurde und bei dem die Schulleitung anwesend war«, sagt Horn. »Sie hatten ein Dokument vorbereitet. Ich sollte unterschreiben, dass ich in gegenseitigem Einvernehmen die Schule verlasse. Sie drohten: ›Wir bleiben hier so lange sitzen, bis du unterschrieben hast.‹« Aber er weigerte sich. Ein paar Tage später wurde das Gespräch mit dem Kreisschulrat fortgesetzt. Als Ergebnis dieses Gesprächs warfen ihm die staatlichen Stellen »unmissverständlich politische Unzuverlässigkeit« vor. »Mir wurde erklärt, dass ich froh sein könne, dass ich überhaupt noch als Lehrer an einer Schule weiterarbeiten dürfe«, erinnert sich Horn. Mit Beginn des Schuljahrs 1974/75 wurde er an eine Polytechnische Oberschule versetzt. Die Möglichkeit zum Einspruch bekam er nicht. Er ist der Meinung, dass Horst Kasner die Klasse auf die Idee mit dem Mops-Gedicht und der Frelimo gebracht hat. Anschließend habe Kasner seiner Tochter und den anderen Schülern den Studienplatz gerettet, für Horn aber kein gutes Wort eingelegt. »Mit Herrn Kasner wollte ich danach nichts mehr zu tun haben«, sagt er.

Der einflussreiche Leiter des Templiner Pastoralkollegs setzte damals alle Hebel in Bewegung, um seine Tochter vor möglichen Repressionen des Staats zu bewahren. Zunächst wandte er sich an seinen Freund und Förderer, Bischof Schönherr, der die Angelegenheit im Staatssekretariat für Kirchenfragen vortrug. Parallel dazu schrieb Superintendent Kasner eine Petition an die SED-Bezirksleitung. Mit dem Schreiben schickte er seine Tochter Angela zu dem ihm wohlgesinnten obersten Kirchenjuristen, zu Konsistorialrat Manfred Stolpe, nach Berlin, der die Petition weiterreichen sollte.[136] Angela Merkel sagt dazu heute nur so viel: »In der DDR musste man immer dann, wenn es auf einer Ebene wirklich eng wurde, auf die nächsthöhere gehen, also aus diesem Automatismus von Repressionen ausbrechen, Beschwerde führen und dafür sorgen, dass ein Mindestmaß an Objektivität wiederhergestellt wurde.«[137] Charly Horn hatte diese Möglichkeit ganz offensichtlich nicht. Für die Schüler endete die Geschichte mit einem auf den 8. Mai 1973 datierten Verweis, in dem ihnen »politische Provokation« und »Verstoß gegen die Schulordnung« vorgeworfen wurde. Er sicherte ihnen aber auch zu: »Die ausgesprochene Schulstrafe erscheint nicht auf dem Zeugnis.«[138]

Vergessen ist das Geschehen aber bis heute nicht. Es brannte sich tief in das Gedächtnis ein – nicht nur bei Charly Horn, sondern auch bei Peter Bliss, dem damaligen

FDJ-Sekretär. Er erinnert sich: »Unser ›Kulturprogramm‹ hatte für die Beteiligten und weitere Personen teils weitreichende Konsequenzen. Die FDJ-Leitung – ich war damals FDJ-Sekretär und Angela Kasner, falls ich das richtig in Erinnerung habe, stellvertretende FDJ-Sekretärin – wurde aufgelöst und kommissarisch durch eine andere aus dem Schülerkreis unserer Klasse ersetzt. Zunächst war nicht klar, ob alle das Abitur noch würden ablegen dürfen. Das war auch für unsere Eltern nicht einfach und für einige Lehrer ebenfalls nicht.

In der Stadt hielt sich hartnäckig das Gerücht, es hätte in der Erweiterten Oberschule einen Aufstand gegeben, ausgerechnet in der von der Schulleitung selbst so bezeichneten ›Kaderschmiede‹, von der bekannt war, dass sie auf politischen Drill setzte. Der Terminus ›Aufstand‹ war unverhältnismäßig, er hielt sich aber lange, da in der Kleinstadt auch die heftigen Reaktionen des Staatsapparates und der Schulleitung bekannt wurden. Nein, einen ›Aufstand‹ hatten wir nicht geprobt. Sehr wohl aber hatte unser gegen den politischen Strich gebürsteter Auftritt mit seinen Anspielungen etwas mit einer Rebellion gegen ideologische Enge und widerspruchslose Gehorsamkeit zu tun«, schreibt Bliss in der Rückschau.[139]

Horst Kasners Verhältnis zur Staatsmacht war in den Siebzigerjahren ein ambivalenteres geworden. Offiziell begegneten die Funktionäre dem Wirken des Pfarrers, vor allem seiner intellektuellen Auseinandersetzung mit dem Sozialismus, mit einer gewissen Skepsis und Zurückhaltung. Doch Matthias Rau, der Sohn des Waldhofleiters, kann sich noch gut an die nächtlichen Besuche erinnern. »Dann kamen jene SED-Funktionäre im Schutz der Dunkelheit zu

Kasner, die den Kontakt bei Tageslicht scheuten, und diskutierten mit ihm die Lage der Welt«, sagt er.[140] Kasner war zweifellos in Parteikreisen ein weithin respektierter Mann, dessen Rat man suchte, wenn es um Kirchenangelegenheiten ging. »Kasner hatte keine frommen Worte auf der Zunge. Er argumentierte wie ein kritischer Rationalist, im Auftreten war er wie ein preußischer Offizier«, erinnert sich etwa der Pfarrer Rudi Pahnke.[141] Rückblickend beschreiben ihn nicht wenige als »die graue Eminenz der brandenburgischen Kirche«.[142]

Immer mehr Männer und Frauen in wichtigen kirchlichen Funktionen arbeiteten zu Beginn der Siebzigerjahre verdeckt oder offen an der Verwirklichung der Kirche im Sozialismus. Mindestens 141 waren Inoffizielle Mitarbeiter des MfS – darunter zwei Bischöfe.[143] Andere standen im Dienst des KGB. Wieder andere handelten – ohne dass sie einem Geheimdienst angehörten – aus politischer Überzeugung. 1971 wollte der Staatssicherheitsdienst Horst Kasner anwerben, attestierte man ihm doch dort schon seit Langem »eine positive bzw. sehr loyale Haltung zu unserer sozialistischen Entwicklung«.[144] Die Offiziere der Neustrelitzer Bezirksverwaltung, die eine IM-Vorlaufakte angelegt hatten, suchten ihn auf und führten mit ihm einvernehmliche Gespräche. Eine konspirative Zusammenarbeit mit dem Geheimdienst, wie sie es anstrebten, lehnte der Leiter des Templiner Pastoralkollegs auch dann noch ab, als sie ihm vorhielten, er besitze einige Exemplare einer in der DDR verbotenen Schrift des sowjetischen Dissidenten Andrej Sacharow.[145] Kasner, der Sacharows Mahnung vor einer atomaren Katastrophe infolge des Wettrüstens während eines Seminars thematisiert hatte[146], wollte die Kontakte offiziell pflegen[147] und sich nicht auf Parkplätzen, Waldwegen oder in konspirativen Objekten heimlich mit den MfS-Offizieren treffen.

Noch im selben Jahr 1971 wurde die Zuständigkeit für den Leiter des Templiner Pastoralkollegs im Range eines Superintendenten – seiner Bedeutung innerhalb der Kirche wegen – der Berliner Zentrale übertragen. Diese versuchte nun ihrerseits den Kirchenmann als IM anzuwerben, indem sie ihm stichhaltige Argumente dafür präsentierte. Zum sogenannten IM-Vorlauf »Waldhof« heißt es in einem handschriftlichen Papier des stellvertretenden Leiters der Abteilung XX/4, Klaus Roßberg, vom Juli 1980: »In Zusammenarbeit mit der VP/Kriminalpolizei u. Einbeziehung von IM (…) wurde der Sachverhalt bzw. das den Kand. belast. Material kriminalisiert u. der Kand. zu entspr. Befragungen geladen. Die Befragungen dienten der Durchführung des Prozesses einer Werbung unter Verwendung kompromittierenden Materials.«[148] Doch die Werbung wurde auch dieses Mal nicht realisiert. Kasner hatte die Sache dekonspiriert, das hieß, er hatte mit anderen darüber gesprochen oder dies zumindest vorgegeben.[149]

Interessant an dem Bericht des MfS zum IM-Vorlauf »Waldhof« ist die darin getroffene Feststellung, dass sich der in kirchenpolitischen Belangen einst so aktive Kasner »immer mehr zurückzog und vom Bischof auch in keiner Weise mehr gefördert wurde. Die Kirchenleitung hat ihn auch immer weniger in landeskirchlichen zentralen Aufgaben herangezogen.«[150] Kasner und sein langjähriger Förderer und Weggefährte Schönherr hatten sich demnach entfremdet. Dies muss nach dem Herbst 1974 geschehen sein, denn auf der BEK-Synode, die Ende September/Anfang Oktober jenes Jahres in Potsdam-Hermannswerder stattfand, hielt er noch das Koreferat zu Schönherrs Vortrag »Kirche als Gemeinschaft von Lernenden«.[151] Ob das Ende des so engen Kontakts politische oder private Ursachen hatte, ist aus den Unterlagen nicht mehr zu rekonstruieren; genauso wenig, ob dies eventuell vorübergehender Natur war.

So war der Leiter des Templiner Pastoralkollegs nicht mehr in vorderster Reihe dabei, als die Beziehungen zwischen Kirche und Staat ihren symbolischen Höhepunkt erfuhren. Am 6. März 1978 trafen der BEK-Vorsitzende Schönherr und der SED-Staatsratsvorsitzende Erich Honecker im Ost-Berliner Staatsratsgebäude zusammen und gaben mit ihrem Händedruck der »Kirche im Sozialismus«-Konzeption einen offiziellen Charakter. Doch die von den staatlich gelenkten DDR-Medien groß herausgestellte Begegnung konnte nicht darüber hinwegtäuschen, dass von den »Progressiven« und ihren Hintermännern in den Geheimdiensten nur die Apparate und viele Funktionäre der evangelischen Kirche in den Staats-Sozialismus überführt wurden. Die Mehrzahl ihrer Seelsorger in den Städten und Gemeinden des Landes, die für eine gerechtere und freiere sozialistische Gesellschaft stand, widersetzte sich nach wie vor der Gängelung und bot Angehörigen oppositioneller Friedens-, Ökologie- und Menschenrechtsgruppen, wie sie sich besonders seit Beginn der Achtzigerjahre formierten, Zuflucht unter den Kirchendächern.

Weitaus folgenschwerer als der Versuch, sich die Kirche dienstbar zu machen, war die damit einhergehende Erosion. Sie drückte sich in der dramatisch schwindenden Zahl ihrer Mitglieder aus. Die DDR mit ihren Stammlanden der Reformation wurde demnach parallel zur staatlichen Durchdringung aller Bereiche des Lebens regelrecht entchristianisiert. Die Kinder- und Jugendorganisationen der

Staatspartei hatten als Massenbewegungen der Jungen Gemeinde die Mitglieder und damit der Kirche den Nachwuchs genommen. Ein Übriges hatte die nicht mehr vom Staat eingezogene Kirchensteuer getan. Und nicht zuletzt die Zersetzungsarbeit des MfS innerhalb der Kirchen hatte dazu beigetragen. Als der »Arbeiter- und Bauernstaat« 1990 von der politischen Landkarte Europas verschwunden war, gehörte noch etwa ein Drittel der Menschen in den neuen Bundesländern einer evangelischen Kirche an.

Auch Horst Kasner war der Niedergang des Christentums in der DDR nicht verborgen geblieben. Der Pfarrer und Bürgerrechtler Rainer Eppelmann berichtet über seinen Aufenthalt als Vikar in Templin im Jahr 1974, Pfarrer Kasner habe bei einem Glas Wein erzählt, er gehe davon aus, »daß noch zu seinen Lebzeiten die evangelische Kirche in der DDR so schrumpfen werde, dass die meisten Gemeinden sich keinen hauptamtlichen Pfarrer mehr leisten können«.[152] »Die Zukunft der evangelischen Kirche in einem sozialistischen Land werde vergleichbar sein mit der der Arbeiterpriester in Frankreich (…): ›Also Montag bis Freitag gehen sie in irgendeinem Beruf arbeiten, und am Wochenende, wenn sie mit ihren bürgerlichen Tätigkeiten fertig sind, dann können sie sich um die Gemeinde kümmern.‹ Und es werde nur wenige vollzeitbeschäftigte Theologen geben wie ihn, die entweder stark in der wissenschaftlichen Arbeit tätig sind oder in der Ausbildung wie er«[153], erläuterte Kasner dem später systemkritischen Eppelmann, der durch seine Blues-Messen von sich reden machte.

Überhaupt hatte sich der Charakter der Bildungsarbeit in Templin seit dem Rückzug Kasners aus der Kirchenpolitik verändert. Der Waldhof und das dort von ihm geleitete Pastoralkolleg entwickelten sich seit den späten Siebziger-

und frühen Achtzigerjahren zu einem Ort in der evangelischen Kirche, an dem abseits der real sozialistischen Ge-
dankenwelt das offen diskutiert wurde, was man früher nur
in vertrauten Zirkeln besprochen hatte. Kasner sei »kein
Konformist«, und die Referenten seien »nicht nach Linie
handverlesen« gewesen, meinte der spätere Theologieprofessor Richard Schröder, der im Frühjahr 1990 zeitweise die
Ost-SPD führte. Und der progressive Pastor Rudi Pahnke,
der auch in dieser Zeit in Templin war, erinnerte sich: The-
matisch sei in den Seminaren und Kursen »die ganze Band-
breite kirchlicher Arbeit abgedeckt (worden) (…) Darüber
hinaus gab es auch immer wieder Diskussionen über das
schwierige Verhältnis von Staat und Kirche in der DDR.«[154]

Auf dem Waldhof schaute man nicht nur Westfernsehen,
sondern pflegte jetzt auch verstärkt Kontakte in die Bundes-
republik.[155] Dort begann sich seit dem gesellschaftlichen
Umbruch Ende der Sechzigerjahre und der sozialliberalen
Deutschlandpolitik der frühen Siebzigerjahre das Bild vom
SED-Staat zu wandeln. Eine neue Generation hatte im
Westen nach der Rolle der Väter während Nazidiktatur und
Völkermord gefragt, hatte vor dem Hintergrund des Viet-
namkriegs den US-Imperialismus und Kapitalismus ver-
urteilt und bald in der DDR weniger die kommunistische
Diktatur gesehen als den »antifaschistischen« und damit
moralisch legitimierten zweiten deutschen Staat. Das dor-
tige Gesellschaftssystem wurde von vielen westdeutschen
Linken, insbesondere aus den Reihen der evangelischen
Kirchen, die jetzt die neuen Reisemöglichkeiten nutzten,
sogar als das bessere angesehen. Die Konzeption von der
Kirche im Sozialismus – »Nicht gegen, nicht für, sondern
im Sozialismus«, wie der Propagandaslogan hieß – schien
für manch einen Besucher, der auf den Waldhof kam, ein

verheißungsvolles Zukunftsmodell für eine gerechtere Gesellschaft in ganz Deutschland zu sein.

Beim Leiter des Templiner Pastoralkollegs war längst auch eine Ernüchterung eingetreten, was die praktischen Möglichkeiten einer Symbiose zwischen dem real existierenden DDR-Sozialismus und der evangelischen Kirche anbelangte. Dazu beigetragen hatten sicherlich die plumpen Anwerbungsversuche des MfS. Kasner, von dem es hieß, er sei »sehr überheblich«[156] und »von sich eingenommen«[157], empfand diese Leute sicherlich nicht als adäquate Gesprächspartner. Ja, es musste für ihn, der sich zur linkselitären Avantgarde rechnete und für sich reklamierte, die Konzeption der »Kirche im Sozialismus« entwickelt zu haben, geradezu demütigend sein, sich mit den für die Staatssicherheit zuständigen Handlangern der SED abgeben zu müssen. Der Kirchenmann aus Templin, der für die lateinamerikanische Befreiungstheologie schwärmte[158], sah sich als Mann der größeren Entwürfe. Entsprechend musste ihm die bürokratische Enge, wie er sie im real existierenden Sozialismus allzu oft erlebte, zu schaffen gemacht haben, umso mehr, da er aus tiefstem Herzen den Sozialismus bejahte. So konstatierte er bereits im Jahr 1970, eineinhalb Jahrzehnte vor Michail Gorbatschows Perestroika, dass sich »in Staat und Partei Tendenzen fortzusetzen suchten, die auf ihre Weise den Weg in die Orthodoxie zu gehen suchten. Aber auch die sozialistische Gesellschaftsordnung werde sich weiterentwickeln und sich den Erfordernissen der Gegenwart und der Zukunft anpassen müssen. (…) Dieser unabwendbare Prozess der Veränderung auch in der sozialistischen Ordnung zeichne sich heute in allen sozialistischen Staaten ab. Vor allem in der Sowjetunion beginne sich ein Denkwandel zu vollziehen. Und zwar nicht

nur bei den Regierenden, sondern bei allen fortschrittlichen, denkenden Menschen, also vorzugsweise bei den
Wissenschaftlern.«[159]

Es war dieses rastlose Begehren, die Dinge zu hinterfra-
gen, das den Leiter des Templiner Pastoralkollegs mit seinem jungen Freund und Mitstreiter für einen besseren Sozialismus, mit Matthias Rau, verband. »Pfarrer Kasner und
mein Elternhaus haben mich sehr in meiner Haltung bestärkt«, sagt Rau rückblickend.[160] »Für andere war Kasner
irgendwie unnahbar, für uns nicht. Er war uneitel, wenn
er mit seinesgleichen zu tun hatte – das hat Angela von
ihm.« Doch was ihn und die Kasners grundlegend unterschied, war die Bereitschaft zum Mitmachen. Der Pastor
arrangierte sich mit SED und Staatssicherheitsdienst, seine
Tochter Angela engagierte sich aktiv bei den Pionieren und
bei der FDJ. Rau aber wollte das nicht. Und er bezahlte dafür den Preis. Nachdem er für das Medizinstudium nicht
zugelassen worden war, schrieb er sich am evangelischen
Sprachenkonvikt für ein Theologiestudium ein. Zu DDR-
Zeiten war das Konvikt eine theologische Ausbildungsstätte der Kirche, an der ein Theologiestudium außerhalb
der staatlichen Universitäten möglich war. Das Konvikt
wurde geduldet, war aber staatlich nicht anerkannt. Rau
studierte sechs Semester. Er zog in den Berliner Bezirk
Prenzlauer Berg mit seiner unangepassten Künstlerszene
am Rande des real existierenden Sozialismus. Tagsüber im
Konvikt spürte er mehr und mehr, dass er sich damit nur
selbst belog. Er sah sich nicht als Theologe, und er konnte
und wollte nicht Pfarrer sein. Also warf er hin, lebte vom
Kellnern, arbeitete als Aktmodell, Tellerwäscher und Klein-
darsteller. Mal dies, mal das, was sich gerade ergab. Offiziell
war er ein »Werktätiger mit Lohnnachweis für unständig

Beschäftigte«, denn kein Arbeitsverhältnis zu haben war in der DDR strafbar.

Als er 1977 zur Nationalen Volksarmee (NVA) sollte, hielt er voll gegen das System und entschied sich für die Totalverweigerung. Auch darauf stand Gefängnis. »Aber Markus Meckel hatte mir den entscheidenden Hinweis gegeben, wie ich mich möglicherweise vor dem Gefängnis retten konnte.« Jener Pfarrer Markus Meckel, der 1990 im Kabinett de Maizière Außenminister der DDR werden sollte und später für die SPD in den Bundestag zog. Rau berief sich auf die Barmer Theologische Erklärung von 1934, die zentrale theologische Äußerung der Bekennenden Kirche in der Zeit der Naziherrschaft, in der es heißt, dass der Gläubige in seinem Gehorsam keinem anderen als Jesus Christus verpflichtet ist. »Daraufhin musterte das Wehrkreiskommando mich aus«, sagt Rau. Von nun an tingelte er durch die Hinterhöfe im Prenzlauer Berg. Er besaß keinen Anspruch auf eine Wohnung, zog ständig um, spielte abends Protestlieder auf seiner Gitarre. Aber in der dortigen Künstlerszene fand er wieder einen Ort, an dem er leben und atmen konnte. Mitte der Achtzigerjahre begann er mit illegalen Stadtführungen für das Goethe-Institut und andere westdeutsche Bildungseinrichtungen. 1983 fand er seine erste feste Anstellung als Ausstellungstechniker an der Akademie der Künste der DDR am Pariser Platz 4. »Welch eine Adresse auch damals!«, sagt er. Daneben machte er sich einen Namen in der Folk-Szene, wurde »Künstlerischer Leiter eines Volkskunstkollektivs«. Matthias Rau war endlich angekommen. Heute ist er ein gefragter Stadtführer in Berlin und begleitet seine Kundschaft auch schon mal vor das Kanzleramt, in dem seine Freundin aus Kindertagen residiert.

2 Bahros Alternativen aber waren eine romantisch-sozialistische Utopie

(1973 bis 1986)

Die Einser-Abiturientin Angela Kasner aus dem uckermärkischen Templin begann im Herbst 1973 ihr Studium an der Karl-Marx-Universität in der Messestadt Leipzig. Sie hatte sich für das Fach Physik entschieden. Zwischen 70 und 80 Studenten durften sich damals dort einschreiben. Das Regime hatte die Zahl der Studienplätze begrenzt, weil deutlich wurde, dass nicht so viele Akademiker und Hochschulkader benötigt wurden, wie dies der Plan vorgesehen hatte. Stattdessen zeichnete sich ein Mangel an Facharbeitern in der Industrie ab. So wurden die Auswahlkriterien für die Zulassung zum Studium schärfer. Angela Merkel sagt zur Wahl ihres Studienfachs, die einige überraschte, weil doch Russisch ihr Lieblingsfach war: »Mich haben die physikalischen Theorien sehr interessiert. Ich wollte die Einstein'sche Relativitätstheorie verstehen, wollte begreifen, was die Leute um Robert Oppenheimer, die die Atombomben gebaut haben, dachten. Und vieles mehr. Bei der Wahl des Studiums hat schließlich auch den Ausschlag gegeben, dass ich für Physik eine Empfehlung bekommen konnte. Hätte ich Psychologie studieren wollen, hätte ich sicher keine erhalten«.[1] Sie wäre bestimmt auch eine gute Psychologin oder Pädagogin geworden, meint ihr früherer Spielkamerad Matthias Rau.[2] Ohne psychologische und pädagogische Fähigkeiten sei ihre Karriere gar nicht denkbar, sagt er. Angeblich hat sie aber auch mit dem Gedanken an ein Medizinstudium gespielt. Nur eines wollte sie auf keinen Fall: Theologin werden.

»Ich wollte immer einen weltlichen Beruf«, sagt Angela Merkel.[3] Dabei war es häufig so, dass Kinder von Theologen ebenfalls den Dienst in der Kirche anstrebten. Aber auch hier war die Familie Kasner eben nicht repräsentativ, denn Angelas Vater malte die Zukunft von Kirche und Religiosität damals in dunkelsten Grautönen und prophezeite, er werde den Niedergang der Kirche noch erleben. Außerdem sah er sich selbst ja weniger als Seelsorger denn vielmehr als Denker und Forscher, als einen Mann des Geistes, der im dialektischen Materialismus genauso zu Hause war wie im Neuen Testament. Als Sozialist bewunderte er die Naturwissenschaftler, die als Wegbereiter des Fortschritts und wegen ihrer elementaren Bedeutung für den Produktionsprozess, also für die wirtschaftlichen und sozialen Grundlagen der sozialistischen Gesellschaft, höchstes Ansehen im SED-Staat genossen. Sie waren sozusagen der Adel der Werktätigen. Wer so denkt, wird niemandem, schon gar nicht seinen eigenen Kindern, den Beruf des Pfarrers empfehlen. Und wer sich dann noch daran erinnert, dass die Schülerin Angela Kasner »es hasste wie die Pest«, nach dem Beruf des Vater gefragt zu werden[4], wird nicht überrascht sein, dass sie im atheistischen Staat keine Pastorin werden wollte.

Als Angela Kasner von der Erweiterten Oberschule an die Universität wechselte, war die DDR ein gutes Stück vorangekommen, was ihren Kampf um Reputation und internationale Anerkennung anbelangte. Die neue Ostpolitik des sozialdemokratischen Bundeskanzlers Willy Brandt, der die Konfrontation der Sechzigerjahre durch einen »Wandel durch Annäherung« ablöste, trug ihren Teil dazu bei. Denn die DDR erreichte durch die Aufnahme als einer von zwei deutschen Staaten in die Vereinten Nationen am 8. September 1973 die internationale Anerkennung als Völkerrechtssubjekt. Sie hatte Sitz und Stimme in den wichtigsten internationalen UN-Organisationen und war sogar nichtständiges Mitglied im UN-Sicherheitsrat. Nach innen aber grenzte sich die DDR mit der von Staats- und Parteichef Erich Honecker eingeleiteten Verfassungsreform stärker als je zuvor von der Bundesrepublik ab und goss die Verbundenheit mit der Sowjetunion sogar in einen eigenen Verfassungsartikel. Von der Aussicht auf eine »Gesamtdeutsche Demokratische Republik«, die noch in der unter Walter Ulbricht 1968 verabschiedeten »sozialistischen Verfassung« enthalten war, wollte die SED nun nichts mehr wissen. Der Passus, der auf die Verantwortung für die ganze deutsche Nation hinwies und die DDR als »sozialistischen Staat deutscher Nation« bezeichnete, verschwand. Dafür hieß es nun zur Verbundenheit mit der Sowjetunion in Artikel 6 Absatz 2: »Die Deutsche Demokratische Republik ist für immer und unwiderruflich mit der Union der Sozialistischen Sowjetrepubliken verbündet. Das enge und brüderliche Bündnis mit ihr garantiert dem Volk der Deutschen Demokratischen Republik das weitere Voranschreiten auf dem Wege des Sozialismus und des Friedens. Die Deutsche Demokratische Republik ist untrennbarer Bestandteil der sozialistischen Staatengemeinschaft. Sie trägt getreu den Prinzipien des sozialistischen Internationalismus zu ihrer Stärkung bei, pflegt und entwickelt die Freundschaft, die allseitige Zusammenarbeit und den gegenseitigen Beistand mit allen Staaten der Sozialistischen Gemeinschaft.«[5] Damit sollte die Verfassung zum 25. Jahrestag der DDR am 7. Oktober 1974 »in volle Übereinstimmung mit der Wirklichkeit« gebracht werden.

Ihr 25-jähriges Bestehen feierte die DDR gleich drei Tage lang. Dazu reisten dann auch die russischen Freunde an. Alles war bis ins Detail inszeniert, der Jubel der Massen bestens einstudiert. Nur Moskau hielt sich nicht an den Zeitplan. Staats- und Parteichef Leonid Breschnew kam eine Stunde zu spät.[6] Tausende Menschen säumten die Straßen und warteten. Und als er dann mit Honecker im Wagen vorbeifuhr, winkten sie ihm zu wie Kinder im Advent dem Weihnachtsmann auf der Straße. »Er hat direkt zu uns geguckt«, freute sich eine Frau.[7] An diesen drei Tagen war das ganze Land auf den Beinen. Etwa 100 000 FDJ-Mitglieder aus allen Regionen fuhren nach Ost-Berlin. Ihr Fackelzug begann um 19 Uhr, etwa eine Stunde zuvor zogen FDJ-Kolonnen schon mal im Probezug an der leeren Partei-Tribüne vorbei. Im offiziellen Teil hielt der Erste Sekretär des Zentralrats der FDJ an der Seite von Breschnew und Honecker eine Rede: »In dieser feierlichen Stunde, in der wir uns des historischen Tages der Gründung unserer Republik erinnern und des Versprechens, sie als Haus des Friedens aufzubauen. In dieser Stunde, in der wir auch nach vorn in kommende Jahrzehnte schauen, bekräftigen wir, die Mitglieder der Freien Deutschen Jugend, unser Bekenntnis zu unserem sozialistischen Vaterland, der Deutschen Demokratischen Republik«, sagte Egon Krenz.[8] Im Zusammenschnitt für die Abendnachrichten spielte die »Aktuelle Kamera« an dieser Stelle zu den versteinerten Gesichtern der Polit-Funktionäre die Nationalhymne »Auferstanden aus Ruinen« ein.

Für die Physikstudentin Angela Kasner änderte sich wenig in Leipzig, was ihr Engagement in der Freien Deutschen Jugend anging. Es gab damals viele Parallelen zwischen dem FDJ-Betrieb an den Schulen und den Universitäten, wo die Nachwuchskader sozusagen den »gelebten« Sozialismus organisierten. »Die FDJ betrachtet es auch an Universitäten, Hoch- und Fachschulen als ihre Grundaufgabe, Studenten und junge Wissenschaftler zu klassenbewussten Sozialisten zu erziehen«, heißt es in einer Literaturzusammenstellung für die »Sozialistische Erziehung der Studenten« aus dem Jahr 1975.[9] Jede Hochschule hatte eine FDJ-Leitung, bei großen Universitäten wie der Karl-Marx-Universität in Leipzig war dies sogar eine FDJ-Bezirksleitung. Jede Sektion, wie die Fakultäten nach der Hochschulreform hießen, verfügte über eine FDJ-Grundorganisation (GO). Angela Merkel war gar nicht lange nach den Ereignissen um die Vietnam-Solidaritätsveranstaltung am Ende ihrer Schulzeit Angehörige einer solchen GO. Als »Propagandistin«, wie sie als GO-Funktionärin genannt wurde, nahm sie an Schulungen teil und hatte den Studenten im Zuge des FDJ-Studienjahrs die vorgegebenen Polit-Themen zu vermitteln.

Auch das Studium selbst war durchideologisiert, sogar in den Naturwissenschaften. Studienbewerber, die wie Angela Merkel von der EOS in Templin zum Physikstudium nach Leipzig gehen wollten, mussten durch die »bisherigen Leistungen dokumentieren, daß sie fähig und bereit sind, sich für unsere sozialistische Gesellschaftsordnung einzusetzen. Sie sollen sich durch sozialistisches Bewußtsein, gesellschaftliche Aktivität, untadeliges Verhalten, gute Allgemeinbildung und gefestigtes politisches Wissen auszeichnen«, hieß es im Studienführer der Universität, die damals die größte der DDR und die Hochburg des Marxismus-Leninismus war.[10] Diese verschärfte ideologische Kontrolle war das Ergebnis eines umfassenden Wandels der Universitäten zu »sozialistischen Hochschulen«, den die DDR-Führung im Februar 1967 mit der IV. Hochschulrektorenkonferenz abgeschlossen hatte.[11]

Die SED diktierte auch die Aufgaben der künftigen Hochschullehre. In einem Aufruf vom 23. Mai 1968 mit dem Titel »Unser Weg zur sozialistischen Großuniversität – Gedanken zur Verwirklichung der Hochschulreform an der Karl-Marx-Universität« schrieb ihr Rektor Ernst Werner: »Hauptaufgabe der Lehre ist die Aus- und Weiterbildung von wissenschaftlichen Fachkräften und leitenden Kadern für die Praxis, die sich als Klassenkämpfer und hochgebildete Fachleute bewähren, die in der Lage sind, gesellschaftliche Prozesse zu führen, und die über ein hohes kulturelles Niveau verfügen. In der Lehre müssen solche wissenschaftlichen Disziplinen wie Marxismus-Leninismus, Organisations- und Leitungswissenschaften (sozialistische Wirtschaftsführung, Kybernetik, Operationsforschung, EDV) und sozialistische Betriebswirtschaft einen zentralen Platz einnehmen.«[12] All das diente dem einen Zweck: »damit Dozenten lehren und Studenten lernen, was die Partei denkt«.[13] Hierzu verfasste das DDR-Ministerium für das Hochschulwesen verbindliche Lehr- und Studienpläne für alle Disziplinen. Darüber hinaus verfügte es, »gemäß der alten kommunistischen Regel ›Vertrauen ist gut, Kontrolle ist besser‹, eine Leistungs- und Bewußtseinskontrolle: die alljährliche Zwischenprüfung«.[14] Ein Parteisekretär kontrollierte die ideologische Durchdringung sämtlicher Studiengänge. Auch in technischen und naturwissenschaftlichen Fächern war ein Marxismus-Leninismus-Studium Pflicht. Neben dem Rektor gab es einen für Sicherheit zu-

Durchideologisiertes Studium. Angela Kasner (unten, Mitte) und ihre Seminargruppe an der Leipziger Karl-Marx-Universität

ständigen Prorektor, der in aller Regel für das MfS arbeitete.[15]

Die Ideologie war also allgegenwärtig. Und das Studium als solches war hart. »Ich hatte mich in der Schule nicht so anstrengen müssen, aber das Physikstudium hat mich durchaus an die Grenzen meiner Erkenntnisfähigkeit gebracht. Ich war keine schlechte Studentin, aber ich musste oft auch viel arbeiten«, erinnert sich Angela Merkel.[16] Selbst die Semesterferien waren weitgehend verplant. In Leipzig musste Angela Kasner einmal sogar zu Hacke und Schaufel greifen. Studenten waren auf der Suche nach neuen Räumen für den FDJ-Jugendclub auf die Ruine der Moritzbastei gestoßen, den einzigen erhaltenen Teil der alten Leipziger Stadtbefestigung. Sie wiederherzurichten war eine echte Herausforderung. Trotzdem überzeugten sie die Universität und die Stadt vom Wiederaufbau, der dann ab 1974 im Rahmen des sogenannten Studentensommers begann. An jeder DDR-Hochschule mussten Studenten für zehn bis 14 Tage praktische Arbeit verrichten und sich auf diese Weise »gesellschaftlich nützlich« machen. Da kam es ihnen ganz recht, wenn das Ziel ein Studentenclub in historischer Kulisse sein sollte. Spaß machte Angela Merkel das freilich nicht. »Man hat nie richtig ein Ergebnis sehen können«, sagt sie. »Es hatte zwar etwas Spannendes an sich, an so einer Art Ausgrabung beteiligt zu sein. Aber letztlich kam es mir vor wie Sisyphusarbeit. Unsere Gruppe hat sich nicht gerade überarbeitet. Andere gingen da weitaus enthusiastischer ans Werk.«[17] Bis 1979 entfernte das Kollektiv in 150 000 unbezahlten Arbeitsstunden rund 40 000 Kubikmeter Schutt. Am 1. Dezember 1979 nahmen sie den heutigen Oberkeller als Studentenclub in Betrieb.

Schutt wegschaufeln, das mochte für Angela Kasner gerade noch angehen. Ansonsten aber war sie in praktischen Dingen eher wenig bewandert. »Experimentalphysik war nicht gerade meine Stärke. Mit dem Löten hatte ich Schwierigkeiten. Und meine Schaltpläne haben in der Praxis meistens nicht funktioniert«, sagt sie.[18] Außerdem hatte Angela damals anderes im Kopf als Experimentalphysik. Sie hatte den schweigsamen Ulrich Merkel kennengelernt. »Angela fiel mir auf, weil sie ein sehr freundliches, offenes und natürliches Mädchen war«, sagt er.[19] Und dann hat er einfach nicht mehr lockergelassen, bis die »Kasi«, wie die Mitschüler sie an der EOS nannten, mit ihm zusammen war. Er studierte ebenfalls Physik, in der Nachbarseminargruppe.

In Templin hatte sie nie jemandem den Kopf verdreht. Wenn die Jungs und Mädels am Wochenende zum Tanzen

Kurzes Ehe-Glück. Angela Kasner und Ulrich Merkel, den sie im September 1977 im heimatlichen Templin heiratete

fuhren, war sie nicht dabei, sagt Roland Saeger, der mit ihr zur Schule ging.[20] »Als Mädchen war sie eher ein guter Kumpel.« Ihr Mitschüler Harald Löschke sagt: »Angela gehörte schon damals zur CDU. Zum Club der Ungeküssten.«[21] Sie selbst sagt über ihre jugendliche Zurückhaltung: »In der Schulzeit gab es allenfalls mal ein bisschen Verliebtsein – mehr platonisch. Damals wurde noch nicht so schnell zur Tat geschritten wie heute. Eine Frühentwicklerin war ich auf diesem Gebiet jedenfalls nicht.«[22] Dafür ging dann mit Ulrich Merkel alles ganz schnell. Er war etwas mehr als ein Jahr älter und kam aus dem sächsischen Vogtland. Die beiden lernten sich 1974 kennen, da war Angela Kasner 20. Geheiratet hat sie ihn mit 23. Geschieden war sie mit 27. Gescheitert war die Ehe aber schon weit früher. Und das traurige

Ende mochte so gar nicht zum hoffnungsvollen Anfang mit kirchlicher Trauung und Hochzeitsgästen passen.

Angela Kasner wollte unbedingt kirchlich heiraten, und zwar daheim in Templin. Das gehörte irgendwie dazu, wenn man wie sie aus einem Pfarrhaus kam. Ulrich, der Atheist, mochte eigentlich nicht, aber er ließ sich überreden. Am Abend vor der Trauung wurde gepoltert, oder besser gesagt, wollten sie poltern, denn auf dem weichen Waldboden gingen die zuvor schnell noch zusammengesuchten leeren Blumentöpfe einfach nicht zu Bruch. Unter den 20 Gästen war auch ein in Templin bislang unbekanntes Gesicht. Die junge Frau hieß Erika Hoentsch und studierte Chemie in Leipzig. Dort hatte Angela Kasner sie kennengelernt. Sie war von Anfang an nicht irgendeine Freundin, mit der sie mal dies, mal das machte und die sie dann doch wieder aus den Augen verlor. Mit Erika Hoentsch ist sie bis heute durch »eine wunderbare Freundschaft, wie man sie nur selten findet«, verbunden.[23] Am nächsten Tag trat Angela Kasner vor den Altar der Georgenkapelle. Getraut wurde sie nicht vom Vater, sondern von einem jüngeren Kollegen.[24] Sie trug ein blaues Kleid. Blau ist ihre Lieblingsfarbe.[25] Für seine Freunde, die nicht kommen konnten, ließ das junge Paar extra eine Karte drucken: »Unsere Freunde und Bekannten möchten wir wissen lassen, dass wir am 3. September 1977 geheiratet haben.«[26]

Im Vergleich dazu verlief ihre zweite Heirat fast schon konspirativ. Das war 1998, und sie lebte inzwischen viele Jahre mit dem Quantenchemiker Joachim Sauer zusammen. Immer wieder war sie auf ihre Beziehung zu Sauer angesprochen worden, und der Kölner Kardinal Joachim Meisner hatte ihre »wilde Ehe« bereits öffentlich missbilligt.[27] So etwas war nicht gut für die politische Karriere im wiedervereinigten Deutschland, zumal nicht in einer Partei wie der CDU. Später kursierte das Gerücht, dass ihr der damalige CDU-Fraktionsvorsitzende Wolfgang Schäuble zur Eheschließung geraten haben soll.[28] Jedenfalls fuhren Sauer und sie am Tag vor Silvester einsam und alleine zum Standesamt Berlin Mitte und gaben sich das Jawort.[29] Kein Mensch wusste davon, vermutlich ahnte es sogar niemand – von Schäuble vielleicht abgesehen. Nicht einmal die Eltern waren dabei, als sie den Mann heiratete, von dem sie einmal sagte, dass ihre Gespräche mit ihm für sie »fast lebenswichtig« seien.[30] Engste Mitarbeiter erfuhren von der Hochzeit aus der Zeitung. Und erst eine unscheinbare Anzeige in der *Frankfurter Allgemeinen Zeitung* vom 2. Januar 1999, kaum größer als eine Zigarettenschachtel, machte die Ehe der damaligen CDU-Generalsekretärin öffentlich: »Wir haben geheiratet. Angela Merkel Joachim Sauer – Berlin, Dezember 1998.«

Diese Heimlichtuerei und ein in Grabeskühle formulierter Anzeigentext erscheinen im Rückblick arg bescheiden, verglichen mit den Karten, die sie 1977 als Studentin zusammen mit Ulrich Merkel verschickt hatte – mit dem Mann, dessen Namen sie bis heute trägt, und das, obwohl sie wenig charmant über die Zeit mit ihm spricht: Natürlich seien sie anfangs verliebt gewesen, sagt sie. Aber auch: »Wir haben geheiratet, weil alle geheiratet haben. Das hört sich heute blödsinnig an, aber ich bin in die Ehe nicht mit der nötigen Ernsthaftigkeit gegangen. Nach drei Jahren waren wir geschieden. Ich hatte mich getäuscht.«[31] Ein anderes Mal sagte sie, dass sie Merkel heiratete, weil Ehepaare schneller an eine Wohnung kamen und die Chance auf einen Arbeitsplatz am gleichen Ort hatten. »Das hat dann die Phase der Selbstprüfung in einer Beziehung oft abgekürzt.«[32]

Das mit den Arbeitsstellen und der Wohnung sieht Ulrich Merkel übrigens genauso. Zwar war ihre erste Bleibe gerade mal zehn Quadratmeter groß. Aber es war eben eine gemeinsame Wohnung, auch wenn sie sich Bad und Toilette mit Kommilitonen teilen mussten. Dafür zahlte jeder nur zehn Mark Miete im Monat. Aber Ulrich Merkel meint auch: »Als wir heirateten, kannten wir uns fast drei Jahre. Eine ausreichend lange Probezeit, fand ich damals zumindest.«[33] Sie sah das wohl anders. Jedenfalls stellte sie irgendwann für sich fest, dass ihr »früherer Mann eher häuslich veranlagt war«.[34]

Hatte er sich verändert? Oder war sie es gewesen, die richtig aus sich herausging? »Bei den Physikern gab es immer zweimal in der Woche eine Disco. Und nach diesen Abenden fiel uns die Arbeit doppelt schwer«, erzählt sie.[35] Hinter der Theke des Jugendclubs verdiente sich die FDJ-lerin Angela Merkel ein paar Ost-Mark zusätzlich mit den von ihr gemixten Kirsch-Whiskey-Cocktails. Den nötigen Kirschmost besorgte sie tagsüber mit der Straßenbahn an verschiedenen Stellen in Leipzig.[36] Whiskey zu bekommen war sehr schwierig, aber irgendwie klappte es immer. Ulrich Merkel organisierte Veranstaltungen für die FDJ. Einige Male schaute Angela Merkel auch bei der Evangelischen Studentengemeinde vorbei. Doch als die sie als Vertrauensstudentin gewinnen wollte, sagte sie ab.[37] Lieber ging sie mit Ulrich auf Reisen, nicht nur privat, sondern auch im Rahmen des sozialistischen Jugendaustauschs, den die Universitäten im Staatsauftrag organisierten. Die Termine für diese Reisen lagen immer, wie auch die der Arbeitseinsätze für die Moritzbastei, in den Semesterferien. Die Reisen führten Angela und Ulrich nach Moskau und Leningrad. Und wenn sie nicht groß unterwegs waren, fuhren sie zu ihren Familien. »Wir haben häufig unsere Eltern besucht. Der Kontakt zur Familie war uns beiden wichtig«, sagt Ulrich Merkel.[38]

Schon im Jahr vor der Hochzeit war auch Angela Merkels jüngerer Bruder Marcus nach Leipzig gezogen. Die Geschwister rückten also wieder näher zusammen. Er studierte ebenfalls theoretische Physik und machte bei der FDJ mit. Angela Merkel war glücklich damals. Denn Templin sei irgendwann langweilig gewesen.[39] Darum war sie froh, weg zu sein. Leipzig gefiel ihr. Die Stadt hatte ein Theater, ein Konzerthaus und jede Menge junger Leute. Wenn sie an Templin zurückdachte, fielen ihr die rauchenden Mädchen im »Café am Markt« ein und die Wochenendtouren in die Tanzsäle der Umgebung, die sie nicht gemocht hatte.

In den ersten Monaten des Jahres 1978 verkroch sich die ehrgeizige und disziplinierte Studentin in einem winzigen Zimmer etwas außerhalb der Stadt in einem Gebäude der Außenstelle der Akademie der Wissenschaften der DDR. Den Kontakt zur Akademie hatte sie über Professor Reinhold Haberlandt bekommen, der nebenher an der Universität Leipzig Physik lehrte. Sie hatte ihn und Professor Ralf Der vom Zentralinstitut für Isotopen- und Strahlenforschung an der Akademie gebeten, sie bei ihrer Diplomarbeit zum Thema »Der Einfluss der räumlichen Korrelation auf die Reaktionsgeschwindigkeit bei bimolekularen Elementarreaktionen in dichten Medien« zu betreuen. Beide hatten sofort zugesagt. Seither saß sie nun in dieser Dachkammer mit Blick auf Leipzig und das Völkerschlachtdenkmal und brütete tagein, tagaus über endlosen Zahlenkolonnen. Professor Der mochte sie auf Anhieb. »Und ich wusste sofort, die packt das«, sagt er. »Dafür, dass die noch so jung ist, hat die ganz schön was drauf.«[40]

Ralf Der arbeitete damals in einem Büro, das höchstens zwei mal zwei Quadratmeter maß und so niedrig war, dass einem die Decke auf den Kopf zu fallen schien. Er war die zentrale Figur auf einem winzigen Schachfeld, auf dem an manchen Nachmittagen allerdings bis zu zehn Leute eng zusammenrückten, die mit Laboralkohol und Kettenrauchen die Phantasie befeuerten. Unter ihnen war auch Angela Merkel. Das Hochprozentige besorgte ihre Freundin Erika Hoentsch aus den Regalen der Chemiker. Und manchmal brachte einer eine Gitarre mit, dann haben sie gesungen und getrunken. Abends saßen sie im Café Corso, da trafen sich die Unangepassten. Schauspieler waren darunter, Musiker, Literaten und solche, die es gern sein wollten. »Angela Merkel ist da oft mitgegangen, sie hat aber offenbar trotzdem nicht wirklich dazugehört, eher zugeschaut.«[41] Da wurden Sachen besprochen, die nur im Freundeskreis gesagt werden konnten. Da ging es nicht nur um Naturwissenschaften, da ging es auch um Politik.

Für die FDJ-Aktivistin Angela Merkel war dies wohl eine neue Erfahrung, die sie freilich schon zu Hause hätte machen können, wenn ihr Vater des Nachts in seinem Arbeitszimmer mit Matthias Rau und dessen Freunden über den Sozialismus philosophierte. Doch die hatte Angela Merkel mit ihren Debatten allein gelassen. Die Einladungen von Professor Der indes nahm sie an. Dieser war sieben Jahre zuvor von der Karl-Marx-Universität an die Akademie versetzt worden war. Er hatte gegen die Sprengung der historischen Universitätskirche protestiert und es damit gewagt, dem Dogmatismus der Partei zu widersprechen. Daraufhin hatte er nicht mehr lehren, sondern nur noch forschen dürfen. Gegner des Sozialismus waren Der und seine Mitstreiter allerdings nach wie vor nicht. Er sagt dies ausdrücklich, weil solche Kritik heute gern mit dem Eintreten für das westliche Demokratiemodell gleichgesetzt wird. »Wir wollten Sozialismus, aber einen geänderten.«[42] Der sozialistische Grundgedanke sei immer präsent gewesen. »Ich denke, wir waren alle kapitalismuskritisch.« Und er kann sich nicht daran erinnern, dass Angela Merkel in diesen Diskussionen jemals etwas anderes gesagt hätte. Umso erstaunter war Der, dass sie nach der Wende bei der CDU »angekommen« war.[43] »Nein«, sagt er, »da muss es einen Bruch gegeben haben, den wir nicht verstehen. Der Bruch von dieser integren, stimmigen Persönlichkeit, die wir erlebt haben, zu einer Person, bei der ich immer denke, das ist sie doch gar nicht. Sie tut doch Dinge, die sie gar nicht ist. Dieses CDU-Zeug. Sie ist ja nicht mehr derselbe Mensch.« Als er sie 1995 bei der Eröffnung eines Radwegs wiedertraf, rief sie ihm, noch bevor er einen Ton sagen konnte, zu: »Nicht, dass auch du mir gleich die Leviten dafür liest (…)«[44]

Als Angela Merkel Anfang 1978 die ersten Male aus ihrer Studierstube zu den anderen in Ders Büro hinunterstieg, erschien der *Spiegel* mit einer für die DDR aufsehenerregenden Titelgeschichte. Unter der Überschrift »Bruch in der SED – Das Manifest der Opposition« berichtete das Magazin von einem 30 Schreibmaschinenseiten langen Papier gegen die doktrinäre Politik der SED-Führung.[45] Im Text hieß es, die Ost-Berliner Thesen seien in »den Kernzellen der ostdeutschen Staatspartei«, also dem Partei-, Regierungs- und Wirtschaftsapparat, aufgeschrieben worden. »Mittlere und höhere SED-Funktionäre« hätten mit der offiziellen Parteilinie gebrochen. »Sie schlossen sich zu einem ›Bund Demokratischer Kommunisten Deutschlands‹ zusammen – illegal in kleinen Zellen und konspirativ, ›weil uns die Umstände noch keine Möglichkeit zur legalen Vereinigung lassen‹«[46], hieß es, ohne dass man freilich Genaueres wusste. Dem Bericht zufolge vertrauten die »nonkonformistischen SED-Kommunisten«, wie sie von dem Nachrichtenmagazin genannt wurden, darauf, dass »die Sehnsucht nach demokratischen Reformen auch in den kommunistischen Parteien des Ostens inzwischen so mächtig geworden ist, dass letztlich selbst Mielke-Methoden dagegen machtlos sind«. Einwände von Skeptikern, die Kritiker werde das Schicksal der Protagonisten des Prager Frühlings ereilen, wiesen die Autoren der Ost-Berliner Thesen zurück. »Seit 1968, so argumentieren sie, habe sich die Lage im Ostblock und speziell in der DDR grundlegend verändert – durch die Bonner Ostverträge ebenso wie durch die auf der Sicherheitskonferenz von Helsinki erzwungene West-Öffnung des sozialistischen Lagers.«

In Ders Gesprächskreis wurden, wie auch anderswo in den Intellektuellen-Kreisen der DDR, solche Veröffentlichungen im Westen mit allergrößter Aufmerksamkeit verfolgt, aber auch mit allergrößter Vorsicht. Und das aus gutem Grund. Denn solche Papiere wie das *Spiegel*-Manifest konnten ebenso gut von der Staatssicherheit lanciert worden sein mit dem Ziel, Reaktionen in jenen politisch verdächtigen Kreisen zu provozieren, in welchen genau solche Ansichten vermutet wurden. In jener Zeit ging die SED unerbittlich gegen ihre Kritiker vor. Doch auch diese blieben nicht untätig. Nach der Ausbürgerung des Liedermachers Wolf Biermann im November 1976 war es zu einer großen Solidarisierungswelle gekommen. Am 17. November 1976 veröffentlichten zwölf namhafte DDR-Schriftsteller einen von Stephan Hermlin initiierten offenen Brief an die DDR-Führung. Darin riefen sie zu einer Rücknahme der Ausbürgerung Biermanns auf. Die Gruppe übergab den Brief dem SED-Zentralorgan *Neues Deutschland* und der französischen Nachrichtenagentur AFP, um die Veröffentlichung auch tatsächlich sicherzustellen. Schon wenige Tage später schlossen sich rund 100 weitere Schriftsteller, Schauspieler und bildende Künstler der Erklärung an. Auch der Dissident Robert Havemann protestierte gegen die Ausbürgerung. Er spielte dem *Spiegel* einen Appell an den Staatsratsvorsitzenden Honecker zu, den das Magazin am 22. November 1976 veröffentlichte. Daraufhin setzte das Regime ihn unter Hausarrest. Nun ging es auch gegen andere repressiv vor und »bugsierte« die Schriftsteller Thomas Brasch, Reiner Kunze, Sarah Kirsch, Jürgen Fuchs und Hans Joachim Schädlich sowie die Schauspieler Manfred Krug und Eva-Maria Hagen, den Germanistikprofessor Hellmuth Nitsche und die Liedermacher Gerulf Pannach und Christian Kunert in die Bundesrepublik. Mit ihnen verlor nicht nur das kulturelle Leben in der DDR weithin geschätzte Persönlichkeiten, die Umstände ihrer Übersiedlung in die Bundesrepublik beförderten zudem ein Klima der Unzufriedenheit und des leisen Protests vor allem in der wissenschaftlichen Intelligenz.

Angela Merkel nahm an all dem recht wenig Anteil. Sie war mit ihrer Diplomarbeit befasst. Mehr als 60 Seiten schrieb sie in diesen Monaten in ihrer Dachkammer, während das Regime seine Kritiker aus dem Land schaffte. Weil Professor Haberlandt sowohl an der Universität als auch der Akademie lehrte und forschte, wurde ihre Arbeit zugleich an der Karl-Marx-Universität und der Akademie angefertigt. Haberlandt benotete sie mit »sehr gut«.

In der DDR musste sich niemand darum sorgen, dass er nach dem Studium vielleicht keinen Arbeitsplatz finden würde. Zu Beginn musste sich jeder verpflichten, die ersten drei Jahre dort zu arbeiten, wo der Staat es wünschte. Jedem Absolventen wurden dann gewöhnlich zwei, drei Vorschläge gemacht.[47] So auch Angela und Ulrich Merkel, der ebenfalls Ende 1977 mit dem Studium fertig wurde. Unter anderen gab es ein Angebot der Technischen Hochschule Ilmenau. Diese hatte Angela Merkel zu einem Vorstellungsgespräch für eine wissenschaftliche Assistentenstelle eingeladen. Also fuhren sie gemeinsam nach Thüringen. Das Gespräch verlief dann jedoch wohl ganz anders, als Angela Merkel es sich vorgestellt hatte.

Angela Merkel berichtet darüber, dass unter den Mitarbeitern der Hochschule ein »widerlicher Kaderleiter« gewesen sei, der alles über sie gewusst habe. »Wie oft ich Westradio gehört habe, wann ich neue Jeans hatte – alles von Mitstudenten ausspioniert!«, sagt sie.[48]

Warum sie über den Inhalt der Kaderakte so verwundert war, ist schwer nachvollziehbar, immerhin war eine derartige Akte in der DDR so selbstverständlich wie in der Bundesrepublik der Personalausweis. Nur bekamen die DDR-Bürger die Akte nie zu Gesicht, sie wurde von den »Kaderabteilungen« an Schulen, Universitäten und Betrieben geführt und weitergegeben, sobald jemand die Schule oder den Arbeitsplatz wechselte. Sie enthielt einen Lebenslauf, Zeugnisse, Einstellungsfragebögen, Beurteilungen, Nachweise über Disziplinarmaßnahmen, Auszeichnungen und die Daten zur Sozialversicherung. Die Kaderakte spiegelte nicht nur den Werdegang eines Bürgers wider, sondern vor allem die Wahrnehmung desselben durch die Organe der SED-Diktatur. Es ging darum, Linientreue oder abweichendes Verhalten dauerhaft zu dokumentieren und diese Informationen schnell verfügbar

zu machen. Folglich wurde das Engagement bei den Pionie-
ren oder in der FDJ immer lobend erwähnt. Führungsaufga-
ben wie die Funktion einer stellvertretenden FDJ-Sekretärin,
die Angela Kasner an ihrer Schule in Templin übernommen
hatte, oder auch ihre FDJ-Arbeit an der Universität Leipzig
hoben die sozialistischen Sittenwächter gemeinhin stets be-
sonders hervor. In der Beurteilung eines Vorkursstudenten
der Ingenieurschule Zwickau etwa liest sich das so: »Herr
(...) wurde von der Seminargruppe für die Dauer des Vorkur-
ses zum stellvertretenden FDJ-Sekretär gewählt. Er erfüllte
die damit verbundenen Aufgaben stets vorbildlich und hatte
wesentlichen Anteil an der Kollektivbildung in der Gruppe.
Besonders hervorzuheben ist seine ehrliche und parteiliche
Meinungsäußerung in Diskussionen und seine Vorbildwir-
kung auf die gesamte Seminargruppe.« [49]

Nach dem Vorstellungsgespräch habe sie sich auf den Weg
zur Zahlstelle gemacht, berichtet Angela Merkel. Dort sollten ihr die Fahrtkosten erstattet werden. Doch noch im
Treppenhaus sei sie von zwei Männern aufgehalten worden.
Angeblich sprachen die beiden sie ohne Umschweife auf
eine Mitarbeit beim Staatssicherheitsdienst an.[50] Sie habe
sofort abgelehnt, sagt sie. Aber irgendwie brauchte sie
dann doch eine halbe Stunde, um die beiden wieder loszu-
werden.[51] »Ich habe von meinen Eltern gelernt, Stasi-Leu-
ten immer zu antworten, dass man den Mund nicht halten
kann. Also sagte ich damals, dass ich nicht wisse, ob ich
schweigen kann, und bestimmt meinem Mann davon erzählen werde.«[52]

Nach Ilmenau gingen die beiden jedenfalls nicht, denn
Angela Merkel hatte inzwischen ein gutes Angebot als wissenschaftliche Mitarbeiterin der renommierten Akademie

der Wissenschaften der DDR in Berlin. Diese Möglichkeit bot sich nur wenigen, denn die Akademie konnte im ganzen Land nach den Besten Ausschau halten und traf dann eine feine Auswahl, bei der natürlich auch das gesellschaftliche Engagement und die Haltung gegenüber dem SED-Staat eine wichtige Rolle spielten.[53] Eine bessere Adresse für eine Promotion, die Angela Merkel anstrebte, gab es nicht. Ihr Leipziger Professor Haberlandt hatte sie dorthin empfohlen. Mit seinem Schreiben in der Tasche ging sie zu dessen jüngerem Bruder Helmut, der damals am Zentralinstitut für physikalische Chemie (ZIPC) der Akademie arbeitete. Der ebenfalls aus Leipzig nach Berlin gewechselte Professor Lutz Zülicke nahm die junge Physikerin gern auf. Und auch Ulrich Merkel kam mit nach Berlin. Er fand zunächst eine Dozentenstelle an der Humboldt-Universität. Erst später kam er dann im Zentralinstitut für Optik und Spektroskopie der Akademie unter.

Mit ihrem Arbeitsplatz an der Akademie war Angela Merkel an einem der bevorzugten Orte in der DDR angekommen. Zwar war aus der altehrwürdigen, einst hoch elitären Gelehrtengesellschaft unter der SED-Herrschaft eine zentrale Forschungsakademie geworden, in der SED-Ideologen die Führungspositionen besetzten. Zwar dominierte die Partei damit den Wissenschaftsbetrieb, und es war ihr auch gelungen, diesen mit Spitzeln zu durchsetzen. Aber dennoch hatte dort doch ein Rest von professoraler Bürgerlichkeit überdauert. Der Parteimief drang nicht bis in die letzten Winkel der Büros und Forschungsräume. Die Forscher hatten sich eine gewisse Freiheit im Denken und Arbeiten bewahrt. Die Sprache der Wissenschaftler unterschied sich vom Duktus der Ideologen und nicht akademischen Funktionäre. Distanz wurde akzeptiert, Höflichkeit und Respekt waren selbstverständlich. Wer hier arbeitete, zeichnete sich durch ein überdurchschnittliches Bildungsniveau und eine ausgeprägte Leistungsbereitschaft aus. Und so glichen die Akademie wie auch der Waldhof in Templin einem vom konformen DDR-Alltag abgeschlossenen eigenständigen Raum, der zwar nicht autark existierte, aber eben doch als eine Art Biotop, das eine größere Artenvielfalt zuließ.

Die Leitung der Akademie residierte am Gendarmenmarkt, an der heutigen Jägerstraße, die damals den Namen des früheren Vorsitzenden der Ost-CDU, Otto Nuschke, trug, eines Mannes, der sowohl als besonderer Freund der Sowjets galt als auch der evangelischen Kirche zugetan gewesen sein soll. Die Akademie-Institute und -Einrichtungen aber waren auf zahlreiche Dependancen im ganzen Land verteilt. Das ZIPC, an dem Angela Merkel von nun an forschte, befand sich im Stadtteil Adlershof im Südosten Berlins. Es war in grauen Baracken auf beiden Seiten der Rudower Chaussee untergebracht, die das Gelände in einen Nord- und einen Südabschnitt teilte.

Ihr Arbeitstag begann um 7:15 Uhr. »Eine erbärmlich frühe Zeit nach den Studienjahren in Leipzig«, sagt Angela Merkel. »Und viel zu früh für geistige Arbeit.«[54] Unterwegs in der S-Bahn hatte sie das *Neue Deutschland* gelesen, im Büro studierte sie die *Prawda,* das Zentralorgan der KPdSU. Nur: »Die besseren Sachen waren ja immer schon ausverkauft. Wenn man um 6:15 Uhr in Berlin eine *Für Dich* haben wollte oder die *Prawda,* war man schon zu spät, die waren vergriffen«, sagt sie.[55] Vom S-Bahnhof Adlershof aus trottete Angela Merkel an den mit hohem Stacheldraht verbarrikadierten Gebäuden des DDR-Fernsehens vorbei, sah gegenüber auf der anderen Straßenseite die mächtigen

Kasernenmauern des Wachregiments »Feliks Dzierzynski«
der Staatssicherheit, steuerte auf die dichten Schlehenbü-
sche zu, hinter denen sich ihre Baracke verbarg, und ließ
sich müde auf ihren Bürostuhl fallen, um schließlich die
Ärmelschoner überzustreifen. Sie trugen damals tatsächlich noch Ärmelschoner. Und die Kurbel-Rechenmaschine
von Hewlett Packard auf der Ablage neben dem Schreibtisch stammte noch aus der Epoche der ersten sowjetischen
Weltraummissionen. Wenn Angela Merkel wirklich etwas
durchrechnen wollte, musste sie über den zugewachsenen
Plattenweg hinüber ins Rechenzentrum gehen und einen
deckenhohen Rechner aus der Sowjetunion mit Lochkarten füttern, die sie im Keller selbst zurechtgeschnitten hatte.
Mit etwas Glück konnte sie tags darauf die Ergebnisse ab-
holen. Hatte sie aber die falschen Löcher in die Karten ge-
stanzt, musste sie das Ganze noch einmal wiederholen.
Zeit wurde damals in Adlershof in anderen Dimensionen
wahrgenommen, weil das Gestern sich vom Morgen kaum
unterschied.

Einer ihrer damaligen Kollegen – der Quantenchemiker
Michael Schindhelm – hielt seine Erinnerungen an die
Akademie später in einem Roman fest:»Da wir inzwischen
fünfzehn bis zwanzig Jahre hinter der Hard- und Software-
entwicklung im Westen her zu sein schienen – so unsere
verschwommenen Prognosen –, stanzten wir die selbst ge-
bastelten Fortran-Programme in Pappkarton und ließen die
Kartenstapel durch einen Oldtimer gehen, der ober- und
unterirdisch große Gebäudekomplexe beanspruchte und
dessen Rechenkapazität inzwischen in die Hosentasche eines Teenagers passt.«[56] »Wir hausten in einer engen Baracke, die von außen einer Pförtnerei ähnelte und am Rand
des großen Forschungsgeländes lag, dort, wo sich die Stadt-

kaninchen mit den Koryphäen der weniger geliebten und geförderten Wissenschaftsbereiche auf grasüberwucherten Wegen trafen. Die Uhren gingen hier noch langsamer als anderswo, der Stoffwechsel mit der Welt war restlos entschleunigt, die Sträucher vor den Fenstern hatten die Jahreszeiten vergessen und trugen noch im Winter Früchte. Unsere Abteilung genoss den Vorteil, Grundlagenforschung zu betreiben. Der sozialistische Plan verlor sich im imaginären Reich unabsehbarer Visionen und Perspektiven.«[57]

Die Mitarbeiter der Akademie genossen nicht nur ein hohes Ansehen, sondern auch zahlreiche Privilegien. Wer krank wurde, kam in die akademieeigene Poliklinik; es gab einen Frisör und eine Werkstatt für die Trabants und Wartburgs der Beschäftigten – und einen Konsum. »Eine wichtige Einrichtung«, sagt Angela Merkel. »Da gab es Letscho und alles, was man sonst so zum Abendessen brauchte.«[58] Wer sich durch Lesen zerstreuen wollte, konnte sich in der Bibliothek, die sich auf dem südlichen Teil des Geländes befand, all jene Literatur ausleihen, die ansonsten kaum zu bekommen war: Franz Kafka, Gottfried Benn oder auch Stefan Heym. Es lagen dort auch Zeitungen und Zeitschriften aus dem sozialistischen und sogar dem kapitalistischen Ausland aus.[59]

Für DDR-Verhältnisse war das alles der pure Luxus. Und die 650 Mark, die Angela Merkel anfangs verdiente, waren auch nicht schlecht. Nur eine Wohnung fehlte ihr und Ulrich Merkel noch zu ihrem Glück. Und die war kaum zu finden. Zu dieser Zeit wurden ganze Straßenzüge unbewohnbar, weil es an Baustoffen fehlte. Die vierstöckigen Häuser hatten zwar den Zweiten Weltkrieg überstanden, drohten nun aber aufgrund des Mangels im Arbeiter- und Bauernstaat zu verfallen. »In Berlin kriegte man ja sehr schwer eine Wohnung. Dann sind mein damaliger Mann und ich in eine Einraumwohnung eingezogen, die ein Bekannter meiner Eltern sich seit dem Studium im Hinterhaus gehalten hatte«, sagt Angela Merkel.[60] Ulrich Merkel erinnert sich daran, dass sie einen Kredit aufnahmen und die kleine Einraumwohnung, so gut es ging, erst einmal ausbauten.[61] Als Sohn eines Handwerkers kannte er sich damit aus. »Die haben wir dann renoviert und genutzt«, bestätigt sie. »Man musste sich erst sukzessive legalisieren. Das dauerte eine Weile. Zu Beginn, als ich mal um Rechnungen für Farbeimer nachsuchte, wurde mir gesagt: Warum sind Sie nicht wieder zu sich nach Hause gezogen, dann brauchten Sie hier in Berlin unseren Kindern nicht die Wohnungen wegzunehmen. Da habe ich gesagt, dass man als Physikerin auf dem Lande keine Arbeit bekommt. Und die sagte ganz kess, Sie hätten ja früher überlegen können, was anderes zu studieren.«[62]

Ihr neues Zuhause lag in der Marienstraße, in der Gegend zwischen dem Deutschen Theater und dem Berliner Ensemble, nahe der Mauer und dem »Tränenpalast« am S-Bahnhof Friedrichstraße, wo Angela Merkel früher oft genug ihre westdeutschen Verwandten verabschiedet hatte. An diesem Ort hatte sie nun ständig die Mauer vor Augen, über die ihre Mutter einst in Tränen ausgebrochen war. »Man rannte ja in diesem Leben immer auf die Mauer zu«, sagt Angela Merkel dazu. »Ich wohnte Ecke Schlauch-/Marienstraße. Mauer.«[63] Und ihr damaliger Ehemann sagt: »Ich habe jedoch nicht den Eindruck gehabt, dass Angela besonders unter der Mauer gelitten hat.«[64] Dafür litt der stille Ulrich Merkel aus dem Vogtland unter dem Leben in der Großstadt. Berlin erschien ihm rau, laut und irgendwie rastlos; er vermisste die Natur, nicht einmal Bäume gab es in der Marienstraße. Er war jedes Mal froh, wenn er aus der Stadt herauskonnte, wenn sie zu ihren Familien nach Templin oder ins Vogtland fuhren, auch wenn sich das Verhältnis zu den Eltern mehr und mehr veränderte. »Das war ja zugleich das endgültige Abnabeln vom Elternhaus. Ein oft schmerzlicher Lernprozess«, sagt er.[65] Beider Leben war ein anderes geworden, nicht zuletzt auch durch die Menschen, die ihnen begegneten.

Angela Merkel hatte sich zunächst »recht allein« an der Akademie gefühlt[66] und war wohl froh, dass sie öfter mit Gunter Walther plaudern konnte. Er war ein verkopfter Mathematiker mit einer Leidenschaft für politisches Lied- und revolutionäres Gedankengut. Über ihn erhielt sie schon bald neue Einblicke in politische Dinge. Er stammte aus einem methodistischen Elternhaus, war zur Konfirmation gegangen und hatte die Jugendweihe noch aus religiösen Gründen abgelehnt. Nach dem Abitur studierte er Mathematik an der Technischen Universität Dresden, meldete sich aus freien Stücken zur SED-Parteijugend und organisierte bald als FDJ-Sekretär den Studentenclub der Sektion Mathematik. Parallel dazu engagierte er sich in der evangelischen Studentengemeinde und wurde das, was Angela Merkel während ihres Studiums in Leipzig ablehnte: Vertrauensstudent der christlichen Kommilitonen. »Außerdem war ich einige Jahre für die Zusammenarbeit mit den Partnergemeinden in Westdeutschland zuständig«, sagt er.[67]

Diese Zusammenarbeit war ein »wichtiges Nadelöhr für die deutsch-deutsche Begegnung und die politische Bildung im ostdeutschen Studentenmilieu«. Über die »regelmäßigen halb legalen Partnertreffen der Studentengemeinden« versorgten sie die ostdeutschen Studenten mit aus dem Westen geschmuggelter Literatur und Musik. Und über diese Kanäle flossen auch die Informationen über die im Westen so leidenschaftlich geführte Bahro-Debatte. Die dortigen Marxisten feierten sein Buch *Die Alternative*[68]. Der amerikanische Philosoph und Politologe Herbert Marcuse bezeichnete es gar als den wichtigsten Beitrag zur marxistischen Theorie und Praxis seit Jahrzehnten. Als der *Spiegel* am 22. August 1977 Auszüge druckte, nahm der Staatssicherheitsdienst Bahro fest und brachte ihn in das Untersuchungsgefängnis des MfS nach Berlin-Hohenschönhausen. Heinrich Böll und Günter Grass initiierten daraufhin in der britischen Zeitung *The Times* einen internationalen Solidaritätsaufruf zur Freilassung Bahros, dem sich neben Carola Stern auch der amerikanische Schriftsteller Arthur Miller, der Brite Graham Greene und der Grieche Mikis Theodorakis anschlossen.

Für die SED war Bahros *Alternative* so etwas wie ein GAU, denn dessen Inhalt verbreitete sich in Windeseile über das gesamte Land, obwohl das MfS alles getan hatte, eben dies zu verhindern. Bahro – enttäuscht über die tatsächlichen Verhältnisse – zog in seinem Buch den Schluss, dass in der Sowjetunion und der DDR nicht der erwartete Sozialismus entstanden sei. »Die kommunistische Bewegung trat an mit dem Versprechen, die Grundprobleme der modernen Menschheit zu lösen, die Antagonismen der menschlichen Existenz zu überwinden. Die Länder, die sich selbst sozialistisch nennen, bekennen sich offiziell unverwandt zu diesem Programm. Aber welche Perspektiven tun sich den Menschen auf, wenn sie in der gegenwärtigen Situation ihre Blicke auf die Praxis unseres gesellschaftlichen Lebens richten?«, schrieb er.[69] Er erkannte jedenfalls keine Perspektiven mehr, was nicht hieß, dass er sich vom Kommunismus abwandte. Bahro war im Gegenteil nach wie vor ein zutiefst vom Kommunismus überzeugter Ideologe, nur sah er die DDR und den gesamten Ostblock auf Abwegen. Er warf den Parteiführern vor, das Versprechen der klassenlosen Gesellschaft nicht eingelöst zu haben. »Was war das für ein besseres Leben, das wir schaffen wollten? War das nur jener mittelmäßige, in sich selbst perspektivlose Wohlstand, mit dem wir dem Spätkapitalismus so erfolglos den Rang abzulaufen suchten, seinen Vorsprung auf einem Wege, der nach all unserer überlieferten Überzeugung in den Abgrund führt? Wir wollten eine andere, höhere Zivilisation schaffen! Jene neue Zivilisation, die heute notwendiger denn je zuvor ist und deren Entwurf nichts mit der Illusion einer widerspruchsfreien vollkommenen Gesellschaft zu tun hat«[70], formulierte Bahro und schuf so die Projektionsfläche für die Wünsche und Sehnsüchte der Intellektuellen. Angela Merkel erinnert sich: »Ich habe damals mit einer Gruppe von Freunden das Buch von Bahro *Die Alternative* recht wissenschaftlich studiert. Wir hatten uns mehrere Abende zusammengesetzt und über einzelne Kapitel diskutiert. Ich weiß noch genau, dass mich die Analyse total fasziniert hat. Bahros Alternativen waren aber eine romantisch-sozialistische Utopie. Und da war ich (…) diejenige, die mit seinen Theorien überhaupt nichts anfangen konnte und ihn schärfstens kritisierte. (…) Aber für mich waren immer nur handfeste politische Systeme etwas.«[71]

Auch Gunter Walther beschäftigte sich mit Bahro. Noch heute ist er der Typ des introvertierten Denkers, einer, der mit leiser Stimme spricht und sich nicht gern reinreden lässt. Für die Orthodoxen in der SED war er wohl aus zu krummem Holz geschnitzt, denn nach Abschluss des Studiums in Dresden soll ihm der Studienjahresleiter gesagt haben, er sei für die Ausbildung sozialistischer Studenten nicht geeignet. Schließlich bekam er einige Arbeitsangebote, darunter eines als wissenschaftlicher Mitarbeiter am Zentralinstitut für physikalische Chemie (ZIPC). Wie Angela Merkel entschied sich auch Walther für die Akademie. Das war schon 1974, denn er ist drei Jahre älter als sie. Und so arbeitete er also bereits am ZIPC, als Angela Merkel in Leipzig gerade mal ein Jahr studierte. Seine Karriere dort lief jedoch nicht so an, wie er es sich gewünscht hätte.[72]

Er war kaum zwei Jahre in Berlin, als er den Staatsorganen unangenehm auffiel. Walther hatte den Mitschnitt eines Biermann-Konzerts aus Köln zugesteckt bekommen. Es war das Konzert in der Sporthalle, das die DDR-Behörden gegen den Sänger instrumentalisierten. Die Staats- und Parteiführung der DDR erkannte in seinem Auftritt eine »grobe Verletzung der staatsbürgerlichen Pflichten« und bürgerte ihn aus. Da das Konzert von der ARD aufgezeichnet und ausgestrahlt worden war, kannten es auch viele Leute in den Landesteilen, die Westfernsehen empfangen konnten. Tonbandmitschnitte, wie Walther einen besaß, waren hingegen rar. Er zögerte nicht lange und nahm das Band mit zu einer Party, wohl wissend, dass er damit ein Risiko einging. Er spielte mit dem Risiko – und verlor. Der Staatssicherheitsdienst hörte mit und legte eine Akte an.

Während andere, wie Walther, nur schwer an Texte von Bahro, Solschenizyn oder an westliche Literatur herankamen, musste Angela Merkel sich nicht groß darum bemühen. Sie wurde von ihrem Vater mit allem versorgt, was sie sich wünschte. Und sie las damals viel, vor allem Russen wie Andrej Sacharow oder Michail Bulgakow, aber auch Herbert Marcuse. Allerdings machte sie an der Akademie kein Aufhebens davon, sondern ging mit solcher Lektüre äußerst vorsichtig um, weil deren Besitz zuweilen Neid oder Argwohn, immer aber Neugier erregte.[73] Sie hielt sich auch ansonsten zurück, ließ kaum Einblicke in ihre Herkunft zu und verlor kein Wort über das, was im Pastorenhaushalt gesprochen wurde. Es dauerte, bis sie jemandem vertraute. Wenn es aber einmal so weit war, scheute sie sich nicht, Bücher und andere Schriften zu verleihen. Irgendwann genoss Walther dieses Vertrauen.

Bei aller Zurückhaltung hatte sich Angela Merkel bald »überraschend gut fachlich eingearbeitet und in das Kollektiv eingefügt«.[74] Sie vertrete eine »saubere politische Haltung«. Sie sei in Diskussionen Argumenten zugänglich und sage ihre Meinung. »Bei ihr stimmen (…) die Haltung und die Handlungen überein«, urteilte einer ihrer Kollegen, der noch hervorhob, dass sie sich als Funktionärin in der FDJ betätigte. Für die Akademie hatte die SED das Höchstalter für die Mitgliedschaft von 24 auf 30 Jahre heraufgesetzt. Der Grund war die noch unter Ulbricht eingeleitete Verjüngung des Personals, wodurch Mitte der Siebzigerjahre viele Wissenschaftler an die Akademie kamen, die deutlich jünger waren als die Kriegsgeneration. Für diese jungen Leute wollte die SED ein eigenständiges Angebot zur ideologischen Schulung und Festigung machen. Aber die FDJ an der Akademie unterschied sich auch hinsichtlich ihrer Eingliederung in die Gesamtstruktur der Partei-Jugendorganisation. Die Kreisleitung, ihr höchstes Organ, war nicht irgendeiner Bezirksleitung unterstellt, sondern unmittelbar dem Zentralrat der FDJ[75], dessen Vorsitzender damals Egon Krenz hieß. Die FDJ an der Akademie war also ganz oben in der Hierarchie angesiedelt. Im Zentralrat der FDJ hatten einst übrigens politische Karrieren wie die von Erich Honecker oder auch Hans Modrow ihren Anfang genommen.

An der Akademie mit ihren insgesamt 22 500 Mitarbeitern, von denen 8000 Wissenschaftler waren, besaß jedes der 72 Institute (und Abteilungen) eine eigene FDJ-Grundorganisation, die aus fünf oder sechs Propagandisten bestand. An ihrer Spitze stand ein FDJ-Sekretär, der zwei Stellvertreter hatte. Außerdem gab es Zuständigkeiten für Agitation und Propaganda sowie für Kultur. Die Propagandisten wurden regelmäßig von der Kreisleitung geschult. Von dort bekamen sie auch die Themen für Veranstaltungen vorgegeben, die sie an ihrem Institut in aller Regel ein- bis zweimal im Monat abzuhalten hatten.[76] Dabei ging es um Fragen des Marxismus-Leninismus, um die Auswertung von SED-Parteitagen sowie um die aktuelle Auseinandersetzung mit dem Klassenfeind.

Und dieser Klassenfeind, womit vor allem die imperialistischen USA und das westliche Militärbündnis, die NATO, gemeint waren, rüstete auf und stellte neue Mittelstreckenraketen auf, welche die sozialistische Heimat bedrohten. So stellte es sich zumindest aus der östlichen Perspektive dar. Die Nachrüstung der NATO stand dann auch seit Ende der Siebzigerjahre im Mittelpunkt der ideologischen Arbeit der FDJ-Propagandisten. Weit weniger interessierte es in deren Reihen, dass die neue Rüstungseskalation im Jahr 1977 begann, als die Sowjetunion die ersten 18 modernen SS-20-Mittelstreckenraketen aufgestellt hatte. Dies schürte die Ängste in Westeuropa, vor allem in den bürgerlichen Kreisen der Bundesrepublik, die damals vom Terror der Roten Armee Fraktion (RAF) und einer anhaltenden Wirtschaftskrise erschüttert wurde.

Bundeskanzler Helmut Schmidt vertrat damals die Auffassung, solange ein sowjetischer Angriff auf Westeuropa nur durch eine atomare Vergeltung der Vereinigten Staaten abzuschrecken sei, bleibe Westeuropa erpressbar. Zwar empfing er den Generalsekretär des Zentralkomitees (ZK) der KPdSU und Vorsitzenden des Präsidiums des Obersten Sowjets der UdSSR, Leonid Breschnew, der am 6. Mai 1978 zum Staatsbesuch nach Bonn reiste, um dort mit Schmidt die »Gemeinsame Deklaration zur Friedenssicherung, Entspannung und Abrüstung sowie Rüstungsbegrenzung« zu unterzeichnen. Doch der sozialdemokratische Bundeskanzler orientierte sich an den Realitäten: Im Jahr 1978 standen bereits 108 neue SS-20-Raketen mit drei unabhängig voneinander steuerbaren atomaren Sprengköpfen und der 30-fachen Sprengkraft der Hiroshima-Bombe jenseits des Eisernen Vorhangs. Schmidt trug den sogenannten NATO-Doppelbeschluss vom Dezember 1979 mit – gegen seine eigene Partei und den Massenprotest der Friedensbewegung, was er schließlich mit dem Machtverlust bezahlen musste. Mit dem Doppelbeschluss bot die NATO dem Warschauer Pakt Verhandlungen über eine beidseitige Begrenzung sowjetischer und amerikanischer atomarer Mittelstreckenraketen an. Gleichzeitig kündigte sie als Antwort auf die Aufstellung der sowjetischen SS-20-Raketen die Nachrüstung mit einer neuen Generation von Raketen und Marschflugkörpern vom Typ Pershing II und BGM-109 Tomahawk in Westeuropa an. Schmidts Nachfolger Helmut Kohl war es, der die Waffen dann aufstellen ließ – eine Entscheidung, die weltpolitische Konsequenzen haben sollte. Denn im Kreml sah man ein, dass man das Wettrüsten gegen den Westen nicht würde gewinnen können. Neues Denken musste also her.[77]

Ost-Berlin warf Bonn vor, sich mit der Stationierung zum Vorreiter der Aufrüstung zu machen. Gleichzeitig versuchte SED-Generalsekretär Honecker Bonn Zugeständnisse abzunötigen, welche die deutsche Zweistaatlichkeit untermauerten. Mit den Geraer Forderungen verlangte er die Anerkennung der DDR-Staatsbürgerschaft sowie Grenzkorrekturen an der Elbe, ferner die Umwandlung der Ständigen Vertretungen in reguläre Botschaften sowie die Schließung der Zentralen Erfassungsstelle für DDR-Unrecht in Salzgitter. Deren Aufgabe war es, vom SED-Regime verantwortete Gewaltakte und Menschenrechtsverletzungen zu dokumentieren, um eine spätere Strafverfolgung möglich zu machen. In der durch die Nachrüstungsdebatte erschütterten Bundesrepublik gab es damals viele Stimmen, die den Forderungen Ost-Berlins nachkommen wollten.

»Ich habe die Nachrüstung auch richtig gefunden. Vor allen Dingen habe ich es als eine unheimliche Bedrohung empfunden, also richtig als eine Selbstbedrohung, als die Erfassungsstelle für DDR-Unrecht in Salzgitter geschlossen und die DDR-Staatsbürgerschaft anerkannt werden sollte«, sagt Angela Merkel im Verlauf eines Interviews im Februar 2005.[78]

In dieser aufgeheizten Stimmung war Angela Merkel als Propagandistin der FDJ-Grundorganisation am ZIPC tätig. Noch im Januar 1980 war sie dort für Kultur zuständig.[79] Als Walther im Oktober 1980 dann für ein Jahr FDJ-Sekretär am Institut und damit oberster FDJler von ein paar Hundert Mitarbeitern wurde, habe sie zu seinem Führungskreis gehört. »Angela Merkel war Sekretärin für Agitation und Propaganda«, sagt Walther[80], wohl wissend, dass sie selbst das heute vehement abstreitet. Aber auch Hans-Jörg Osten sagt es, der im Oktober 1981 für Walther FDJ-Sekretär der Grundorganisation am Institut wurde und damals ebenfalls ein guter Freund von ihr war.[81] Als Beauftragte für

Freizeit auf der Insel Rügen. Angela Merkel (links), Hans-Jörg Osten (3. v. links) und die FDJ-Grundorganisation mit Freunden

Agitation und Propaganda sei sie für das sogenannte Studienjahr zuständig gewesen, beteuern die beiden. »So etwas gab es auch bei der SED, da hieß es genauso«, erinnert sich Walther. Die FDJ-Zeitung *Junge Welt* schrieb, dass es im Studienjahr darum gehe, »sich solide marxistisch-leninistische Kenntnisse anzueignen, um mit neuen gefestigten Argumenten das tägliche politische Gespräch zu führen.«[82] Und hierfür erhielt die Beauftragte für Agitation und Propaganda vorbereitete Materialien.

Mit der FDJ-Grundorganisation am ZIPC war die Kreisleitung der Parteijugend-Organisation der Akademie der Wissenschaften hochzufrieden, denn sie lobte ausdrücklich deren Arbeit. In einem »Rechenschaftsbericht an die Kreisdelegiertenkonferenz der SED an der Akademie der Wissenschaften der DDR« vom Januar 1984 hieß es rückblickend: »Guten Ergebnissen wie z. B. im Zentrum für wissenschaftlichen Gerätebau, Zentralinstitut für physikalische Chemie und Institut für Werkstoffforschung stehen unzureichende Aktivitäten im Zentralinstitut für organische Chemie, Zentralinstitut für Krebsforschung, VDE Buch und Akademie-Verlag gegenüber.«[83] Das war schon eine Auszeichnung für Merkels Grundorganisation, unter den drei hervorgehobenen von insgesamt 72 zu sein. Es sei zwar noch nicht gelungen, das FDJ-Studienjahr in allen FDJ-Grundorganisationen fest in das Verbandsleben zu integrieren und »zu einem Forum des Studiums unserer Weltanschauung (…) zu gestalten«, wird in dem Rechenschaftsbericht bedauert. Allerdings, so betonte die FDJ-Akademieleitung zufrieden: »92 Prozent der Propagandisten im FDJ-Studienjahr sind Mitglieder unserer Partei.« Das sei ein ermutigendes Signal für die politisch-ideologische Arbeit, bei der es darauf ankomme, »die prinzipielle Überlegenheit des sozialistischen Gesellschaftssystems allen Mitarbeitern noch bewusster zu machen und zugleich die Wesenseinheit von Sozialismus und Frieden überzeugend nachzuweisen«.

Angela Merkel will damit nichts zu tun gehabt haben. Sie sagt: »Einer von denen, die damals in der FDJ-Gruppe dabei waren, behauptet immer wieder, ich hätte Agitation und Propaganda betrieben … Agitation und Propaganda? Ich kann mich nicht erinnern, in irgendeiner Weise agitiert zu haben. Ich war Kulturbeauftragte (…) Kulturbeauftragte für unsere Gruppe an unserem Institut.« Und auf die Frage, was sie denn als Kulturbeauftragte getan habe, antwortet sie: »Theaterkarten besorgt, Buchlesungen organisiert (…).«[84]

Neben Walther und Osten sieht auch Günther Krause das ganz anders. Der spätere CDU-Verkehrsminister reagierte vor ein paar Jahren mitunter noch emotional, wenn er darauf angesprochen wurde. Sie sei zweifellos Sekretärin für Agitation und Propaganda gewesen. »Sie hat dort nicht die idealistische Weltanschauung der CDU propagiert, sondern Marxismus-Leninismus (...) Agitation und Propaganda, da ist man verantwortlich für die Gehirnwäsche im Sinne des Marxismus. Das war ihre Aufgabe, und das war keine Kulturarbeit. Agitation und Propaganda, das war die Truppe, die alles, was man in der DDR zu glauben hatte, in die Gehirne der Leute abzufüllen hatte mit allen ideologischen Tricks«, sagt Krause. »Und was mich ärgert an dieser Frau, ist schlicht und einfach der Sachverhalt, dass sie nicht zugibt, in der DDR eine Systemnähe gehabt zu haben. Sie war fachlich nicht unverzichtbar an der Akademie der Wissenschaften. Sie war aber durchaus nutzbar als Pfarrerstochter im Sinne des Marxismus-Leninismus. Und das verdrängt sie. Das ist aber die Wahrheit.«[85]

Angela Merkel aber sagt: »Ich habe wahrheitsgemäß nach meiner Erinnerung geantwortet.« Jeder habe in der DDR einen Weg finden müssen, einen Weg mit Kompromissen.[86]

Kurz nach der Wende gab Angela Merkel der *Ostsee-Zeitung* ein Interview. Damals war die Erinnerung an die Zeit an der Akademie noch frisch. In dem Interview plädierte sie dafür, offen über das zu reden, was gewesen war. »Wir müssen lernen, über unsere eigene Vergangenheit zu sprechen. Wenn ich heute durch die neuen Bundesländer reise, habe ich den Eindruck, dass niemand in der Gewerkschaft, in der Partei, in der FDJ war. Es gibt nur den Schrei nach vier oder fünf Leuten, die man an der Fahnenstange hängen sehen will«, sagte sie.[87]

Am ersten Jahrestag der Deutschen Einheit, dem 3. Oktober 1991, versuchte sie dann wohl, ihrer eigenen Ankündigung gerecht zu werden. Sie war Gast des CDU-Jugendfestivals in Schwerin. Und wenn die Berichte darüber stimmen, dann sprach sie tatsächlich einmal öffentlich über ihre Zeit in der FDJ und darüber, was sie als FDJ-Sekretärin für Agitation und Propaganda an der Akademie für Wissenschaften gemacht hat.[88] Dabei habe sie in hochgradig irritierte Gesichter gesehen. »Ich merkte, wie wenig Verständnis wir auch ein Jahr nach der deutschen Einheit füreinander haben, wie schwer es ist für jemanden aus den alten Bundesländern, aktive Mitgestaltung an dem sozialistischen System von notwendiger Anpassung zu unterscheiden, und wie schwer es auch für uns ehemalige DDR-Bürger ist, einheitliche Maßstäbe für die Bewertung des Lebens in der früheren DDR zu finden«, sagte sie hinterher.[89]

Dieser Auftritt in Schwerin war offenbar ein prägendes, ein bleibendes Erlebnis. Es war wie damals in der Schule, als der Lehrer sie 1968 nach den Ereignissen der Sommerferien fragte und sie von Prag erzählen wollte, doch dann, als sich die Miene des Lehrers verfinsterte, schnell das Thema wechselte. So zieht sich eine Linie von der kleinen Angela, die es hasste, nach dem Beruf ihres Vaters gefragt zu werden, weil dieser nicht so recht zum System passte, über die hastig verschluckten Erzählungen über die Prager Ereignisse bis hin zu jenen CDU-Mitgliedern beim ersten Jahrestag der Deutschen Einheit in Schwerin. Allein diese drei Begebenheiten offenbaren eine ansonsten verborgene Seite ihres Charakters. Sie weicht zurück, wenn sie aus der Reaktion der anderen Nachteile für sich selbst befürchtet. Sie

stand nicht zum Beruf ihres Vaters und sagte lieber, er sei
»Fahrer«, weil das ja ganz ähnlich klingt wie Pfarrer.[90] Sie
stand nicht dazu, dass sie in der Tschechoslowakei einen
Jungen sah, der Briefmarken des gestürzten Parteichefs
Antonín Novotný zerriss. Und all ihre früheren Freunde
sagen übereinstimmend, sie stehe nicht zu der Angela
Merkel, die sie in der DDR war. Wenn es brenzlig wurde,
flüchtete sie vor sich selbst und ließ damit alle jene zurück,
die sich nicht selbst verleugneten und schwiegen, sondern
offen bekannten, was sie getan und gesagt hatten. Darum
sind viele ihrer Freunde von damals enttäuscht, bitter enttäuscht sogar.

Als Hans-Jörg Osten sie als Frauenministerin an einem
Sonntagabend zu Beginn der Neunzigerjahre in der Talk-
show »Talk im Turm« sah, musste er sich anschließend in einem Leserbrief an die Tageszeitung *Neues Deutschland* den
Frust von der Seele schreiben. »Ich finde es erschreckend,
in welchem Maße sich ein Mensch in wenigen Jahren ver-
ändern kann«, schrieb er.[91] »Bis 1987 war ich an einem Berliner Akademie-Institut beschäftigt. An diesem Institut gab
es eine rührige FDJ-Leitung mit einer Sekretärin für Agitation und Propaganda, jener heutigen Frau Minister. Frau
Merkel organisierte FDJ-Studienjahre, in denen eifrig darüber diskutiert wurde, wie dieser DDR-Sozialismus noch
besser und vollkommener zu machen sei. Insbesondere erinnere ich mich an ihre Begeisterung für die durch Gorbatschow eingeleiteten Reformen in der Sowjetunion. Mein
letzter Kontakt mit Frau Merkel war im Dezember 1989.
Auch da war noch immer nichts von einer Kämpferin gegen den Unrechtsstaat zu spüren. (…) Wenn Macht und
Geld einen Menschen derart korrumpiert und zu derart er-
schreckenden Auswüchsen an Verdrängung führt, sollte je-

der glücklich sein, der der Macht fernbleiben kann. Eigentlich ist es schade um eine ehemals hoffnungsvolle junge Physikerin. Gez: Prof. Dr. H. J. Osten.«

Als Angela Merkel 1993 als Frauenministerin zu einer Jugendveranstaltung nach Frankfurt/Oder kam, wo Osten damals Professor war, dachte er, das sei eine prima Gelegenheit, endlich wieder persönlich mit ihr zu sprechen. Er ging also hin und drückte Merkels Pressesprecher seine Visitenkarte in die Hand, auf die er geschrieben hatte: Hallo Angela, bin auch in der Halle, wenn du mal ein paar Minuten hast, können wir quatschen. »Dann ist sie kurz gekommen; ah, schön, bist du jetzt in Frankfurt? Aber ich konnte sehen und spüren, dass es ihr absolut unangenehm war, mich zu treffen. Sie sagte: Ich hab zu tun; und weg war sie. Dann stand sie zehn Meter neben mir und hatte gar nichts zu tun.«[92]

Angela Merkel war jedoch nicht nur FDJ-Propagandistin, wie die Angehörigen der Grundorganisation im SED-Jargon damals genannt wurden. Was bislang im Verborgenen lag: Sie gehörte auch der Betriebsgewerkschaftsleitung (BGL) der Akademie an. Die Einheitsgewerkschaft Freier Deutscher Gewerkschaftsbund (FDGB) gliederte sich in Unternehmen, Krankenhäusern und Verwaltungen in von der SED kontrollierte betriebliche Grundorganisationen. Im Mittelpunkt der Arbeit der BGL standen die Arbeitsorganisation, die Verteilung von Ferienplätzen, aber auch die ideologische Schulung. Dies bedeutete in Zeiten der NATO-Nachrüstung die geistige Mobilmachung, die Maximierung der wissenschaftlichen Forschungsarbeit, um »gegen den umfassendsten und gefährlichsten Gegenangriff des Imperialismus auf den Frieden und die Sicherheit der Völker seit der Periode des Kalten Krieges gewappnet zu sein«.[93]

Wie aus dem Protokoll der konstituierenden Sitzung vom 11. November 1981 hervorgeht, war Angela Merkel eine von neun Angehörigen der BGL. Sie zeichnete für die Jugendarbeit verantwortlich, also für die Mitarbeiter der Akademie, die die 30 noch nicht überschritten hatten. Und sie zeigte in ihrem Zuständigkeitsbereich Engagement. So heißt es etwa in einem Sitzungsprotokoll: »Als Jugendvertreterin in der BGL berichtete Koll. Merkel über die Tätigkeit der FDJ-Grundorganisation am ZIPC, Probleme junger Wissenschaftler und Mitarbeiter des technischen Bereichs (…) Die Initiative der FDJ-Leitung zur Leistungsschau junger Wissenschaftler sollte von möglichst vielen Bereichen unterstützt werden.«[94] In einem anderen Sitzungsprotokoll wird festgehalten: »Frau Merkel gab einen Überblick über die Jugendarbeit, in dem u. a. über die Arbeit mit persönlichen Plänen der jungen wissenschaftlichen Mitarbeiter, über die gewachsenen Aktivitäten jüngerer Mitarbeiter des Bereichs OT sowie von Laboranten in der FDJ-Organisation des ZIPC berichtet wurde (…) Die BGL dankt Frau Merkel für ihre Arbeit.«[95] Das zieht sich so durch die Jahre. Am 11. November 1982 gedenken sie »des verstorbenen Generalsekretärs des ZK der KPdSU, Genossen L. I. Breshnew«.[96] Und wenn die »Koll. Merkel« mal keine Zeit hatte oder auf Dienstreise war, dann heißt es dort: »dienstlich verhindert«.

Ein großes Thema in der Betriebsgewerkschaftsleitung war neben der NATO-Nachrüstung die Entwicklung beim östlichen Nachbarn Polen. Dort brach das Regime von Staatschef Edward Gierek unter den Protesten der aus einer Streikbewegung Danziger Werftarbeiter entstandenen Gewerkschaft Solidarność zusammen. Das war ein unerhörter Vorgang, kaum vorstellbar für jemanden, der in der DDR aufgewachsen war und die Niederschlagung des Prager Frühlings 1968 miterlebt hatte. Auslöser der Streiks in Polen waren Preiserhöhungen für Fleisch am 1. Juli 1980. Zunächst gab es nur lokal begrenzte Aktionen, dann aber griffen sie auf das gesamte Land über. Entscheidend aber war der Streikaufruf auf der Danziger Leninwerft am 14. August. Dort forderten die Arbeiter die Wiedereinstellung der Kranführerin Anna Walentynowicz, einer bekannten Symbolfigur der Streikbewegung des Jahres 1970, als die Menschen wegen einer Erhöhung der Lebensmittelpreise um 38 Prozent kurz vor Weihnachten auf die Straße gegangen waren. Damals schlug das Regime mit aller Härte zu. Mindestens 45 Menschen kamen ums Leben. Diesmal hielt es sich noch zurück. Die Arbeiter in Danzig gründeten ein betriebliches Streikkomitee unter der Führung von Lech Wałęsa. Bald wurde daraus das »Überbetriebliche Streikkomitee«, das unter anderem die Zulassung von unabhängigen Gewerkschaften forderte. Für das kommunistische Regime war dies ein offener Angriff auf das System. Nach langen Verhandlungen willigte die Regierung am 31. August 1980 zwar ein, woraufhin die Arbeiter die Solidarność, die »Unabhängige Selbstverwaltete Gewerkschaft ›Solidarität‹«, gründeten. Dies bedeutete aber nicht, dass die Kommunistische Partei die neue Gewerkschaft unbehelligt ließ. Sie wurde im Gegenteil nach Kräften bekämpft, vor allem mit den geheimdienstlichen Mitteln der Subversion und Zersetzung.

Die Ausläufer dieses Bebens erschütterten auch Ost-Berlin, wo sich der SED-Generalsekretär Erich Honecker in einem eindringlichen Brief an Moskau wandte: »Wir haben im Politbüro des ZK der SED die gegenwärtige Lage in der Volksrepublik Polen erörtert und sind einmütig zum

Schluß gekommen, daß es eine dringende Notwendigkeit gibt, ein Treffen der Generalsekretäre bzw. Ersten Sekretäre der Kommunistischen Parteien unserer Staatengemeinschaft durchzuführen«, schrieb Honecker und schlug vor, gemeinsam mit Giereks Nachfolger Stanisław Kania die Lage in Polen zu erörtern.[97] Es müssten »kollektive Hilfsmaßnahmen für die polnischen Freunde eingeleitet werden«, denn die Krise verschärfe sich »von Tag zu Tag«. »Nach Angaben, die wir durch verschiedene Kanäle erhalten, greifen konterrevolutionäre Kräfte in der VR Polen ununterbrochen an, und jede Verzögerung ist dem Tod gleich – dem Tod des sozialistischen Polen. Gestern wären unsere gemeinsamen Maßnahmen vielleicht vorzeitig gewesen, heute sind sie notwendig, aber morgen können sie schon verspätet sein.«[98] Moskau teilte zwar die Besorgnis, anders als 1968 schreckte der Kreml aber vor einem Einsatz der Armee zurück.

In einem Bericht der Betriebsgewerkschaftsleitung des ZIPC heißt es: »Gegner der sozialistischen Ordnung versuchen stets von neuem, einen Keil zwischen unsere Gemeinsamkeit von Partei, Staat und Gewerkschaft zu treiben. In Polen haben sie das zurzeit auch erreicht, die Stabilität des polnischen Systems zu untergraben, da die ›unabhängige‹ Gewerkschaft in Opposition zu Staat und Partei steht und nur ›fordernd‹ und ›kontrollierend‹ wirksam werden will. Tatsächlich ist die Gewerkschaft dort in Abhängigkeit der Konterrevolution geraten. (…) Die Entwicklung in Polen (…) berührt uns tief, nicht nur wegen der freundschaftlichen Beziehungen zu den Menschen, sondern auch im Interesse der politischen und wirtschaftlichen Stärke und Einheit des sozialistischen Lagers.«[99] Mit dieser Stellungnahme lag die BGL ganz auf der Linie von Honecker, sie schien nicht die geringste Sympathie für die Solidarność-Gewerkschafter zu empfinden.

Doch das, was der Bericht herausstellte, war die offizielle Lesart und entsprach nicht der Haltung vieler junger Wissenschaftler am ZIPC. Diese verschlangen die Nachrichten aus Polen, diskutierten unter vier Augen oder in kleinen Gruppen darüber und hatten durchaus Interesse an sozialistischen Reformen. Deutlich wurde dies sogar in der FDJ. Die Ereignisse in Polen ermutigten die Propagandisten, neue Themen zu setzen und Dinge zu diskutieren, die gemeinhin tabu waren. »Wir nutzten die Möglichkeit, auf die Forschungsschwerpunkte von jungen Mitarbeitern anderer Institute zuzugreifen und so etwa das ungarische Wirtschaftsmodell mit dem der DDR zu vergleichen«[100], erinnert sich der frühere FDJ-Sekretär Walther. »Ein anderes Mal verglichen wir die Stellung der Frau in der DDR und der BRD, und wir sprachen über die Friedensbewegung.« Polen direkt zu thematisieren, das wäre vermutlich zu gewagt gewesen.

In Templin taten sie es. Dort traf sich 1981 infolge der Ereignisse in Polen erstmals ein Gesprächskreis von Naturwissenschaftlern und Theologen. Mit dabei war der Bundesbürger Christofer Frey. Er war damals Theologe an der Ruhr-Universität Bochum und besuchte Templin zum ersten Mal. Von da an kamen er und seine Ehefrau jedes Jahr, und es entstand so etwas wie eine Freundschaft mit den Kasners. Frey sagt, der eigentliche Initiator des Gesprächskreises sei wohl Angela Merkels Bruder Marcus gewesen. »Es stellte sich heraus, dass Marcus gute Verbindungen ins Wissenschaftsmilieu hatte, in Kreise, in denen man sich einig war, dass die DDR Alternativen brauchte«, sagt Frey[101], der von sich behauptet, auch heute noch »eine sehr präzise Erinnerung« an damals zu haben. Das erste Treffen in Templin sei gewissermaßen auch ein Reflex auf die Ereignisse in Polen gewesen, auf die Gründung der ersten freien Gewerkschaft Solidarność. »Bis tief in die Nacht haben wir darüber nachgedacht, ob man so etwas auch in der DDR machen kann«, sagt Frey. Zu den regelmäßigen Teilnehmern der Gespräche in Templin zählten Hans-Jürgen Fischbeck, Physiker am Zentralinstitut für Elektronenphysik der Akademie der Wissenschaften in Berlin und Mitglied der Synode der Evangelischen Kirche von Berlin-Brandenburg, Günter Nooke und Meik Hellmund, die damals in Leipzig mit Marcus Kasner Physik studierten, sowie Cornelia Matzke, eine Medizinstudentin aus Leipzig. Angela Merkel sollte erst viel später zu dem Gesprächskreis stoßen.[102]

Insgesamt dreimal reiste sie 1981 mit Walther nach Polen. Das war das Jahr, in dem sie gemeinsam in der FDJ-Leitung saßen. Die Initiative sei von ihr ausgegangen, sagt er. Die beiden ersten Male fuhren sie mit »Jugendtourist«, dem Reisebüro der FDJ, ins östliche Nachbarland.[103] Dort verschärfte sich die Lage zusehends. In der polnischen Kommunistischen Partei wuchs der Unmut über ihren Ersten Sekretär Stanisław Kania, der um einen Ausgleich mit Solidarność bemüht war. Auf dem vierten Plenum des Zentralkomitees der Polnischen Vereinigten Arbeiterpartei im Oktober 1981 wurde er dann nach nur einem Jahr Amtszeit durch Verteidigungsminister General Wojciech Jaruzelski ersetzt, der bereits am 13. Dezember 1981 das Kriegsrecht verhängte.

Die ersten Monate des Jahres hingegen, in denen Angela Merkel und Walther in das Nachbarland reisten, waren dort voller Hoffnung. Da sie mit der Parteijugend fuhren, fiel das Reiseprogramm entsprechend politisch aus. »Ein

Großteil der Zeit, die wir mit Jugendtourist in Polen verbrachten, bestand aus politischen Diskussionen«, sagt Walther. »In Warschau kamen wir mit Vertretern von Partei und Gewerkschaft zusammen, die mit Solidarność sympathisierten und damit für eine Reform des Sozialismus warben.« Während dieser Reisen hätten sie auch Bekannte von Angela Merkel in der polnischen Hauptstadt besucht. »Die schwärmten ebenfalls von möglichen Reformen. Daraufhin haben wir uns vorgenommen, auch eine private Reise zu organisieren.«[104]

Für die Individualreise benötigten sie die Einladung eines polnischen Staatbürgers. Bestimmt hätten auch Angela Merkels Bekannte in Warschau so eine Einladung schreiben können. »Doch das erledigte kurzerhand Hans-Jörg Osten«, sagt Walther. »Der konnte nämlich Polnisch.« Das heißt, Osten fälschte eine Einladung mit einer echten Anschrift für die DDR-Behörden. Es fällt nicht ganz leicht nachzuvollziehen, dass dieser die Einladung nicht mit irgendeiner Rückendeckung verfasste, denn immerhin sagt Walther auch: »Osten war SED-Mitglied.« So gesehen, fuhren sie sogar mit Einwilligung der Partei. Jedenfalls beantragten sie dem Schreiben aus Ostens Feder zufolge eine visafreie Reise, es war ihre dritte in diesem Jahr – und sie war voller Überraschungen.

Denn es muss diese Reise gewesen sein, auf der Angela Merkel dann auch einen alten Bekannten aus Templin wiedertraf, nämlich Matthias Rau, den Jungen vom Waldhof. Es war eine wundersame Begegnung fernab des DDR-Alltags, an einem Ort, der halb vom Zufall, halb vom politischen Geist der Zeit bestimmt wurde. »Wir trafen uns auf einem Campingplatz, ich glaube, es war an der polnischen Küste«, sagt Rau.[105] Auf jeden Fall war es Sommer, und Angela hatte einen Mann dabei. Wie er hieß, weiß Rau nicht mehr. Danach hat er sie, außer im Fernsehen, auch nie wiedergesehen. Das mit der Küste könnte stimmen, denn Walther sagt, sie seien damals unter anderem in Danzig und Marienburg gewesen. Sie waren unterwegs auf den Spuren der Solidarność. Für Angela Merkel war es auch eine Reise zu den Wurzeln der Familie ihrer Mutter, die ja aus dieser Gegend stammte.

Am 12. August 1981 machten sie sich schließlich auf den Rückweg. Ihr Zug ruckelte langsam auf die Grenze bei Frankfurt/Oder zu, wo er stoppte, damit die DDR-Grenzer die Reisenden überprüfen konnten. Nachdem sie sich die Papiere hatte zeigen lassen, kontrollierten sie auch noch Angela Merkels Tasche. Und dann wurde sie von Grenzern aus dem Zug geholt. Die Männer schickten eine »Sofortmeldung« mit der Nummer 04-32-293-31 an die Hauptverwaltung Berlin, Operativstab, denn sie hatten in ihrer Tasche zwei Fotos vom Denkmal einer Solidarność-Märtyrerin in Gdynia (Gdingen), eine Solidarność-Zeitschrift und ein Solidarność-Abzeichen gefunden.[106] Bei der Feststellung der Personalien notierten die Grenzer in konsequenter Kleinschreibung, ohne Tippfehler zu korrigieren: »Merkel, angela, wissenschaftl. mitarneiter. akademie der wissensch. berlin.« Handschriftlich fügte jemand noch »ZIPC« hinzu. Sogar die Zeit notierten die Sicherheitskräfte, es war 21:10 Uhr.

Walther saß im Zug und wusste nicht, wie ihm geschah. »Wenn die Grenzer mich nach Merkels Aussagen gefragt hätten, dann hätten wir uns in Widersprüche verwickelt. Weil ich von nichts wusste.« Der Grenzsoldat notierte derweil weiter: »bei der o. g. buergerin wurden durch die zollkontrolle die o. g. materialine festgestellt. die druckerzeugnisse befanden sich zwischen buecher eingelegt. das abzeichen war in der geldboerse.« Danach gefragt, nannte sie Namen und Anschrift eines polnischen Paars aus Gdynia, das sie und Walther eingeladen habe. Das Paar habe sie und Walther dann zum Denkmal geführt, weil es für die polnischen Bürger eine Art »Errungenschaft« sei. Angela Merkel erzählte den Grenzsoldaten, ihre polnischen Freunde hätten am Denkmal von einem Solidarność-Mann die Zeitschrift und das Abzeichen gekauft und es ihr geschenkt. Weil sie nicht unhöflich sein wollte, habe sie die Gegenstände behalten. Außerdem habe sie überhaupt nicht gewusst, was es mit den Gegenständen auf sich habe. Wörtlich schreibt der Grenzer: »der buergerin war nicht bekannt, dass solche gegenstaende zur einfuhr in die ddr nicht zugelassen sind.« Und dann erzählte sie ihnen noch, dass sie nicht Polnisch spreche und die Zeitschrift gar nicht lesen könne.

»Natürlich hat sie jedes Wort verstanden«, sagt Walther. Er kann sich allerdings nicht daran erinnern, dass die Sache irgendwelche Folgen gehabt hätte. Andere hatten bei solchen Vorfällen die Staatssicherheit auf dem Hals. Doch sie gehörten ja als Nachwuchsfunktionäre und Mitarbeiter der Akademie der Wissenschaften irgendwie zur Elite im SED-Staat. Ihrem Kollegen Frank Schneider, mit dem sie eine Weile das Büro teilte, erzählte sie von ihrer Polen-Tour. Und da »Schnaffi«, wie er von den Kollegen genannt wurde, als IM »Bachmann« für das MfS arbeitete, kam die Angelegenheit dann doch noch auf eine andere Art zur »Firma«: »Das Ziel ihrer Reise bestand darin, die Lage in der VR Polen kennenzulernen«, ist in der Aufzeichnung von »Bachmanns« Führungsoffizier nachlesen. Präzise ist darin vermerkt, dass sie in Gdingen gewesen sei und was sich an der

Grenze in Frankfurt/Oder ereignete. Über ihre Eindrücke befragt, habe sie gesagt, dass es im Allgemeinen ruhig, aber nicht zu übersehen sei, dass die Solidarność an Einfluss gewonnen habe. »In diesem Zusammenhang stimmte sie der Einschätzung der UdSSR zu, dass die Gefahr bestehe, dass der Sozialismus in Polen untergraben wird.« Im Übrigen attestierte ihr Schneider eine lupenreine Gesinnung, wenn er berichtete, dass sie als FDJ-Funktionärin im ZIPC »eine gefestigte Haltung zu unserem Staat hat«.[107]

Gunter Walther hingegen schätzt Angela Merkel im Rückblick als aufgeschlossen gegenüber der Solidarność-Bewegung ein. Deshalb will er sie mit zu einem Hauskreis genommen haben, den der Grafiker Stefan Dachsel bereits 1975 gegründet hatte. Es war ein Hauskreis im Rahmen der evangelischen Erwachsenenarbeit, in dem politische Themen behandelt wurden. Einen festen Versammlungsort hatten sie nicht, reihum stellten die Teilnehmer ihre Wohnung zur Verfügung. Dachsel sagt, dass Angela Merkel so »drei- bis fünfmal« mit Walther dort gewesen sei.[108] Soweit er sich erinnern kann, trug Merkel zu den Diskussionen allerdings nichts Bedeutendes bei. »Sie saß einfach nur da. Sie war die graue Maus«, sagt er und meint zu wissen, dass Angela Merkel dann zeitweilig zu einer parallel tagenden Selbsterfahrungsgruppe gewechselt habe. Die hätten ein »vorrangig psychologisches und allgemeinbildendes Anliegen gehabt«. Danach hat Dachsel sie Jahre nicht mehr gesehen. Erst 1989 traf er sie eines Abends in der Gethsemanekirche in der Stargarder Straße in Berlin Prenzlauer Berg. Er stand in der Sakristei und zählte die Kollekte, als sie hereinkam und ihm half. Wenige Wochen später fanden sie sich gemeinsam beim Demokratischen Aufbruch wieder.

Walther ging gern zu Dachsel. Die beiden kennen sich noch heute, und auch der Hauskreis hat die Zeit überlebt. »Wir haben damals oft über die Lage in Polen, also über die Solidarność, gesprochen«, sagt Walther.[109] Ein weiteres großes Thema war auch dort der NATO-Doppelbeschluss. In den kirchlichen Friedensgruppen, die in engem Kontakt zur westdeutschen Friedensbewegung standen, wurde die Rüstungsdebatte von der FDJ allerdings auch propagandistisch für die politischen Interessen der SED instrumentalisiert. Höhepunkt war das Festival »Für den Frieden der Welt« im Palast der Republik, wo die SED im Jahr 1983 erstmals auch Udo Lindenberg auftreten ließ. Doch seinen »Sonderzug nach Pankow« sang er dort nicht.

Er habe sich im kirchlichen Reformmilieu ebenso wohlgefühlt wie in der für eine Weiterentwicklung des Sozialismus aufgeschlossenen FDJ-Gruppe der Akademie mit dem Anführer Osten und der zurückhaltenderen Angela Merkel. In diesem Kreis sei es immer darum gegangen, eine bessere Welt aufzubauen. »›Wir sind das Volk‹ war, wenn damals so noch nicht offen ausgesprochen, der Grundgedanke unserer Überlegungen«, sagt Walther heute, die Vergangenheit etwas verklärend. »Es sollte darum gehen, dass die Menschen mehr Einfluss auf politische Entscheidungen bekommen. Wir wollten die Rolle der Partei begrenzen. Mit anderen Worten: Es ging um die Reform des Sozialismus.« So hätten sie es damals in der FDJ an der Akademie gesehen. Auch Angela Merkel. »Wir waren viel zu jung, um uns etwas anderes als ein Leben im Sozialismus vorstellen zu können. So haben wir Veränderungen immer im Rahmen des Sozialismus gedacht. Aber die Dominanz der alten Männer, diesen Personenkult und die Selbstbeweihräucherung hatten wir satt«, sagt Walther.[110]

Die Polen-Reisen, der Alltag in der Akademie, all das veränderte 1981 das Leben von Angela und Ulrich Merkel, das Eheglück der frühen Jahre erwies sich nun mehr und mehr als ein flüchtiger Begleiter. Mit jedem Tag verlor es an Intensität. Wenn sie mit Walther und anderen verreiste, kam er nicht mit. Obwohl das Zentralinstitut für Optik und Spektroskopie, an dem er arbeitete, nicht weit vom ZIPC entfernt war, nahm er an den Exkursionen und Veranstaltungen des Kollegenkreises seiner Frau nicht teil. Er mochte es ruhiger. Und sie schien den ruhigen Bergmenschen aus dem Vogtland auf diesen Touren nicht zu vermissen. Angela Merkel war 26 und spürte, dass es so nicht weiterging. Irgendwann reichte es. Sie war noch lange keine 30 und fürchtete wohl, geradewegs in eine Sackgasse zu steuern. Darum stieg sie lieber aus, bevor es zu spät war, packte ihre Sachen und klingelte bei Hans-Jörg Osten.

Er erinnert sich: »Angela stand bei mir in der Tür und sagte: ›Es geht nicht mehr. Ich bin gerade von zu Hause ausgezogen. Ich lasse mich scheiden. Kann ich bei dir wohnen?‹«[111] Sie konnte. Osten nahm sie für ein paar Tage bei sich auf.[112] Der SED-Mann mit den allerbesten Beziehungen half ihr, eine leer stehende Wohnung in der Templiner Straße in Prenzlauer Berg zu beziehen, in die sie mit nichts weiter als einer Waschmaschine einzog. Alles andere hatte sie bei ihrem Mann zurückgelassen. Die FDJ-Truppe vom ZIPC knackte das Türschloss mit der Bohrmaschine und renovierte die eineinhalb Zimmer.[113] Jeder brachte ein Möbelstück vorbei, Ulrich (Utz) Havemann, der Stiefsohn des Regimekritikers Robert Havemann, schleppte Regale und Gardinen aus einem Ferienhaus an. Auch er gehörte zu ihrem Freundeskreis, mit ihm teilte sie eine Zeit lang auch das Büro. Als Gegenleistung hütete Angela Merkel ab und zu bei den Havemanns die Kinder.[114] Utz Havemann war SED-Mitglied und genoss am Institut einige Freiheiten. Unter anderem genehmigte ihm das System damals eine Westreise.[115] Angela Merkel sagt, Utz Havemann habe sie damals besonders geprägt, weil sie über ihn Einblick in die Kreise um seinen Stiefvater erhalten habe, den er gelegentlich in seinem Hausarrest besuchte, obwohl dies von der Partei nicht gern gesehen wurde. »Ich wusste immer, wann und wo welcher Schriftsteller welche Lesung hielt, und es war ein gutes Miteinander«, sagt sie über ihn.[116]

Die Staatssicherheit ließ das Haus von Robert Havemann damals rund um die Uhr bespitzeln. So wollte das Regime sicherstellen, dass er den Hausarrest einhielt und gleichzeitig in Erfahrung bringen, wer ihn besuchte. Über zwei Jahrzehnte später erregte diese Bespitzelung noch einmal Aufsehen. Bei Recherchen zu der Dokumentation »Im Auge der Macht – die Bilder der Stasi« stießen Reporter des WDR in den Stasiakten über den Regimekritiker und dessen Frau Katja auf ein Foto der jungen Angela Merkel.[117] Es steckte in einer Sammlung mit Aufnahmen von Leuten, die sich dem Havemann-Grundstück in Grünheide bei Berlin genähert hatten. Und da war dann auch Angela Merkel fotografiert worden. Die Filmemacher baten sie um die Freigabe des Fotos. Doch Angela Merkel verweigerte dies.

Sie wolle aus »Gründen des Schutzes ihrer Privatsphäre«, aber auch im Hinblick auf die »Gleichbehandlung bei vergleichbaren Anfragen« kein Einverständnis zur Verwendung des Fotos geben, ließ sie mitteilen.[118] Somit durfte die Behörde für die Unterlagen des ehemaligen Staatssicherheitsdienstes der DDR das Foto nur gerastert herausgeben.

Auch Frank Schneider gehörte zum Renovierungstrupp in der Templiner Straße. Sie trafen sich auch so oft, was letztlich aber vielleicht weniger an »Schnaffi« als an dessen Frau lag, einer Georgierin aus Suchumi, die unter anderem in Woronesch studiert hatte. Angela Merkel sprach mit ihr gern Russisch und teilte mit ihr die Liebe zur russischen Kultur. Eigentlich hatte Schneider Utz Havemann ausspionieren sollen, weil ihn mit den Havemann-Söhnen eine langjährige Freundschaft verband, seit sie 1968 gemeinsam in U-Haft gesessen hatten und vom Geheimdienst in die Mangel genommen worden waren. Florian Havemann flüchtete dann 1971 in den Westen, Schneider blieb und zog andere Schlüsse aus der Haft. Anfang der Siebzigerjahre wurde er FDJ-Sekretär am ZIPC und beantragte 1976 die Mitgliedschaft in der SED, die ihn schließlich im September 1980 aufnahm. Zwei Jahre zuvor hatte er seine Verpflichtungserklärung unterschrieben, und das MfS bescheinigte ihm, »aus den Problemen von 1968 die richtigen Schlußfolgerungen gezogen« zu haben.[119]

Schneider, alias »Bachmann«, berichtete immer wieder akribisch über Angela Merkel: »Sie arbeitet bei mir im Zimmer. Durch diesen ständigen Kontakt mit ihr am Arbeitsplatz und ihre Kontaktfreudigkeit entwickelten sich bald zwischen uns freundschaftliche Beziehungen, die aber keinen intimen Charakter annahmen. Sie war anfangs verheiratet, hatte dann mehrere Liebschaften, und ich bin glücklich verheiratet«, schreibt Schneider.[120] Wenn er sie morgens mit dem Auto von zu Hause abholte, sei er eine Zeit lang einem »Mann im Bademantel« begegnet. Doch auch die wenigen politischen Notizen zeichnen das Bild jener Angela Merkel nach, das auch ihre damaligen Kollegen Walther und Osten von ihr hatten. Schneider schrieb über Kontakte ins kirchliche Milieu, ihre Neugierde gegenüber der Friedensbewegung und gegenüber Solidarność. Sie blieb dabei immer systemkonform. Anders jedenfalls als die wissenschaftlichen Mitarbeiter, die eines Tages mit den Abzeichen der kirchlichen Friedenslosung »Schwerter zu Pflugscharen« aufkreuzten, die damals von der Herrnhuter Brüdergemeinde in Sachsen gefertigt wurden. Die Angelegenheit machte sofort die Runde, und die Parteileitung am ZIPC bestellte die beiden zu einem »klärenden Gespräch« ein. Schneider sprach Angela Merkel darauf an und notierte hinterher, dass sie gesagte habe, »eine Gruppe leitender Funktionäre in der Kirche hat sich die Aufgabe gestellt, eine den Zielen der Kirche entsprechende Friedensbewegung in der DDR zu initiieren. Dazu wurden u. a. staatliche Genehmigungen zur Herstellung von Aufnähern ›Schwerter zu Pflugscharen‹ in einer kirchlichen Textildruckerei eingeholt, die auch erteilt wurden (…) Jetzt werden die Leute, die diese Aufnäher tragen, unter Druck gesetzt. Die M. vertrat die Überzeugung, daß die Friedensbewegung der Kirche mit den Friedenbemühungen unseres Staates übereinstimmt.«[121]

Ein anderes Mal hält »Bachmanns« Führungsoffizier nach einem konspirativen Treffen fest: »Der IM konnte bisher nicht feststellen, ob die Merkel in eine kirchliche Tätigkeit eingebunden ist. Er vermutet, daß sie ihre Kenntnisse von ihrem Vater hat, den sie regelmäßig besucht.«[122] Schneider waren die familiären Verhältnisse von Angela Merkel nicht unbekannt. An einem April-Wochenende des Jahres 1982 war er mit ihr und seiner eigenen Familie nach Templin gefahren. »Der Vater hat eine gehobene Position in der evangelischen Kirche«, berichtete er dem MfS. Und: Der Vater werde von Kirchenvertretern der BRD besucht.[123]

Auch über die ausgedehnte Reise, die Angela Merkel auf Anregung von Schneiders Ehefrau von Mitte Juli bis Anfang August 1983 durch die südliche Sowjetunion machte, berichtete »Bachmann« dem MfS: »Zur Einreise beantragte sie ein Durchreisevisum nach Rumänien und verblieb dann, wie geplant, in der SU.«[124] Dies wäre illegal gewesen, denn ein Durchreisevisum galt nur für drei Tage. Doch so will Angela Merkel erst einmal in Brest in die Sowjetunion gelangt sein, in die Individualreisen für DDR-Bürger verboten waren. Von Brest seien sie und ihre beiden Freunde weiter über Kiew in Richtung Kaukasus gefahren. In Georgien hätten sie nach Gori, in die Geburtsstadt Stalins, gewollt, seien jedoch schon in Mcheta von den Sicherheitskräften aufgegriffen und auf ein Polizeihauptquartier gebracht worden. Durch Schmeicheleien will Angela Merkel es erreicht haben, dass man sie schließlich weiterziehen ließ.[125] In »Bachmanns« Bericht für den Staatssicherheitsdienst ist davon nicht die Rede. Dort heißt es lediglich: »Zusammen mit zwei Freunden reiste sie mit der Bahn bis in die RSFSR und per Anhalter, streckenweise auch mit Bus und Bahn, durch Armenien (u. a. Jerewan + Sewan See), Aserbaidschan (Baku) und Grusinien (Tiblissi und Suchumi).« »Bachmann«, der in Suchumi, der Heimatstadt seiner Frau, zusammen mit dieser die drei Reisenden traf, informierte seinem Führungsoffizier noch: »Zurück benutzte sie den Flug von Sotschi in die DDR.« Und: »Ihre Gesamteindrücke von der sowjetischen Gastfreundschaft und Natur sind sehr positiv.«[126] Angela Merkel erzählte später ihrem Biografen Wolfgang Stock, dass auf dem Flughafen in Sotchi der Visumsschwindel aufgeflogen sei und Verhöre bei der Polizei, Maßregelungen und Verzögerungen bei der Ausreise die Folge gewesen wären.[127]

Über Angela Merkels Arbeit bei der Betriebsgewerk-schaftsleitung berichtete ihr Kollege und Freund ebenso wie über ihre Kontakte zu den Wissenschaftlern des Prager Heyrovský-Instituts oder die sich anbahnende Beziehung zwischen Merkel und Joachim Sauer, der verheiratet und Vater zweier Kinder war. Mitte der Achtzigerjahre war Angela Merkel häufiger mal am Heyrovský-Institut für physikalische Chemie, das zur Tschechoslowakischen Akademie der Wissenschaften gehörte. Hans-Jörg Osten, der im Januar 1985 ins Sekretariat der FDJ-Kreisleitung aufgerückt war, sagt, sie hätten damals mit dem Institut einen »netten Kooperationsvertrag gemacht, in dem es vor allem darum ging, den jungen tschechischen Kollegen schöne Plätze an der Ostsee zu besetzen und dafür etwas im Riesengebirge zum Skilaufen zu bekommen«.[128] Andererseits schienen aber ebenso die Forschungsaufenthalte dort begehrt zu sein, denn auch Angela Merkels Lebensgefährte Joachim Sauer verbrachte nach seiner Promotion insgesamt mehr als zwölf Monate am Heyrovský-Institut bei Professor Rudolf Zahradník.

Angela Merkel war 1984/85 mindestens drei Monate und vier Tage dort, wie aus den Unterlagen der Akademie hervorgeht.[129] Sie machte dort die Bekanntschaft mit Bretislav Friedrich. In Schneiders Bericht heißt es, sie kenne ihn von einem längeren Arbeitsaufenthalt in Prag und habe ihn zu sich nach Hause eingeladen, als er dienstlich das Zentralinstitut für physikalische Chemie in Adlershof besucht habe.[130] Detailliert schildert »Bachmann« seinem Führungsoffizier vom Staatssicherheitsdienst die Lebensumstände des tschechischen Wissenschaftlers. Er berichtet von dessen Ehefrau, über deren Beruf und Herkunft. Schneider wusste sogar von Friedrichs etwa einjährigem Forschungsaufenthalt an der Universität in Salt Lake City 1981/82.[131] Friedrich stand auch im Fokus des tschechischen Geheimdienstes. Unterlagen belegen, dass er sich im Februar 1986 bei diesem registrieren lassen musste, ehe man ihn zu einem Forschungsaufenthalt in die Bundesrepublik, genauer gesagt an die Göttinger Universität ließ. Der Vorgang rangierte fortan unter dem Decknamen »Benda«.[132] Friedrich arbeitet heute für das Fritz-Haber-Institut der Max-Planck-Gesellschaft in Berlin.

Damals schrieb Angela Merkel nun schon einige Jahre an ihrer Dissertation. Als ihr Vater im Juli 1984 zu ihrem 30. Geburtstag nach Berlin kam, machte er aus seiner Enttäuschung über sie kein Hehl: »Weit hast du es ja nicht gebracht«, sagte er.[133] Horst Kasner sah das Leben seiner geschiedenen Tochter an der Akademie als Fortsetzung ihrer Studentenzeit an. So hatte er sich das nicht vorgestellt. Für sie war es ein hartes Urteil, noch dazu aus dem Munde ihres Vaters, dem sie als Kind doch immer entgegengelaufen war, weil sie es nicht abwarten konnte, dass er wieder nach Hause kam. Ihr, die immer auf Harmonie aus war und gewollt hatte, dass ihre Leistungen zu Hause anerkannt wurden, machte die Bemerkung ihres Vaters schwer zu schaffen.

Zum Jahresende schied sie aus der FDJ-Leitung des ZIPC aus und kniete sich mehr und mehr in ihre Promotion, die von Lutz Zülicke betreut wurde. Auch privat ordnete sie ihr Leben. Sie und Sauer machten kein Geheimnis mehr aus ihrer Beziehung. »Beide waren beim Frühlingsball der FDJ und bei der 25-Jahr-Feier der Abt. TC in engem Kontakt«, berichtet Schneider seinem Führungsoffizier.[134] Zwischenzeitlich verabschiedete sich Sauer für einen mehrwöchigen Forschungsaufenthalt nach Warschau. Auch

Hans-Jörg Osten ging auf Reisen. Er durfte sogar in den Westen, für ein Jahr an die University of Illinois in Chicago. »Eigentlich hatte die Universität Professor Radeglia eingeladen«, erinnert sich Gunter Walther. Ihm sei die Reise jedoch untersagt worden, weil die SED ihm nicht traute. »Radeglia galt als unsicherer Kantonist, er war nicht in der Partei und gehörte zu den engen Mitarbeitern von Professor Kriegsmann, dem früheren Leiter des Bereichs Physikalische Methoden der analytischen Chemie. In den Siebzigerjahren waren einige Mitarbeiter von Kriegsmann nicht von Westreisen zurückgekehrt«, sagt Walther. Kriegsmann war aus der SED ausgetreten und zu Beginn der Achtzigerjahre durch Reiner Radeglia ersetzt worden. Also fuhr der SED-Mann und FDJ-Spitzenfunktionär Osten, der heute an der Universität in Hannover lehrt.

In dieser Zeit sorgte eine weitere Einladung aus dem Westen für Wirbel. Sie ging an Sauer, der durch einige wissenschaftliche Aufsätze außerhalb der DDR die Aufmerksamkeit auf sich gelenkt hatte. Wer ihn eingeladen hatte, daran kann Walther sich nicht mehr erinnern. »Aber es gab eine Debatte darum, dass er nicht fahren durfte«, sagt er. Sauer sei damals nicht Reisekader gewesen. Erst 1988 sollte er reisen dürfen.[135] Von den 650 Mitarbeitern am Zentralinstitut für physikalische Chemie zählten nur etwa zwei Dutzend Forscher zum Reisekader.[136] Generell durften nur Angehörige dieser Gruppe Veranstaltungen und Forschungseinrichtungen im Westen besuchen. Wer in diesen elitären Zirkel aufgenommen wurde, darüber entschied nicht in erster Linie die fachliche Qualifikation, sondern vor allem die politische Linientreue. Schneider, alias IM »Bachmann«, war ein solcher Reisekader. Und wenn er zu Forschungszwecken in den Westen fuhr, tat er dasselbe, was er auch an der Akademie im Auftrag der Staatssicherheit tat: Er spionierte sein Umfeld aus. Das erwartete das System von allen Wissenschaftlern, die es in den Westen ließ. Zuständig für Reisekader war die Hauptabteilung XX des Ministeriums für Staatssicherheit[137], die eigens für diese Zwecke eine Abteilung an der Akademie unterhielt.

Für die technogisch zurückgebliebene DDR war die Wissenschaftsspionage von Beginn an Teil der Überlebensstrategie gewesen. Bereits in den Fünfzigerjahren hatte der Chef der zum MfS gehörenden Hauptverwaltung Aufklärung (HVA), Markus Wolf, nach dem Vorbild des KGB in der Auslandsspionage auch den »Sektor für wissenschaftlich-technische Aufklärung« geschaffen, kurz SWT genannt. »Zunächst war es eine Miniabteilung, die dafür zuständig war, uns über die Entwicklung der Kernenergienutzung und andere Forschungen von militärischer Bedeutung im Westen auf dem Laufenden zu halten. Physiker und Biologen der Bundesrepublik unterrichteten uns über die Aufrüstung in der Bundesrepublik, die vielen Westbürgern ernsthaft Sorgen machte«, so Wolf.[138] Seit Mitte der Sechzigerjahre habe man nicht länger die Augen davor verschließen können, dass die DDR im weltweiten Wettrennen um technologischen Fortschritt nicht nur auf dem Gebiet der Nutzung der Kernenergie immer mehr hinterherhinkte. Also weitete er die Spionagemaßnahmen auf andere Forschungsgebiete aus, der Sektor SWT wurde zu einem zentralen Bestandteil der Auslandsaufklärung.

Schneider etwa erhielt vor einer Reise nach Heidelberg am 19. März 1981 vom MfS folgenden Auftrag: »Im Rahmen Ihrer Dienstreise zur 1. Europäischen Tagung über die

Physik der Elektronen- und Atomstoßprozesse vom 13. 4. bis 16. 4. 1981 in Heidelberg/BRD (...) erfassen Sie alle Fakten über das Kontrollregime der Organe der BRD bei der Ein- und Ausreise sowie während Ihres Aufenthaltes in Heidelberg. (...) erfassen und analysieren Sie alle Verbindungsaufnahmen von NSW-Bürgern zu Ihnen.[139] Interessant sind insbesondere solche Verbindungen, a) wo es um erste Kontakte geht, b) wo keine fachliche Begründung vorliegt, die gegebenen Begründungen fadenscheinig erscheinen, c) wo Einladungen zu internen Gesprächen erfolgen (...).«[140] Insgesamt sind auf zwei DIN-A4-Seiten sieben Anweisungen mit Unterpunkten aufgelistet, die Schneider nach seiner Rückkehr in einem ausführlichen Bericht abarbeiten musste.

Im Jahr 1986 durfte dann auch Angela Merkel ins Nichtsozialistische Wirtschaftsgebiet, genauer gesagt nach Karlsruhe, reisen.[141] Am Institut für Technologie der dortigen Universität lehrte mit Professor Reinhard Ahlrichs eine Kapazität für Nanotechnologie, dessen Forschungen um die Entwicklung und Anwendung von Methoden der Quantenchemie kreisten. Die Grundlagen dafür erforschte am Engler-Bunte-Institut der Karlsruher Universität Professor Hans Schulz, eine Koryphäe auf dem Gebiet der physikalischen Chemie. In einem späteren Dokument des Instituts von Angela Merkel heißt es, Professor Schulz sei »in den letzten Jahren durch eine Reihe bemerkenswerter Publikationen zum Mechanismus der Deaktivierung von Zeolithkatalysatoren hervorgetreten, die für unsere eigene Arbeit auf diesem Gebiet sehr interessant sind (...)«.[142] Angela Merkel reiste von Karlsruhe weiter nach Konstanz, wo sie einen ehemaligen Kollegen besuchte, der sich in den Westen abgesetzt hatte. Ob sie für ihre Reise an den Bodensee einen konkreten Auftrag hatte, lässt sich heute nicht mehr klären.

Angela Merkel erwähnt ihren Aufenthalt an der Universität Karlsruhe nicht, als sie in ihrem Interview-Buch von 2004 über ihre erste Westreise spricht. Sie sagt: »Ich durfte aber schon einmal vor 1989 in den Westen, und zwar 1986, alleine. Damals bin ich zur Hochzeit einer meiner Cousinen in den Westen gefahren.«[143] Erst später, als ihr Biograf Gerd Langguth entsprechende Recherchen über ihre Reiseroute anstellt, wird sie über ihre Fahrt nach Karlsruhe und den Abstecher nach Konstanz sprechen.[144]

Schon im Jahr 1985, in dem Angela Merkel mehr als drei Monate in Prag geforscht hatte, kündigte der Jugendförderplan des ZIPC den Abschluss ihrer Dissertation zum Thema »Untersuchung des Mechanismus von Zerfallsreaktionen mit einfachem Bindungsbruch und Berechnung ihrer Geschwindigkeitskonstanten auf der Grundlage quantenchemischer und statistischer Methoden« an.[145] Doch die Promotion sollte sich dann doch noch bis zum 8. Januar 1986 verzögern. Voraussetzung dafür waren der Nachweis überdurchschnittlicher Russischkenntnisse und ein dreijähriger Kurs in Marxismus-Leninismus. Am Ende der Promotion stand eine schriftliche und mündliche Prüfung in »ML«. Auch Gunter Walther arbeitete an seiner Promotion und besuchte mit Angela Merkel das Marxismus-Leninismus-Seminar bei Professor Taut, einem Neffen des bekannten Bauhaus-Architekten Bruno Taut. Angela Merkel schrieb eine etwa 50 Seiten lange Arbeit zum Thema »Was ist sozialistische Lebensweise?«. Die Arbeit ist heute verschollen.

140

glaube ich nicht!

Angela Merkel hat dafür eine Erklärung: Sie habe die Arbeit ohne Durchschlag getippt. »Ich habe kein Exemplar. Wenn ich es hätte, würde ich es sofort herausgeben. So gerät man sofort in den Verdacht, hier werde etwas vertuscht, und das nur, weil sich heute niemand mehr vorstellen kann, wie es ist, wenn kein Kopierer da ist und man seinen Text auf einer alten Adler-Maschine schreibt, in der sich das Blaupapier nur verheddert«, sagt sie.[146]

... geht wohl der!

Gunter Walther kann sich noch gut an die mündliche Prüfung von Angela Merkel erinnern, in der sie ihre Thesen »verteidigte«. Hierzu wurde innerhalb der Akademie eingeladen, das heißt, jeder konnte Fragen stellen. Mündlich lief es nicht so gut. »Sie hatte Schwierigkeiten bei wörtlichen Zitaten etwa aus Parteitagsbeschlüssen, also beim Nachkauen von vorgegebenen Phrasen«, sagt Walther. Sowohl den Kurs als auch die mündliche Prüfung in Marxismus-Leninismus schloss sie nur mit einem »genügend« (rite) ab, in Physik hingegen mit »sehr gut«.[147]

Von der Promotionsfeier mit Kaffee, Bier und Rotwein gibt es ein Foto, das die frischgebackene Dr. rer. nat. zwischen ihrem Kollegen, dem Quantenchemiker Michael Schindhelm, und Joachim Sauer zeigt. Letzteren erwähnte sie übrigens auch am Ende ihrer Arbeit: »Herrn Dr. J. Sauer danke ich für die kritische Durchsicht des Manuskripts.«

Nach der Promotion wechselte die 31 Jahre alte Angela Merkel an den von Reiner Radeglia geleiteten Bereich Physikalische Methoden der analytischen Chemie. Ihr direkter Vorgesetzter dort war Klaus Ulbricht, der einzige parteilose Abteilungsleiter am ZIPC, der später als SPD-Mitglied von 1992 bis 2006 Bezirksbürgermeister von Berlin-Köpenick werden sollte. Angela Merkel, die inzwischen 1012 Mark verdiente, war jetzt als promovierte Physikerin in gewisser Hinsicht in der Akademie angekommen. Sie hatte sich aber auch von ihrem Elternhaus ein Stück weit emanzipiert, hatte dem stolzen Vater bewiesen, dass sie es kann – ihrem Vater, der für ihr weiteres Leben die entscheidende Persönlichkeit bleiben sollte.

3 Wenn wir die DDR reformieren, dann nicht im bundesrepublikanischen Sinne

(1985 bis November 1989)

Angela Merkel, die eine besondere Affinität zu allem hatte, was russisch war, vernahm das Versprechen von Glasnost und Perestroika als bedeutungsvolle Botschaft. Unter diesen Schlagworten vollzog sich unter der Führung des neuen Generalsekretärs der Kommunistischen Partei der Sowjetunion, Michail S. Gorbatschow, der große Umbau des Systems. Im Oktober 1985 stellte er – nachdem er durch eine Säuberungswelle seine Machtposition in der Partei gefestigt hatte – sein Programm vor. Es brach mit fast allem, was einmal gewesen war. Die Rede war jetzt von wahrhaftiger Demokratie, von der Würde des Individuums, von Eigeninitiative, von Innovation und sozialistischem Unternehmergeist. Flankiert werden sollte die Perestroika, der Umbau weg von der daniederliegenden Planwirtschaft und hin zu mehr Markt, durch Glasnost, durch eine neue Offenheit.

Gorbatschows reformierter Sozialismus benannte ungeschminkt die wirtschaftlichen Defizite und stellte sich der Auseinandersetzung mit der Vergangenheit. Fortan sollte sich der Sozialismus mit einem menschlichen Antlitz präsentieren. Gorbatschow schien ihn zu verkörpern, stand doch sein Auftreten in krassem Gegensatz zu dem seiner Vorgänger. Nicht mehr versteinerte Gesichter und ordensbehangene Revers wurden vorgezeigt, sondern ein modisch gekleideter, stets lächelnder Staatsmann hatte gemeinsam mit seiner sympathischen Frau Raissa das Weltparkett betreten. Und er redete nicht nur vom Frieden. Auf dem XXVII. Parteitag der KPdSU verkündete er Anfang 1986 das Ende des atomaren Wettrüstens. Bald bot er dem amerikanischen Präsidenten Ronald Reagan die vollständige Beseitigung der Kernwaffen bis zur Jahrtausendwende an. Bei all dem schien er auch noch eine Vision zu haben: die Vision von einem friedfertigen Europa, von einem »gemeinsamen europäischen Haus«.

Gorbatschow wurde bald zum Hoffnungsträger der Welt. Im Westen setzten vor allem um den Frieden besorgte Bevölkerungsschichten auf ihn. Und im Osten, in den Staaten des Warschauer Paktes, verbanden die Menschen mit seinem Namen darüber hinaus die ersehnte Veränderung im Inneren. Gorbatschow war dort insbesondere der Mann der sogenannten Intelligenzija, das heißt der intellektuellen Eliten. Er und sein Programm bestimmten denn auch in diesen Kreisen den politischen Diskurs. So war dies ebenfalls am Zentralinstitut für physikalische Chemie, wo Angela Merkel nach ihrer Promotion in den Forschungsbetrieb integriert war.[1] Der Diplom-Quantenchemiker Michael Schindhelm erinnert sich, »dass die Kollegin aus dem Nachbarbüro jeden Tag zweimal ein Tablett mit türkisch gebrühtem Kaffee auf meinem Schreibtisch abstellte, wir diese Welt aus Computerlistings, Lochkarten und Reviews beiseitelegten und uns mit den phantastischen Entwicklungen im Perestroika-Land beschäftigten«.[2] Und dem Physiker und SED-Aktivisten Hans-Jörg Osten ist »insbesondere« Angela Merkels »Begeisterung für die durch Gorbatschow eingeleiteten Reformen in der Sowjetunion« im Gedächtnis geblieben.[3]

144

Dies lag gewiss auch daran, dass man an der Akademie der Wissenschaften wie auch an anderen Forschungseinrichtungen der DDR besonders enge Beziehungen zum »Perestroika-Land« unterhielt.[4] Nicht wenige ostdeutsche Forscher hatten in der Sowjetunion studiert und über die »sozialistische Forschungskooperation« hinausgehende mannigfache persönliche und ganz spezielle Verbindungen geknüpft. Angela Merkels Zimmernachbar Schindhelm war zum Studium in der Industriestadt Woronesch gewesen, wo ihn der DDR-Geheimdienst mithilfe des KGB als Inoffiziellen Mitarbeiter »Manfred Weih« angeworben hatte.[5] Und sie selbst hatte die Sowjetunion bereist und sich zu Studienzwecken in Moskau; Leningrad und in der Ukraine aufgehalten.[6] Ihr Bruder Marcus Kasner arbeitete Ende der Achtzigerjahre eine Zeit lang am renommierten sowjetischen Kernforschungszentrum in Dubna bei Moskau.[7] Heute ist er bei einem Darmstädter Unternehmen beschäftigt und nebenbei Dozent an der Magdeburger Universität.

Die Umwälzungen in der Sowjetunion, die es in solch einem Ausmaß seit der Entstalinisierung der Fünfzigerjahre nicht mehr gegeben hatte, verhießen das Ende der Erstarrung und der geistigen Enge. Sie weckten die Hoffnung auf eine neue Freiheit des Denkens, das sich für die DDR-sozialisierten Wissenschaftler natürlich in den Grenzen des Sozialismus, aber jetzt eben eines demokratischen Sozialismus bewegen würde. Doch auch für die alltägliche Arbeit, von der Angela Merkel einmal sagte, »die Aussicht, mit völlig unzureichenden Mitteln weitere fünfundzwanzig Jahre zu forschen, (…) sei nicht gerade verlockend (gewesen)«[8], versprachen sich die Forscher Verbesserungen von Gorbatschows Reformpolitik. Denn am ZIPC wussten sie nur allzu gut um die Hemmnisse einer überbordenden

Bürokratie, die nun vielleicht aufgebrochen werden würde. Sie wussten um den Mangel an Arbeitsgeräten. Ihnen fehlten Rechner, große ebenso wie kleine Computer. Und die wenigen modernen Laborgeräte, die sie besaßen, waren oft genug unbrauchbar, weil die knappen Devisen den dringend notwendigen Nachkauf von Ersatzteilen aus dem Westen nicht zuließen.[9] Ganz zu schweigen vom dortigen technologischen Vorsprung. Angela Merkel und auch ihr Lebensgefährde Joachim Sauer hatten ihn bei ihren Aufenthalten an der Universität Karlsruhe bestaunt.[10] Andere hörten einfach nur davon durch die Schilderungen der Kollegen, die »drüben« waren. In den für das MfS bestimmten Berichten von Angela Merkels Arbeitsgruppenleiter Frank Schneider ist die Rede von diesem wissenschaftlichen Vorsprung, den es aufzuholen galt.[11]

In einem Interview-Buch beantwortete Angela Merkel die Frage, ob sie für den Sozialismus geforscht habe, folgendermaßen: »Genau über diesen Punkt habe ich oft nachgedacht. Ich hatte Freunde im Haus in der Berliner Marienstraße, wo ich damals wohnte; die studierten Medizin. Wir haben uns gefragt, wofür wir eigentlich arbeiten. Die Mediziner waren fein raus, weil sie ja dem Menschen an sich dienten. Ich dagegen musste mir eingestehen, dass ich, je mehr ich arbeite, umso mehr das System stabilisiere. Als Physiker stand man anders als zum Beispiel Mediziner viel mehr unter dem Zwang der Rechtfertigung. Irgendwann – auch im Lichte vieler Menschenschicksale, die ich an der Akademie beobachten konnte – habe ich mir gesagt: Du musst zur Erhaltung deiner eigenen Fähigkeiten, also nur für dich, die Leistung bringen, die dir möglich ist. Wenn du nachlässt, wenn du nicht ständig trainierst, dann hat das System dich zwar nicht zur

Höchstleistung getrieben, aber es hat dich degeneriert. Das war meine Antwort. So konnte ich leben.«[12]

Wenn die Wissenschaftler in Adlershof, die Grundlagenforschung für die Sowjetunion betrieben, die Reformpolitik auch als einen Aufholversuch gegenüber dem Westen verstanden, so hatten doch die allerwenigsten eine Vorstellung davon, dass sich dahinter ein Programm verbarg, das bereits Anfang der Achtzigerjahre zu Andropows Zeiten im KGB konzipiert worden war. Es sollte die Antwort auf die große Krise des Sowjetimperiums sein, der Versuch einer Selbstbehauptung angesichts des drohenden wirtschaftlichen Zusammenbruchs. Befördert wurde dieser durch die überbordenden Rüstungsanstrengungen, die trotz aller Konzentration der wirtschaftlichen Ressourcen auf den militärisch-industriellen Komplex mittelfristig nicht mehr durchzuhalten waren. Gerade auf dem Gebiet der Mikroelektronik, die für die Wehrtechnik an Bedeutung gewonnen hatte, geriet der Warschauer Pakt zunehmend ins Hintertreffen. Reagans SDI-Projekt war zu einem regelrechten Schreckgespenst für den sowjetischen Generalstab geworden, zeichnete sich doch mit dem Raketenschutzschild die militärische Überlegenheit der Vereinigten Staaten klar ab. Die vollständige nukleare Abrüstung und der Bau des »gemeinsamen europäischen Hauses« sollten eben diese abwenden.[13]

Hinter den vordergründigen Deklamationen des Andropow-Zöglings Gorbatschow von dem »gemeinsamen europäischen Haus«, in dem die Völker des Kontinents – darunter auch zwei deutsche Staaten – würden friedfertig zusammenleben können, verbarg sich ein machtpolitisches Kalkül. Diesem lag die Erkenntnis zugrunde, dass ein Atomkrieg vor allem Europa, nicht aber Nordamerika die totale Vernichtung brächte. Auf diesem Interessengegensatz basierte dann auch Gorbatschows Bauplan für sein »europäisches Haus«. Danach sollten die (West-) Europäer – als die potenziellen Opfer eines Atomkriegs – gegen Washington und die nukleare Abschreckungsstrategie der NATO mobilisiert werden, um letztendlich eine Abkopplung Westeuropas von den Vereinigten Staaten zu erreichen.

Um diesem Ziel näherzukommen, verstärkte der KGB im Zuge der Perestroika seine operative Einflussnahme in Westeuropa, vor allem aber in der Bundesrepublik.[14] Im Zusammenwirken mit den verbündeten Geheimdiensten der Warschauer-Pakt-Staaten brachte er die »Aktion Abkopplung« auf den Weg, mit der die Zwietracht zwischen Europäern und Nordamerikanern befördert wurde. Im Zuge der »Aktion Mars« sollten die Friedensbewegung und ihre Gruppierungen, wie etwa die »Generäle für den Frieden«, gegen die »amerikanische Hochrüstungspolitik« mobilisiert werden. Voraussetzung dafür war auch hier eine breite Unterwanderung mit Geheimdienstmitarbeitern sowie wirtschaftliche und logistische Unterstützung. So entwarf die für Desinformation zuständige Abteilung X der MfS-Hauptverwaltung Aufklärung Vorträge und Bücher. Selbst die Reden führender Repräsentanten der westdeutschen Friedensbewegung wurden in Ost-Berlin geschrieben. Darin thematisierten und kritisierten sie zum Beispiel die Haltung Reagans beim Gipfel mit Gorbatschow in der isländischen Hauptstadt Reykjavik im Oktober 1986. Der Amerikaner hatte sich damals geweigert, das SDI-Projekt in die Abrüstungsgespräche mit einzubeziehen. Dennoch wurde das Treffen zu einer Art Durchbruch für die atomare Abrüstung, mit der das Ende des Kalten Krieges kam.

148

Angela Merkel sagt über Reagans Politik: »Ich habe Reagans Weg immer für richtig gehalten. Ein einziges Mal in meinem Leben habe ich aber gedacht, dass er jetzt vielleicht doch zu weit gegangen ist. Das war in Reykjavik das Treffen mit Gorbatschow, das sehr kühl endete. Damals ging der Parteisekretär durch alle Zimmer des Instituts und sagte, es bestünde eine große Gefahr, dass jetzt Krieg losbrechen würde. Als ich dann nach Hause gekommen bin, hat mein jetziger Mann zu mir gesagt, ich solle mir mal jetzt keine Sorgen machen. Mit Gorbatschow müsse man hart verhandeln. Das sei alles o. k.«[15]

So sehr es Gorbatschow gelang, die Sympathien weiter Teile der westeuropäischen Öffentlichkeit für sich zu gewinnen und dieselbe Öffentlichkeit von Washington und teilweise von ihren eigenen Regierungen zu entfremden, so problematisch gestaltete sich die Perestroika in seinem eigenen Machtbereich. Denn damit er die Konzeption mit Blick auf das »europäische Haus« erfolgreich umsetzen konnte, musste er nicht nur außenpolitische, sondern auch ökonomische Fragen mit den Regierungen der Warschauer-Pakt-Staaten abstimmen. Mehr marktwirtschaftliche Elemente nur in der Sowjetunion hatten wenig Sinn, da alle Staaten im Rat für gegenseitige Wirtschaftshilfe (RGW) über ihre Handelsbeziehungen aneinandergekettet waren. Das Schicksal der Sowjetunion war demnach untrennbar mit dem Reformwillen ihrer Satelliten verbunden – deren Bruderparteien Moskau mit dem offiziellen Abrücken von der Breschnew-Doktrin wenigstens nach außen hin in die politische Eigenständigkeit entlassen hatte.

Dabei war es schon früh offenkundig geworden, dass der Hauptwiderstand gegen Glasnost und die wirtschaftliche Komponente der Perestroika von der Ost-Berliner Führung kam. Im April 1987 hatte SED-Chefideologe Kurt Hager im Interview mit der Hamburger Illustrierten *Stern* die rhetorische Frage gestellt: »Würden Sie, wenn Ihr Nachbar seine Wohnung tapeziert, sich verpflichtet fühlen, Ihre Wohnung ebenfalls neu zu tapezieren?«[16] Im Klartext hieß dies: Es existiere kein allgemeingültiges Sozialismus-Modell, daher sehe die SED auch keinen plausiblen Grund, ihren Kurs von der Einheit von Wirtschafts- und Sozialpolitik, für den SED-Generalsekretär Erich Honecker stand, zu ändern. Eine Reformpolitik nach Gorbatschow'schem Vorbild würde diese Einheit aufweichen und musste aus Sicht der Ost-Berliner Führung früher oder später an der Existenzgrundlage der DDR rühren. So dachten insbesondere diejenigen Funktionäre, die noch das eine Deutschland bewusst erlebt hatten. Denn nur der harte weltanschauliche Gegensatz zur BRD rechtfertigte zwei deutsche Staaten – eine realistische Erkenntnis, auf die SED-Parteiideologen wie Otto Reinhold, der Direktor der Akademie für Gesellschaftswissenschaften beim ZK der SED, später unverblümt hinweisen sollten.[17]

Während also Gorbatschow angesichts des real existierenden wirtschaftlichen Desasters rasch auf die Umgestaltung und damit auf eine Demokratisierung in den Warschauer-Pakt-Staaten drängte, verweigerten Honecker und sein Politbüro den Wandel. Bestärkt fühlten sie sich in ihrer Haltung durch die rumänischen und bulgarischen Diktatoren Ceaucescu und Schiwkow, aber auch durch den tschechoslowakischen Parteiführer Jakeš. Doch dabei beließ es der SED-Generalsekretär nicht. Mitunter attackierte er sogar die sowjetischen Reformer und stellte die wirtschaftlich marode DDR geradezu als Vorbild für die sozialistischen

Staaten dar. Die wahre Dimension dieses Konflikts zwischen Ost-Berlin und Moskau bemerkten die Menschen in der DDR spätestens, als ihre Führung am 18. Oktober 1988 etwas bis dahin Unvorstellbares tat: Nach einigen sowjetischen Filmen verbot sie den *Sputnik*, ein in der DDR weitverbreitetes, ins Deutsche übersetztes Magazin »der Freunde«, in dem viel über Glasnost und Perestroika zu lesen war. Das MfS stellte 180 000 Exemplare der Oktober-Ausgabe sicher, in der ein kritischer Bericht über das in der kommunistischen Welt tabuisierte Zusatzprotokoll des Hitler-Stalin-Pakts abgedruckt war, mit dem Ostmitteleuropa vor Beginn des Zweiten Weltkriegs zwischen beiden Diktatoren aufgeteilt worden war. Die Begründung für den Schritt lieferte das SED-Zentralorgan *Neues Deutschland,* in welchem dem *Sputnik* die »Entstellung der historischen Wahrheit« und eine »Verzerrung der Geschichte« vorgeworfen wurden.[18]

Anders als zu Beginn des Jahres 1988, als Bürgerrechtler bei der offiziellen Luxemburg-Liebknecht-Kampfdemonstration für das Recht auf Meinungsfreiheit demonstriert hatten und dies mit Verhaftungen und der Ausbürgerung Freya Kliers, Bärbel Bohleys, Jürgen Templins und anderer endete, war die Empörung in der Bevölkerung diesmal ungleich größer. Denn die Entwicklungen im »Perestroika-Land« gingen irgendwie alle an, schließlich versprachen sie Veränderungen zum Besseren. In einem für Honecker bestimmten Bericht des MfS ist die Rede von »massive(n), sehr kritisch gehaltene(n) Meinungsäußerungen«.[19] »Beachtenswert ist« – so heißt es weiter –, »daß es kaum Meinungs- bzw. Argumentationsunterschiede bei den sich äußernden Personen zwischen Mitgliedern der SED und Parteilosen gibt.« Das Verbot werde unisono als politischer

Fehler gewertet. »In diesem Sinne äußern sich besonders heftig, teilweise außerordentlich aggressiv, Angehörige der wissenschaftlich-technischen, medizinischen, künstlerischen und pädagogischen Intelligenz sowie Studenten an allen Hochschulen der DDR.«

Am Zentralinstitut für physikalische Chemie in Berlin-Adlershof war dies nicht anders. Als einige Wochen nach dem *Sputnik*-Verbot die SED die Kreisdelegiertenkonferenz der Akademie der Wissenschaften dazu nutzte, ganz im Geiste der orthodoxen Staats- und Parteiführung die Eigenständigkeit der kommunistischen Parteien hervorzuheben und zu betonen, dass das Programm der Einheitspartei einen »hinreichenden Aktionsradius« böte, »sich neuen und weiterführenden Fragen bei der Ausgestaltung der entwickelten sozialistischen Gesellschaft zu stellen«[20], musste auch den Letzten klar geworden sein, wie Honecker & Co. zu Glasnost und Perestroika standen. Umso größer waren Enttäuschung und Unverständnis. Und umso mehr richteten sich die Blicke und Hoffnungen auf die Sowjetunion und auf Gorbatschow.

Dessen Reaktionen auf die Ost-Berliner Verweigerer verfolgte Angela Merkel in der *Prawda,* die zu ihrer täglichen Lektüre gehörte.[21] Sie las dort die Gorbatschow-Reden und Parteitagsbeschlüsse der KPdSU und war damit stets besser informiert als diejenigen, die die russische Sprache nicht so gut beherrschten wie sie. So musste ihr klar sein, dass die Zeit der alten Männer im SED-Politbüro unwiderruflich zu Ende gehen würde. Die Vision von einem demokratischen Sozialismus stellte sich für sie nunmehr ganz anders dar als früher. Damals hatte die vorsichtige und stets nüchterne Physikerin die in den Intellektuellenkreisen diskutierten Theorien von einer besseren Gesellschaftsordnung, wie sie von Bahro oder Havemann aufgeschrieben wurden, als teilweise faszinierende Utopien angesehen. Doch es fehlten schlicht und einfach jegliche rationalen Grundlagen, als dass sie sich mit ihnen hätte anfreunden können. Nun jedoch wurde der demokratische Sozialismus von der Vormacht propagiert, von der sie schon als Kinder in der Schule gelernt hatten: »Von der Sowjetunion lernen, heißt siegen lernen.«

Für diesen Sieg arbeiteten damals schon viele in den Reihen der SED und des DDR-Staatsapparats. Es waren jene hochrangigen Kader, die für ihre engen Beziehungen zur Sowjetunion bekannt waren. Einer von ihnen war der Physiker Manfred von Ardenne, der in Dresden, der stärksten Bastion der Reformer, das Kernphysikalische Institut leitete. Der große alte Mann und Freund der Sowjetunion war schon im Juni 1987 abseits jeglicher Öffentlichkeit in seinem Dresdener Haus mit dem stellvertretenden KGB-Chef und Andropow-Zögling General Wladimir A. Krjutschkow zusammengetroffen. Krjutschkow war einer der »nächsten Mitstreiter« Gorbatschows. Thema des Gesprächs war damals die dringend erforderliche Umgestaltung in der DDR.[22]

Auch von Hans Modrow, dem Dresdener Bezirksvorsitzenden der SED, wusste man, dass dieser Reformen gegenüber aufgeschlossen war. Schon seit der Zeit, zu der Krjutschkow in Dresden weilte, wo er auch mit Modrow zusammentraf, besagten Gerüchte, dieser sei der künftige »neue Mann« in einer Nach-Honecker-DDR. Genährt wurden diese Gerüchte durch den Modrow nachgesagten »guten Draht« zum sowjetischen Generalsekretär. Innerhalb der SED galt Modrow sogar als »KGB-Konfident«, wie ihn der Berliner SED-Bezirksvorsitzende Günter Schabowski

153

nannte.[23] Schabowski schrieb, Modrow sei seit den Anfängen der DDR durch mehr als nur durch einen Parteikontakt mit den Sowjets verbunden gewesen. Darauf deutet auch hin, dass er von Gorbatschow als »ein wirklicher Freund« bezeichnet wurde, das »typische Schlüsselwort, um die Zugehörigkeit der betreffenden Person zum sowjetischen Sicherheitsapparat klarzumachen«.[24]

Zum Jahreswechsel 1988/89 trat dann ein anderer Freund der Sowjetunion, von dem man jahrelang nichts gehört hatte, an die Öffentlichkeit und machte sich zum lautstarken Fürsprecher von Glasnost und Perestroika. Es war Modrows Freund »Mischa« (Markus) Wolf. Der Mann mit dem antifaschistisch-jüdischen Familienhintergrund hatte viele Jahre in der Sowjetunion gelebt, war dort erzogen und ausgebildet worden und mit der Gruppe Ulbricht nach Ende des Zweiten Weltkriegs in die sowjetisch besetzte Zone gekommen. Dort baute er die eng mit dem KGB kooperierende Spionageabteilung des MfS, die spätere Hauptverwaltung Aufklärung (HVA), mit auf und wurde schließlich deren Chef. Als solcher avancierte der mit höchsten deutschen und sowjetischen Orden Ausgezeichnete zum Stellvertreter Mielkes. Über Jahrzehnte hinweg führte der »Mann ohne Gesicht«, wie er im Westen genannt wurde, die HVA mit beachtlichen Erfolgen. Der wohl größte war die Installation des Kanzleramtspions Günter Guillaume, über den Willy Brandt 1974 stürzte.

Im November 1986 war Wolf, der zuletzt den Rang eines Generalobersts innehatte, aus dem aktiven Dienst des MfS ausgeschieden. Er war regelrecht abgetaucht. Doch nun gerierte er sich als selbstkritischer, weltoffener Schriftsteller, der in seinem Roman *Die Troika*[25] die Verbrechen des Stalinismus anprangerte und bei seinen öffentlichen Auftritten Erklärungen lieferte, weshalb der real existierende Sozialismus bei den Menschen nicht angekommen sei. Immer wieder attackierte er dabei den Kurs Honeckers und schwang sich zum großen Fürsprecher eines demokratischen Sozialismus auf. Was kluge Köpfe seinerzeit nur erahnen konnten: »Mischa«, wie ihn die Sowjets fast liebevoll nannten, hatte seine geheimdienstliche Tätigkeit fortgesetzt – nur nicht mehr für Mielke & Co., wie in der späteren Anklageschrift des Generalbundesanwalts gegen den ehemaligen HVA-Chef als eines der wesentlichsten Ergebnisse der Ermittlungen hervorgehoben werden sollte.[26] Wolf war so etwas wie der oberste Sachwalter Moskaus in Sachen Reformpolitik in der DDR.[27]

Gegen diese wehrte sich die alte SED-Führung immer erbitterter. Anfang April 1989 bekam Leonid Schebarschin dies bei einem Besuch in Ost-Berlin zu spüren. Der neue zweite Mann im KGB hinter dem zum Vorsitzenden avancierten Krjutschkow reiste an, um den Genossen Armeegeneral Mielke vielleicht doch für die Reformpolitik erwärmen zu können. Das Treffen geriet zu einem Desaster, mussten sich doch Schebarschin und sein Begleiter, der neue Verbindungsmann des KGB zum MfS, General Anatoliy G. Novikov, anhören, dass die sowjetische Führung mit Glasnost und Perestroika den »gesamten Weltsozialismus« gefährde – einen »Weltsozialismus«, für den sie früher bereit gewesen wären, »in den Tod zu gehen«.[28] Die Äußerungen des Altkommunisten Mielke gipfelten in der Feststellung, dass man gegenwärtig mehr Stalin brauche und weniger Gorbatschow.[29]

Auch zwischen Honecker und dem sowjetischen Generalsekretär war inzwischen eine zunehmend offenere Feindschaft ausgebrochen. Ende Juni 1989 sagte der Sowjetführer dem SED-Generalsekretär im Verlauf eines Treffens in Moskau, dass die Reformen unausweichlich seien. Drohend fügte er noch hinzu: Verweigere sich Ost-Berlin, dann trage es die alleinige Verantwortung. Auf dem RGW-Gipfel in Bukarest Anfang Juli geschah dann Ungeheuerliches: Gorbatschow sprach offen von einer Fraktionsbildung der Anti-Reformkräfte in der Sowjetunion, die von Honecker, Jakeš, Schiwkow und Ceausescu betrieben werde. Indem er dies ansprach, machte der Sowjetführer unmissverständlich klar, dass er nun handeln und die Umgestaltung durchsetzen werde, koste es, was es wolle.[30]

Im selben Juli 1989 war Markus Wolf in Moskau, um mit den sowjetischen Deutschlandexperten um Gorbatschow, mit Nikolaj Portugalow, Valentin Koptelzew und Valentin Falin, die Lage in der DDR zu erörtern. Die Unzufriedenheit in der Bevölkerung war dort spätestens nach den erstmals öffentlich thematisierten Manipulationen bei den Kommunalwahlen im Mai rasant angestiegen. Abertausende wollten dem Land den Rücken kehren, indem sie nach Ungarn in Urlaub fuhren, aber irgendwie hofften, von dort in den Westen zu gelangen. Und die Honecker-Führung schaute tatenlos zu. Wolf forderte in Moskau »Sofortmaßnahmen auf allen wichtigen Gebieten. Dazu muß neues Denken gefordert und gefördert werden (...) Die SED könnte so bei einer Weiterentwicklung des Sozialismus und seiner Ausstrahlung eine positive Rolle spielen. Von dieser Führung ist aber kein Anstoß mehr zu erwarten.«[31]

Während man in Moskau darüber nachdachte, wie man die alten Männer in der SED-Führung beseitigen könne, hielten sich Angela Merkel und Joachim Sauer in Polen auf. Bei dem kleinen Ort Bachotek in der Wald- und Seenlandschaft des ehemaligen nördlichen Westpreußens unterhielt die Thorner Nikolaus-Kopernikus-Universität ein Sommercamp, das nicht nur unter den Adlershofer Forschern beliebt war. Angela Merkel und Sauer trafen dort alte Bekannte wie den Quantenchemiker Bogumil Jeziorski und dessen Frau, ebenfalls eine Chemikerin. Da der Warschauer Gelehrte sich sowohl in Kanada als auch in den Vereinigten Staaten zu Forschungszwecken aufgehalten hatte, gab es viel Gesprächsstoff. Für diesen sorgte allerdings auch die aktuelle politische Entwicklung.[32]

Gerade als das Sommercamp der Thorner Universität sich seinem Ende zuneigte, hob Gorbatschow zum entscheidenden Schlag gegen Honecker an. Am 11. September ließ er im Zusammenspiel mit seinen ungarischen Reformfreunden die Grenzen nach Österreich öffnen. Für Abertausende aus der DDR, die dort ausgeharrt hatten, wurde damit der Weg in die Freiheit bereitet. Der Sowjetführer

Reiseaktivitäten. Angela Merkel, ihr Lebensgefährte Joachim Sauer und eine Kollegin im Sommercamp der Thorner Universität

tat dies über die Köpfe der ostdeutschen Reformverweigerer hinweg. Honecker & Co. fielen in eine Art Schockstarre, war ihnen damit doch letztlich die Grundlage ihrer Macht entzogen worden. Denn alle staatliche Pression half jetzt nicht mehr so recht. Für die einen im »Arbeiter- und Bauernstaat« war dies Anlass, die Koffer zu packen, für die anderen, die zu Hause blieben, auf eine Wende zum Besseren zu hoffen – und für nicht wenige das Signal, mobilzumachen für die Durchsetzung der Reformpolitik in der DDR.

Dass Wolf dabei der große Strippenzieher sein würde, war den meisten politisch denkenden Menschen in der DDR inzwischen klar. Umso mehr sorgte am 15. September 1989 ein Bericht in der *Prawda* für Furore.[33] In die Form eines Interviews gekleidet, wurde Freund »Mischa« darin als Demokrat und Reformer gefeiert. Doch nicht nur das: Der Beitrag wurde auch zu einem Abgesang auf Honecker, dem Wolf indirekt vorhielt, dass er es versäumt habe, einen Nachfolger aufzubauen und dann zurückzutreten. Auch die Aussage, dass viele Leute noch dem Stalinismus nachhingen, zielte auf Honecker. Klarer konnte die Botschaft nicht sein: Wolf sollte nach dem Willen des Kremls neben Modrow der neue Mann in Ost-Berlin werden.

Die Bataillone der beiden waren die sowjetisch geprägten Eliten in der DDR, Leute wie zum Beispiel Gregor Gysi. Er wurde dem »Parteiadel« zugerechnet, bekleidete doch schon sein Vater Klaus Gysi, der IM »Kurt«, hohe Ämter, darunter das des Kirchenstaatssekretärs. Sohn Gregor war Anwalt – ein Beruf, den nur derjenige im SED-Staat ausüben durfte, dem die Parteiführung besonderes Vertrauen entgegenbrachte. Denn eine unabhängige Rechtsprechung gab es nicht. Anwälte waren Teil des von der Partei gelenkten Justizapparats. Das galt insbesondere für das Kollegium der Rechtsanwälte in Ost-Berlin. Dort übernahm Gregor Gysi 1988 den Vorsitz. Er war als IM-Vorlauf »Gregor« geführt und auch zeitweise von Wolfs HVA »positiv erfasst« worden.[34] Später sagte er über diese Zeit, ihm sei seit den Ereignissen um die Liebknecht-Luxemburg-Kampfdemonstration vom Januar 1988 bewusst geworden, dass es so nicht weitergehen könne.[35]

Von Wolf und Gysi wiederum reichte eine ideelle Verbindung zu den ebenfalls dem »SED-Adel« entstammenden Ost-Berliner Gesellschaftswissenschaftlern Michael und André Brie. Die Söhne eines DDR-Botschafters, die für den Staatssicherheitsdienst gearbeitet hatten[36] und später eine wichtige Rolle in der PDS spielen sollten, lehrten an der Humboldt-Universität. Dort wirkte auch der Politökonom Dieter Klein. Der Professor war Mitglied der Berliner Bezirksleitung der SED, Prorektor für Gesellschaftswissenschaften und einer der wissenschaftlichen Wortführer der DDR-Perestroikisten. Als solcher gehörte auch er der von Dieter Segert geleiteten Projektgruppe »Sozialismus« der Ost-Berliner Kaderschmiede an und sollte später mit anderen das Reformprogramm der SED-PDS erarbeiten.

Das große Netzwerk der Perestroika-Anhänger umfasste auch die Akademie der Wissenschaften. Nicht nur bei den dortigen Gesellschaftswissenschaftlern, auch bei den Naturwissenschaftlern und damit ebenfalls in Adlershof war eine mehr oder weniger offene Parteinahme für eine Reformpolitik in der DDR allgegenwärtig worden. Dies war unter den Parteimitgliedern oder Funktionären der FDJ-Grundorganisation oder der Betriebsgewerkschaftsleitung nicht anders als bei den übrigen. Angela Merkel meinte offenbar diese Zeit, als sie sagte, sie habe sich »in einer steten und stetig zunehmenden, sehr kritischen Auseinandersetzung mit der DDR befunden«.[37] Dazu mag der Einfluss ihres Vaters beigetragen haben, der – enttäuscht vom real existierenden Sozialismus à la Honecker – schon seit Langem auf die Sowjetunion setzte.

Wenige Tage, nachdem die Ungarn die Grenze öffneten und der Artikel über Wolf in der *Prawda* erschienen war, fuhr Angela Merkel nach Templin, denn dort kam das über Theologen hinaus erweiterte Pastoralkolleg zusammen. Sie war sozusagen der Überraschungsgast, denn obwohl sie über die Jahre wiederholt eingeladen worden war, hatte sie sich nie blicken lassen. Diesmal jedoch versprach die Runde vor dem Hintergrund der aktuellen Entwicklung im Land interessante Informationen und Einschätzungen. Gekommen waren diejenigen, die schon immer dabei waren: die Physiker Marcus Kasner, Günter Nooke, Hans-Jürgen Fischbeck und Meik Hellmund sowie die Medizinerin Cornelia Matzke. Wie in jedem Jahr nahmen auch der Bochumer Theologieprofessor Christofer Frey und seine Ehefrau teil.[38]

Das Treffen, das vom 23. September bis 25. September dauerte, war lange geplant. Ursprünglich wollten die knapp 30 Teilnehmer unter dem Motto »Was ist der Mensch?« ethisch-theologische Fragen der Naturwissenschaften diskutieren. Doch dazu kam es erst gar nicht. Denn die aktuellen Ereignisse ließen anderen Themen keinen Raum. Horst Kasner fürchtete, dass die eskalierende Situation in der DDR »aus dem Ruder« laufen könne.[39] »Wir haben bis tief in die Nacht darüber nachgedacht, was passieren könnte, wenn die Armee oder die Russen in Leipzig eingriffen«, erinnert sich Frey.[40] Und: »Er versuchte herauszufinden, welche Möglichkeiten sich aus der neuen Situation ergaben«, sagt Frey.

Diejenigen, die dort zusammensaßen, wollten den Dingen nicht tatenlos zusehen, sondern sie mitgestalten. Dies galt vor allem für Angela Merkels Vater. Für ihn war es eine ganz besondere Genugtuung, dass mit Gorbatschow doch noch Wirklichkeit zu werden schien, was er sich in seinen frühen Jahren in der DDR erhofft hatte. Stets hatte er die Aktivitäten der Oppositionellen unter den Kirchendächern verfolgt und wusste etwa genau Bescheid über die Auseinandersetzungen um die Berliner Umweltbibliothek.[41] Deren Angehörige hatten mit der hektografierten Zeitschrift *Grenzfall* die Staatsmacht provoziert und diese zum Jahresende 1987 veranlasst, die Räumlichkeiten in der Ost-Berliner Zionskirche zu durchsuchen und reichlich Material zu beschlagnahmen. Im Juli 1989 war Angela Merkels Vater dann selbst aktiv geworden. Zusammen mit Günter Nooke wirkte er auf dem Leipziger Kirchentag an einer Erklärung zu Friedens- und Umweltfragen mit und stellte darin das Machtmonopol der SED infrage.[42] Dies tat er auf dem »Stattkirchentag« in der Lukaskirche, wo sich diejenigen eingefunden hatten, die glaubten, sie könnten sich auf der offiziellen Veranstaltung nicht ausreichend artikulieren. Während des gesamten Sommers engagierte sich Kasner, hielt auf dem Waldhof Veranstaltungen ab, die vom Geist des neuen Denkens getragen waren. Er habe die »Fäden gezogen« und während der Wende eine »herausragende Rolle« gespielt, hieß es in der Redaktion der örtlichen *Templiner Zeitung*.[43]

Horst Kasner und sein Sohn Marcus sympathisierten dabei mit der Oppositionsgruppe Neues Forum, die sich am 9./10. September 1989 in der Wohnung von Katja Havemann, der Witwe des Chemikers und Regimekritikers Robert Havemann, in Grünheide bei Berlin konstituierte – also dort, wo Angela Merkel des Öfteren zu Besuch gewesen war. Angesprochen wurden alle Bürger und Bürgerinnen der DDR, »die an der Umgestaltung unserer Gesellschaft mitwirken wollen«. Die Zielsetzung war zunächst vage formuliert, geleitet von der Vision eines »dritten Weges«. In dem »Aufbruch 89 – Neues Forum«[44] hieß es: »Auf der einen Seite wünschen wir uns eine Erweiterung des Warenangebots und bessere Versorgung, andererseits sehen wir deren soziale und ökologische Kosten und plädieren für die Abkehr von ungehemmtem Wachstum. Wir wollen Spielraum für wirtschaftliche Initiative, aber keine Entartung in die Ellenbogengesellschaft«, mit der die Bundesrepublik gemeint war. Zu den Erstunterzeichnern des Gründungsdokuments des Neuen Forums gehörten bekannte Vertreter von DDR-Bürgerrechtsgruppen wie die Malerin Bärbel Bohley, der Facharbeiter Reinhard Schult, der Pfarrer und Direktor der Evangelischen Akademie Hans-Jochen Tschiche, aber auch Wissenschaftler wie der Physiker Sebastian Pflugbeil oder der Molekularbiologe Jens Reich, um nur einige zu nennen. Dabei waren jedoch auch Kritiker aus den Reihen der SED-Eliten wie der Anwalt Rolf Henrich.

Günter Nooke, der mit Marcus Kasner, dem Patenonkel seiner Tochter[45], ausgedehnte Wanderungen in der Tschechoslowakei unternahm, stand in Verbindung mit den Pfarrern Edelbert Richter, Ehrhart Neubert, Rainer Eppelmann, Rudi Pahnke und Friedrich Schorlemmer, die zusammen mit den Anwälten Wolfgang Schnur aus Rostock und Brigitta Kögler aus Jena sowie anderen die Gründung einer Partei mit dem Namen »Demokratischer Aufbruch – sozial, ökologisch« vorbereiteten. Sie alle verstanden sich als »Teil der politischen Opposition in der DDR«, deren Ziel eine »sozialistische Gesellschaftsordnung auf demokratischer

Basis« sei, so wie es in der UdSSR probiert werde. Neubert meinte im Nachhinein: »Etwas anderes als den demokratischen Sozialismus haben wir uns damals gar nicht vorstellen können.«[46]

Auch der Physiker und Synodale Hans-Jürgen Fischbeck, der in Templin dabei war, hatte bereits die Initiative ergriffen und war mit von der Partie gewesen, als sich in Berlin die Bürgerbewegung »Demokratie Jetzt« zusammenschloss. In dem »Aufruf zur Einmischung in eigener Sache«[47] war die Rede von demokratischer Umgestaltung, von solidarischer Gesellschaft, von Rechtsstaatlichkeit und von einer Ökonomie, die mit der Ökologie in Einklang zu bringen sei. Die Unterzeichner des Aufrufs – Fischbeck, die Theologen Martin König und Wolfgang Ullmann sowie der Filmregisseur Konrad Weiß – waren bereits durch ihre Initiative »Absage an Praxis und Prinzip der Abgrenzung« hervorgetreten.

Angela Merkel indes hielt sich bei dem Templiner Gesprächskreis zurück. Christofer Frey – er war abgesehen von seiner Begleitung der einzige Gast aus dem Westen – erinnert sich gut an die Frau mit »dem runden, freundlichen, verschlossenen Gesicht«, die bei der Diskussion geschwiegen habe. Zwei Mal sind die Freys im uckermärkischen Templin der Physikerin von der Akademie der Wissenschaften begegnet, die die Entwicklung in der Sowjetunion so begeistert begleitet hatte. Auch ihr Vater, mit dem Frey bis zu seinem Tode freundschaftlich verbunden war, hatte oft von ihr erzählt. Auf die Frage, wie das Verhältnis von Horst Kasner und Angela Merkel zum SED-Staat gewesen sei, sagt Frey: »Näher am Regime war offenbar die Tochter.«[48]

Die auf dem Waldhof versammelten Vertreter der sogenannten Intelligenzija hatten wie alle Reformfreunde im
Land ein mehr oder weniger klar konturiertes Bild von einer künftigen DDR. Dies galt besonders für den Diskussi-
onsleiter Horst Kasner. Ein wiedervereinigtes Deutschland
lag außerhalb ihrer Vorstellungskraft, nicht nur weil es
nicht in die bipolare Welt gepasst hätte, sondern weil sie das
westliche Gesellschaftssystem strikt ablehnten. Die DDR
sollte sich vielmehr – so wie es Gorbatschow für die Sowjetunion propagierte – auf einen dritten Weg in einen demokratischen Sozialismus begeben. Zur Frau des Bochumer
Theologieprofessors Christofer Frey sagte Angela Merkel:
»Wenn wir die DDR reformieren, dann nicht im bundes-
republikanischen Sinne.«[49] Sie »erinnert sich genau, weil
sie mit Angela Merkel im Trabi zur Kirche fuhr«.

*Die Bundeskanzlerin, die sagt, sie könne sich nicht mehr an
das Treffen in Templin erinnern*[50], *zu ihrer Einstellung gegenüber einem dritten Weg: »Ich will jetzt hier nicht als der
Besserwisser dastehen, aber ich habe mich zum Beispiel auch
viel mit meinem Vater darüber unterhalten und von einem
dritten Weg, von einem Sozialismus mit menschlichem Antlitz, nie etwas gehalten.«*[51] *Und im Gespräch mit dem Journalisten Arno Luik meinte Angela Merkel: »Ich hatte mit
dem Sozialismus abgeschlossen. Diese Mischung aus Alterna-
tivität und einer anderen Form von Sozialismus hat mich
nicht gereizt.«*[52]

In dem Gottesdienst, den das Ehepaar Frey und Angela
Merkel im Rahmen des Hauskreises besuchten, thematisier-
te Superintendent Kasner mit Blick auf den 40. Jahrestag
der DDR Israels 40-jährige Wanderung durch die Wüste.

»Kasner predigte sehr subversiv«, erinnert sich Frey. Das Templiner Treffen war eine von vielen gleichgearteten Zusammenkünften in der DDR des beginnenden Herbstes 1989. Immer wieder waren es Wissenschaftler und sonstige Angehörige der Eliten des SED-Staats – bald sollten noch die Kulturschaffenden hinzutreten –, die sich jetzt unter dem Dach der Kirchen und ihrer Einrichtungen trafen und formierten. Sie fanden sich damit bald in einer Front mit den vom Regime seit jeher drangsalierten Bürgerrechtlern, die sich als östliche Ableger der westlichen Friedens- und Ökologiebewegung oder als Menschenrechtsgruppen infolge des KSZE-Prozesses gegründet hatten und seit Langem dort agierten. Und sie fanden sich damit in einer Front mit den Geistlichen und Funktionären der Kirche, die bis auf wenige Ausnahmen der Reformpolitik anhingen. So war dies in der ganzen DDR, vor allem aber in ihren Städten, in Leipzig, Dresden und Berlin. In der Hauptstadt bildeten die Bezirke Mitte, Friedrichshain und vor allem auch Prenzlauer Berg das Zentrum.

In der Gethsemanekirche der Paul-Gerhardt-Gemeinde, wo die Pfarrerin Uta Fey noch heute ihren Dienst tut, war Angela Merkel, die inzwischen in der nahen Schönhauser Allee wohnte, keine ganz Unbekannte.[53] In unregelmäßigen Abständen besuchte sie dort einen Gesprächskreis. Sie beließ es allerdings beim Zuhören. »Die Art, wie in diesen Gruppen geredet wurde – oder sagen wir die basisdemokratische Diskussionsweise in den Kreisen der Bürgerrechtler –, war auch nicht so meine Sache«, sagt Angela Merkel.[54] Und auch Fundamentalopposition hielt sie für wenig praktikabel. »Ich glaube, dass man in der politischen Arbeit auch zum Machbaren kommen muss«, meint sie ein anderes Mal.[55] Ihre Biografin Jacqueline Boysen kommt zu dem

Schluss: »Offene Entscheidungsabläufe, vor allem aber jede anarchistische Neigung schreckten sie ab. Sie war an feste Entscheidungsstrukturen gewöhnt, diese hatten sie zwar eingeengt, aber ihr zugleich den Rahmen allen Handelns vorgegeben. Ihrer Vorstellung nach waren diese Strukturen aufzubrechen, von festen Handlungsrahmen aber wollte sie sich auch künftig grundsätzlich nicht trennen. Jahre später erscheint in der *Welt am Sonntag* das Zitat ›Ohne Macht gibt es Chaos‹.«[56]

So dachte auch die Führung der evangelischen Kirchen in der DDR. Wenn diese jetzt zum Dreh- und Angelpunkt der gesamten Reformbewegung zwischen Ostsee und Thüringer Wald, zwischen Magdeburger Börde und Oderbruch wurde, dann war dies möglich geworden, weil die Amtskirche spätestens seit Ende 1988 offen mit der Reformpolitik Gorbatschows sympathisierte. Dies galt zum Beispiel für den einflussreichen BEK-Sekretär Manfred Stolpe, dessen MfS-Deckname bereits zu Beginn der Achtzigerjahre in einer von KGB-Chef Jurij Andropow mitunterzeichneten Einsatzkonzeption auftauchte.[57] Über ihn hieß es in einer im Februar 1989 vom Kirchenstaatssekretariat angefertigten »Information zum Stand der innerkirchlichen Diskussion (…)«, dass er spätestens seit 1989 aus einer »politisch konstruktiven Grundorientierung eine eindeutig auf Gesellschaftskritik angelegte Forderung nach einer Verbesserung des Sozialismus« mache.[58]

Mit Blick auf das Ganze wurde in derselben »Information« festgehalten, dass die Kirchen versuchten, ihre legitime gesellschaftliche Mitverantwortung in ein besonderes »politisches Mandat« umzuinterpretieren, »welches wiederum verstärkt im Sinne eines vorrangig gesellschaftskritischen Beitrages zur ›Verbesserung‹ und ›Vermenschlichung‹

des Sozialismus gedeutet wird«. Dies galt natürlich nicht nur für die Kirchenmänner, die beim Staatssicherheitsdienst registriert waren und jetzt wohlkalkuliert auf die »Freunde« setzten, sondern auch für all diejenigen, die – ganz ihrer Kirche verschrieben – durch ihre kritischen Wortmeldungen und Aktivitäten, zu denen sie durch Gorbatschow ermutigt worden waren, Veränderungen zum Besseren herbeiführen wollten.

Auf der Eisenacher Bundessynode Mitte September sprach sich der Vorsitzende der Konferenz der Kirchenleitungen (KKL), des Führungsgremiums des DDR-Kirchenbundes, Bischof Leich, für eine Änderung des DDR-Wahlgesetzes aus, für Demonstrations- und Medienfreiheit, vor allem aber auch für eine Erweiterung der Reisemöglichkeiten für alle Bürger. Der Bischof rief nach wirtschaftlichen Reformen, schließlich sei doch die diesbezügliche Überlegenheit der Bundesrepublik gegenüber der DDR einer der Hauptgründe für die gegenwärtige Abwanderungsbewegung. Diese und andere Veränderungen müssten den Menschen im Land Zukunft eröffnen und sie von innen heraus bewegen, »sich neu für unsere Gesellschaft und unseren Staat zu engagieren«, verkündete Leich.[59] In den Beiträgen der ganz auf Gorbatschows Reformen eingeschworenen Angehörigen der KKL wurden »Wiedervereinigungsdiskussion und Antikommunismus« eine klare Absage erteilt. Wie sehr die evangelische Kirche der DDR gegen die Gesellschaftsordnung des Weststaats eingestellt war, sollte sich in der Nacht zum 3. Oktober 1990 erweisen, als Deutschland nach mehr als 40-jähriger gewaltsamer Teilung wiedervereinigt wurde: Sie weigerte sich, die Kirchenglocken zu läuten.[60]

Dass die langjährige Partnerschaft der evangelischen

Kirchenführungen mit dem SED-Staat alter Prägung dahin sein würde, musste auch dem Kirchenstaatssekretär Kurt Löffler, der 1988 Klaus Gysi auf dem Posten gefolgt war, klar werden, als er sich am 5. Oktober 1989 bei einer Festveranstaltung in Templin aufhielt. Kasners Pastoralkolleg feierte sein 20-jähriges Bestehen. Neben den zu schulenden Vikaren waren auch viele Offizielle gekommen. In seinem Bericht, der rasch den Zuständigen im MfS vorlag, schrieb der SED-Mann Löffler, dass sich »das politische Kräfteverhältnis eindeutig zugunsten der konfrontativen Kräfte unter den beteiligten Amtsträgern verschoben hat«. Doch damit nicht genug. Es war sogar die Rede von »rüpelhaft und aggressiv« gegen ihn – den Vertreter der Staatsmacht – auftretenden Geistlichen. Namen nannte er allerdings nicht.[61]

Der Bericht des Staatssekretärs für Kirchenfragen ist das einzige bislang in den Archiven des Bundesbeauftragten für die Unterlagen des Staatssicherheitsdienstes der ehemaligen DDR aufgefundene Dokument über die politischen Aktivitäten auf dem Waldhof in den Achtzigerjahren. Dass umfangreiches Material existiert haben musste, wird allein durch den Kontext klar. Das Pastoralkolleg Templin war eine kirchliche Einrichtung und noch dazu ein Ort, an dem man der sowjetischen Reformpolitik mehr als aufgeschlossen gegenüberstand. Dies rechtfertigte nicht nur einen Operativvorgang des MfS, sondern machte einen solchen aus Sicht des Geheimdienstes sogar zwingend. Bemerkenswert ist in diesem Zusammenhang, dass sich auch in den Berichten der einschlägig bekannten Inoffiziellen Mitarbeiter (IM) der für die Kirchen zuständigen MfS-Abteilung XX/4 so gut wie nichts über das Templiner Pastoralkolleg findet. Über Horst Kasner existiert beim Bundesbeauftragten für die Unterlagen des ehemaligen

*Staatssicherheitsdienstes der DDR ein unüblich zusammen-
gestellter IM-Vorlauf, der, wie bereits oben ausgeführt, mit
seiner Archivierung im Jahr 1981 endet.*

Zu diesen »konfrontativen Kräften«, von denen Löffler
sprach, gehörte inzwischen auch der »Weißenseer Arbeitskreis«. In der seit Anfang der Achtzigerjahre periodisch
erscheinenden Agitations-Postille *Weißenseer Blätter,* die
Hanfried Müller und dessen Frau noch mithilfe Margot
Honeckers aus der Taufe gehoben hatten, wurde jetzt die
»Kirche im Sozialismus«-Konzeption neu diskutiert. Auch
für Müller, den Inoffiziellen Mitarbeiter des MfS und Weggefährten Kasners, war dieser Sozialismus jetzt ein demokratischer geworden. Viele Zuarbeiter des MfS, aber auch
hauptamtliche Tschekisten hatten inzwischen die Fronten
gewechselt. Denn längst war das MfS nicht mehr nur
»Schild und Schwert« der Honecker-SED. Natürlich waren
da – wie im gesamten Staatsapparat – jene, die wie Minister
Mielke an den immerwährenden Klassenkampf glaubten
und die Auffassung vertraten, dass jegliches Aufbegehren
radikal zu ahnden sei. Neben den vielen Verunsicherten,
die einfach nur abwarteten, waren aber auch diejenigen
Geheimdienstler, die wie Markus Wolf von der Notwendigkeit der Reformen überzeugt waren, auch wenn dies oft nur
deshalb so war, weil es sich bei diesen Reformen um die
Vorgabe der Sowjetunion handelte.

Deren Geheimdienst KGB kam in dieser Phase eine
wichtige Rolle zu. Wie schon zu Zeiten der Spaltung der
evangelischen Kirche in Deutschland versuchte er über die
Christliche Friedenskonferenz (CFK), deren Mitglieder wie
ein Netz die Kirchenorganisation und die Blockpartei CDU
überzogen, Einfluss darauf auszuüben, was unter den Kir-

chendächern und sonst wo in der Reformbewegung geschah. Dem gleichen Zweck diente noch eine andere Maßnahme des Geheimdienstes. In deren Zentrum stand General Anatoliy G. Novikov. Als Leiter der Deutschlandabteilung in der Ersten Hauptverwaltung schuf er noch vor seinem Wechsel in die DDR im »Berliner Apparat« eine weitere, intern abgeschottete Residentur: die Gruppe »Luch« (russisch: Strahl). Stationiert war sie in der russischen Botschaft »Unter den Linden«, aber auch in den Generalkonsulaten der größeren Städte der DDR. Legendiert wurden die KGB-Männer als Botschafts- beziehungsweise Konsulatsmitarbeiter. Im April 1988 hatte »Luch« unter der Führung des als Botschaftsrat getarnten Oberst Boris W. Laptjiew die Arbeit aufgenommen.[62] »Luch« sei einer besonderen Geheimhaltung unterworfen gewesen, heißt es in einer geheimen Einschätzung des Kölner Verfassungsschutzes.[63] Und weiter: »Die Einrichtung dieser Gruppe war im Zuge der wachsenden Emanzipationsbestrebungen des MfS gegenüber dem Ziehvater KGB und den damit auch verbundenen Zweifeln an der unbedingten Loyalität der DDR-Führungskader als notwendig erachtet worden.«

KGB-Oberst Laptjiew umriss Jahre später die Aufgaben seiner Gruppe dahingehend, dass sie Köpfe für die Opposition gegen Honecker rekrutiert hätten. In dem Verfassungsschutzpapier wird dies präzisiert, wenn es heißt: »Unter dem Eindruck der sich in den Jahren 1988/1989 abzeichnenden (…) Wende (…) in der DDR begann man auch in der Gruppe Luch mit einer zukunftsorientierten Umstrukturierung der Arbeitsschwerpunkte. Fortan waren nicht mehr Verpflichtungen von hochrangigen DDR-Führungskadern vorrangig, musste man doch mit ihrer baldigen Ablösung in den Leitungsfunktionen rechnen, sondern vielmehr die

Suche nach Fachleuten der mittleren Managementebene.« Genannt werden in der Einschätzung des Verfassungsschutzes »Mitglieder der Blockparteien (...), solcher neugegründeter Parteien der Wende und Angehörige von Jugendorganisationen«.

Sowjetischer Einfluss war dann auch bei den sich formierenden neuen Organisationen und Parteien im Spiel. Bärbel Bohley, die Mitbegründerin des Neuen Forums, meinte später, sie habe »immer vermutet«, dass das Neue Forum der verlängerte Arm Moskaus sei. »Es gab im Neuen Forum eine ganze Menge Leute, deren Lebenslauf verknüpft war mit sowjetischen Menschen, Beziehungen, Orten. Und da hat man sich schon manchmal gefragt: Wo kommt der her? Was machen die jetzt an deiner Seite?«[64] Einer von ihnen war Rolf Henrich, der maßgebliche Initiator und Wortführer des Neuen Forums. Der Anwalt war 1964 in die SED eingetreten und von 1973 an zehn Jahre Parteisekretär des Kollegiums der Rechtsanwälte im Bezirk Frankfurt/Oder. Im April 1989 erschien von ihm im westdeutschen Rowohlt Verlag eine Schrift über das Versagen des real existierenden Sozialismus. In dem Buch *Der vormundschaftliche Staat*[65] klagte Henrich, der für das MfS als Inoffizieller Mitarbeiter tätig war, die längst überfällige Glasnost ein und forderte indirekt zur Revolte gegen das alte Politbüro auf.[66] Solches hatte bislang nur der unter dem Schutz Moskaus agierende »Mischa« Wolf überstanden. KGB-Oberst Laptjew bestätigte später, dass das Neue Forum im Fokus der Gruppe »Luch« gestanden habe.[67]

Von dieser Sondereinheit des KGB wurde auch der Demokratische Aufbruch bearbeitet. Am 1. Oktober 1989 sollte die Gruppierung in der Samaritergemeinde in Berlin-Friedrichshain ins Leben gerufen werden, nachdem kurz zuvor im Erfurter Augustinerkloster eine erste Versammlung stattgefunden hatte.[68] Doch Mielke-treue Angehörige des Staatssicherheitsdienstes verweigerten den etwa 80 Gekommenen den Zutritt zu den Räumen. Ein Teil der aus der gesamten DDR angereisten Aktivisten traf sich daraufhin im Gemeindehaus der Kirche von Alt-Pankow, ein anderer Teil wich in die Wohnung des Pfarrers Ehrhart Neubert in die Wilhelm-Pieck-Straße aus. Durch das Einschreiten des Staatssicherheitsdienstes waren es am Ende noch ganze 17 Personen, die teilnehmen konnten, darunter einige Pfarrer wie der in Templin bekannte Rudi Pahnke, aber auch Günter Nooke oder die Schriftstellerin Daniela Dahn, die der SED angehörte. Vor der Tür standen noch einige DA-Aktivisten, denen die MfS-Männer den Zutritt verwehrten. Der Einzige, der durchgelassen wurde, war der von seinem Freund Rainer Eppelmann im Demokratischen Aufbruch eingeführte Wolfgang Schnur.[69] Die Reformer staunten nicht schlecht, als er plötzlich eintrat. Auf ihre Frage, wie ihm dies gelungen sei, soll er eine ganz einfache Antwort gehabt haben: Er sei Rechtsanwalt, habe er den Stasileuten gesagt.[70] Die Versammlung in Neuberts Wohnung war dann zusammen mit dem Treffen in Alt-Pankow doch noch so etwas wie die Geburtsstunde des Demokratischen Aufbruchs.

Der von Laptjiew kontaktierte Pfarrer Eppelmann[71] sprach noch in derselben Nacht gegenüber einigen Journalisten von einem Aufbruch des Volkes.[72] Die einen brächen in den Westen auf, die anderen in die Zivilcourage. Jener zweiten Gruppierung sollte eine politische Orientierung geboten werden – eine oppositionelle Plattform gegen eine SED, die in der weiteren Entwicklung der DDR auch über das Jahrhundert hinaus nicht wegzudenken sei. Gefragt nach der Zielsetzung des Demokratischen Aufbruchs, verwies Eppelmann auf einen »reformsozialistischen Ansatz«.[73] Zur deutschen Frage hieß es in dem von Pfarrer Edelbert Richter verfassten Programmentwurf, dass eine Wiedervereinigung nicht angestrebt werde. Gleichwohl wurde in dem Papier das besondere Verhältnis zur Bundesrepublik Deutschland betont, das sich aus der Einheit der deutschen Geschichte und Kultur ableite.[74]

Wolfgang Schnur, der DA-Aktivist der ersten Stunde, äußerte sich ganz ähnlich. Er war es, der sich in der Gruppierung schnell nach vorne schob.[75] Schnur, der in mehreren Synoden saß und auch den Leiter des Templiner Pastoralkollegs kannte, war vom Justizministerium eine eigene Anwaltskanzlei zugebilligt worden. Manfred Stolpe hatte ihn häufig beauftragt, die Interessen von Inhaftierten aus der Friedens- und Umweltbewegung zu vertreten. Mitunter betete der stets als gottesfürchtiger Saubermann auftretende Schnur mit ihnen in den Gefängniszellen, um sich anschließend im Gespräch mit seinem Führungsoffizier über dieses geheuchelte Getue mit einem Gott, an den er nicht glaube, zu beklagen.[76]

Der als Vollwaise in Rostock aufgewachsene, psychisch labile und zu Machtphantasien neigende Schnur arbeitete nämlich über Jahrzehnte hinweg der dortigen Bezirksverwaltung des MfS als Inoffizieller Mitarbeiter zu. Zunächst tat er das unter dem Decknamen »Torsten«, später unter dem Pseudonym »Dr. Ralf Schirmer«. Für den hoch dekorierten und gut bezahlten Spitzen-IM, über den sich in den Archiven der Bundesbehörde für die Unterlagen des Staatssicherheitsdienstes mehr als 30 Aktenordner befinden, hatte sich von 1986 an die Zentrale des MfS in Berlin interessiert. Im August/September 1989 hatte der IM »Dr. Ralf Schirmer« versucht, seine Tätigkeit für den Staatssicherheitsdienst zu beenden. Gegenüber seinem Führungsoffizier von der Rostocker Bezirksverwaltung des MfS, Major Geisler, hatte er in diesem Zusammenhang die Partei- und Staatsführung kritisiert. »Das ist doch alles Blödsinn. Das hat doch keinen Zweck«, soll er zur Politik Honeckers gesagt haben. Und Geisler soll ihn ermutigt haben, nicht die Flinte ins Korn zu werfen.[77] Doch vom MfS kam man nicht so einfach los. Schnur blieb und besorgte gleichzeitig mit seiner Arbeit im Demokratischen Aufbruch die Sache der Perestroikisten. Mit deren Anführer Modrow verband ihn ein Vertrauensverhältnis[78], was nahelegt, dass er von den Wendemachern gezielt in die Reformgruppierung einge-

Frühe Kontakte zu Angela Merkel. Der Perestroikist, Rechtsanwalt, Synodale und MfS-Spitzel Wolfgang Schnur

174

schleust wurde. Der Kreml setzte jedenfalls auf den vom KGB betreuten Demokratischen Aufbruch. So empfahl Viktor Rykin, der Gorbatschow-Mitstreiter aus der Internationalen Abteilung der KPdSU, einer zu dieser Zeit in Moskau weilenden Delegation der bundesdeutschen FDP, »in Zukunft in der DDR nicht mehr mit den Blockparteien, sondern mit dem ›Neuen Forum‹ und dem ›Demokratischen Aufbruch‹ zusammenzuarbeiten«.[79]

Zum Demokratischen Aufbruch, oder besser gesagt zu Wolfgang Schnur, hatte Angela Merkel schon Anfang Oktober Kontakt. Daran erinnert sich der Grafiker Stefan Dachsel, dessen Hauskreis sie zu Beginn der Achtzigerjahre einige Male mit einem Freund besucht hatte. Dachsel sagt, er sei damals über Pfarrer Neubert zur Reformgruppe gestoßen und habe fortan mitgemacht. »In diesem Zusammenhang bin ich dann in der ersten Oktoberhälfte zu Wolfgang Schnur gegangen, um politisches Material, Flugblätter oder so etwas, da abzuholen, wo ich Angela Merkel antraf, die dort irgendetwas arbeitete«, sagt er. Was sie arbeitete, weiß Dachsel heute nicht mehr, aber im Datum ist er sich ziemlich sicher, denn kurz zuvor sei er ihr im Pfarrhaus der Gethsemanekirche begegnet, wo sie geholfen habe, die Kollekte zu zählen. Und dies sei Anfang Oktober gewesen.[80] Länger kann Angela Merkel allerdings nicht bei Schnur beschäftigt gewesen sein, denn sonst wäre sie auch dem DA-Vorstandsmitglied Ehrhart Neubert aufgefallen. Denn der kam damals »mindestens zwei Mal in der Woche« in Schnurs Anwaltskanzlei in der Nähe des Rosenthaler Platzes, von wo aus dieser seinen Beitrag für die in den Anfängen steckende Organisation leistete.[81]

Inzwischen artikulierte sich der Protest gegen das Honecker-Regime nicht mehr nur in den Kirchen oder kirchlichen Einrichtungen, sondern auch auf der Straße. Ende September hatten sich in Leipzig mehr als 5000 Menschen zu einer Protestdemonstration formiert, in deren Verlauf unter anderem die Zulassung des Neuen Forums gefordert wurde. Anfang Oktober kam es in Dresden vor dem Hauptbahnhof, durch den die Züge mit Tausenden Prager Botschaftsflüchtlingen in die Freiheit fuhren, zu gewaltsamen Auseinandersetzungen zwischen Demonstranten und der Volkspolizei, die viele Verletzte forderten. »Wir wollen raus!« oder »Gorbi, Gorbi« skandierten die Aufgebrachten, von denen im Rahmen eines vom Ersten Bezirkssekretär Modrow verantworteten brutalen Einsatzes der Sicherheitskräfte mehr als 200 Personen festgenommen wurden.

Kurz zuvor hatte sich derselbe Modrow, der auch im Westen als künftiger »starker Mann« der DDR gehandelt wurde, in der Bundesrepublik aufgehalten und Dinge gesagt, die angesichts des starren Kurses der SED-Führung aufhorchen ließen. In Stuttgart meinte Modrow, dass über die Massenflucht aus der DDR nachgedacht werden müsse. In diesem Punkt sei er sich »sehr einig mit meinem Freund Mischa Wolf«.[82] Zu den gesellschaftlichen Veränderungen in der DDR gefragt, antwortete Modrow bei einer anderen Gelegenheit, in Kürze werde die DDR den 40. Jahrestag begehen, und man werde zu beachten haben, »was sich in den nächsten Tagen in unserem Lande sehr deutlich artikulieren wird«.[83] Modrow hob damit auf den bevorstehenden Besuch Gorbatschows in Ost-Berlin ab, von dem sich die Reformer das Ende Honeckers versprachen – eines Honeckers, der den Blick für die Wirklichkeit längst verloren hatte und als Reaktion auf die Massenflucht über die Tschechoslowakei und Ungarn den pass- und visafreien Verkehr zum südlichen sozialistischen Nachbarn aussetzen ließ.

Während sich die DDR auf die Jubelfeiern vorbereitete und dem Besuch Gorbatschows entgegenfieberte, formierte sich die Opposition weiter. Vertreter der Bürgerbewegung Demokratie Jetzt, des Demokratischen Aufbruchs, der Gruppe Demokratischer SozialistInnen, der Initiative Frieden und Menschenrechte, des Neuen Forums und anderer Organisationen kamen zu einer »Zukunftswerkstatt« zusammen. Sie verabschiedeten eine Erklärung, die am 6. Oktober in der Ost-Berliner Erlöserkirche verlesen wurde. Sie forderten, den Menschen in der DDR diejenigen politischen Rechte zu gewähren, wie sie die Menschenrechtskonvention der Vereinten Nationen und die KSZE-Dokumente verlangten. Dazu sollten freie Wahlen unter der Kontrolle der Vereinten Nationen ebenso gehören wie die Freilassung der politischen Gefangenen.

Am folgenden Tag wurde in einem Pfarrhaus im brandenburgischen Schwante die Sozialdemokratische Partei der DDR (SDP) gegründet. Ihre Zielsetzung war keine Überraschung. In ihrem ersten Statut bekannte sie sich zu den »Traditionen des demokratischen Sozialismus«. Im Anhang zum Statut hieß es, die Partei erkenne die Zweistaatlichkeit »als Folge der schuldhaften Vergangenheit« an.[84] Die Initiatoren der SDP waren der Pfarrer Markus Meckel aus Vipperow und Niederndodeleben bei Magdeburg, der wissenschaftliche Assistent am evangelischen Sprachenkonvikt in Berlin Martin Gutzeit und der Theologe Arndt Noack sowie Ibrahim (Manfred) Böhme[85]. Letzterer, Adoptivsohn des Bruders des früheren DDR-Hochschulministers Böhme, hart und durchsetzungsstark, schob sich nach vorne, wurde Geschäftsführer, schließlich Vorsitzender der SDP. Seit 1976 arbeitete er für MfS-Bezirksverwaltungen als »Paul Bongartz« und »Dr. Rohloff« und zuletzt als IMB »Maximilian«

für die Berliner Zentrale, die »ein weiterführendes Interesse« an Böhme gezeigt hatte. Wes Geistes Kind er war, verdeutlicht der entlarvende Bericht eines IM »Hagen«, der im August 1989 einen Diskussionsbeitrag Böhmes in der Golgathakirche in Berlin Mitte dahingehend wiedergab: In der DDR müsse eine »stille Revolution« vollzogen werden, deren Anfänge bereits vorhanden seien. Sodann habe Böhme gesagt, Revolutionen seien auch ohne die Arbeiterklasse als führende Kraft möglich und müssten nicht immer blutig verlaufen.[86]

Der Wegbereiter dieser Revolution war an diesem Tag Gast der Feierlichkeiten zum 40-jährigen Bestehen der DDR. Die wurden nämlich allen Unbilden zum Trotz mit großem Pomp begangen. Im Niederschönhausener Schloss traf Gorbatschow mit dem Politbüro und dem Zentralkomitee der SED zusammen, nachdem er bereits mit Honecker und Mittag unter sechs Augen Klartext gesprochen hatte. Ohne jede Emotion stellte er im Verlauf seiner Rede, in der er auf die aktuelle Entwicklung abhob, Honecker und dessen Getreuen die rhetorische Frage: »Was weiter?« Die Antwort gab er selbst, wenn er seiner Überzeugung Ausdruck verlieh, dass die Reformen in der DDR nunmehr »in vollen Gange« kämen. Gorbatschow schloss mit seiner schon einmal gegenüber westlichen Pressevertretern ausgesprochenen, an die Adresse des Gastgebers gerichteten Drohung: »Wenn wir zurückbleiben, bestraft uns das Leben sofort.«[87] Krenz berichtete später, Gorbatschow habe dabei aufmerksam in die Runde geblickt, »so, als ob er testen wolle, wer ihn wirklich verstanden hatte«.[88]

Am Abend, während des großen Staatsempfangs im Palast der Republik, schwoll die Zahl der Demonstranten auf Tausende an. Sie riefen immer wieder den Namen des sowjetischen Generalsekretärs und forderten Freiheit, während eine Armada von Volkspolizisten und Staatssicherheitsleuten auf die Demonstranten einschlug. Es half nichts mehr. Gorbatschows Besuch in Ost-Berlin wurde zum Fanal. War es am 7. Oktober, dem Gründungstag der DDR, nicht nur in der Hauptstadt, sondern auch in Leipzig, Dresden, Karl-Marx-Stadt, Halle, Erfurt und Potsdam zu Demonstrationen gekommen, so nahmen diese jetzt nie gekannte Ausmaße an. In Leipzig gingen am 9. Oktober nach dem allwöchentlichen Friedensgebet in der Nikolaikirche mehrere Zehntausend Menschen auf die Straße. »Wir sind das Volk« oder immer wieder »Gorbi, Gorbi« riefen die vom Besuch des Sowjet-Führers ermutigten Massen. So ging es Tag für Tag weiter, sodass besonders im Süden des Landes die Lage zu eskalieren drohte.

Diese Situation nötigte Egon Krenz, den Honecker-Zögling und designierten Nachfolger, schließlich, die Initiative zu ergreifen. Er war immer wieder von den Reformern zum Seitenwechsel gedrängt worden und hatte sich ebenso beständig geweigert. Doch er wollte seine Chance, zum mächtigsten Mann des SED-Staats zu avancieren, nicht ein für alle Mal verspielen. Vor der Routinesitzung des Politbüros am 17. Oktober hatte er daher in engem Zusammenwirken mit Mielke, Stoph und seinem Vertrauten Schabowski, die ebenfalls fürchteten, an des Generalsekretärs Seite unterzugehen, Honeckers Absetzung beschlossen. Dieser weigerte sich hartnäckig, gab aber schließlich auf, nachdem Mielke mit peinlichen Enthüllungen aus nationalsozialistischer Zeit gedroht hatte.[89] Am Tag darauf enthob das Plenum des Zentralkomitees Honecker auch formal seiner Funktionen.

»Es geht ein Ruck durch unser Land«, kommentierte

Markus Wolf, der wieder einmal seine Generalsuniform öffentlich trug. Es sei die »erste der lange überfälligen Entscheidungen«, sagte er bei der Einweihung eines Denkmals für seinen verstorbenen Bruder, den Künstler und Kommunisten Konrad Wolf, vor Angehörigen der bewaffneten Organe, vor Mitgliedern der Akademie der Künste und vor sowjetischen Gästen.[90] Wolf hatte nicht unrecht, denn der Abgang Honeckers wirkte wie eine späte Befreiung auf die Bevölkerung, vor allem auch auf die Reformer. Ein regelrechter Motivationsschub trieb sie jetzt voran.

Neben den neu gegründeten Organisationen galt dies besonders wiederum für die Intelligenzija an den Universitäten und Akademien. Es sei »überall politisiert« worden.[91] Doch nicht nur das: Am Zentralinstitut für physikalische Chemie bildete sich eine regelrechte Reform-Initiative heraus. Ein Kollege Angela Merkels erinnert sich, dass eine Reihe von Veranstaltungen stattgefunden hätte. Höhepunkt sei eine Vollversammlung des Instituts im Robert-Bunsen-Saal gewesen – ein einmaliger Vorgang. »Da haben manche sehr deutlich ihre Meinung gesagt. Dazu gehörte auch Angela Merkel.«[92] Zur Verwunderung vieler Kollegen wagte sie sich »plötzlich ungewöhnlich weit hervor«. In Diskussionen habe sie längst überfällige Reformen eingefordert, »aktiv, engagiert und jetzt ohne jede Zurückhaltung«[93]. Es war dies nicht mehr die scheue Physikerin. Angela Merkel hatte begonnen, sich für eine neue Politik nach dem Vorbild des »Perestroikalandes« einzubringen.

Ob sie am 29. und 30. Oktober mit dabei war, als der Demokratische Aufbruch seine am 1. Oktober vom MfS gesprengte Gründungsversammlung fortsetzte, ist nicht bekannt. Die etwa einhundert DA-Aktivisten trafen sich hierzu im Evangelischen Diakoniewerk »Königin Elisabeth«

in Berlin-Lichtenberg. Diesmal hielt sich das MfS zurück, sodass die Reformer ungestört tagen konnten. Ihre Delegiertenkonferenz verabschiedete eine »Vorläufige Grundsatzerklärung«, in der es hieß: »Die kritische Haltung des demokratischen Aufbruchs (...) zum real existierenden Sozialismus bedeutet keine Absage an die Vision einer sozialistischen Gesellschaftsordnung. Wir beteiligen uns am Streit um die Konzeption eines Sozialismus.«[94] Die Versammelten verständigten sich ferner darauf, sich im Mai 1990 zur Partei konstituieren zu wollen. Außerdem wurde ein zehnköpfiger vorläufiger Vorstand gewählt, dem Brigitta Kögler, Ehrhart Neubert, Rudi Pahnke, Edelbert Richter, Günter Nooke sowie Rainer Eppelmann angehörten. Vorsitzender des Demokratischen Aufbruchs, bei dem auch Johannes Schönherr, der Sohn des Altbischofs, mitmachte, wurde Wolfgang Schnur. Eigentlich hatte sein Freund Eppelmann auf diesen Posten gehofft, doch Schnur, der noch am 7. Oktober von Mielke mit der Verdienstmedaille der Nationalen Volksarmee in Gold ausgezeichnet worden war, verfügte über eine größere Eloquenz und war zudem vom Nimbus umgeben, ein Helfer der vom Regime Bedrängten zu sein. Einer solchen Person schien die Rolle des Reformers auf den Leib geschneidert zu sein. Er hatte nur ein Manko: »Er konnte einem nicht in die Augen schauen«, sagt Angela Merkel.[95]

Wie Schnur attackierte auch Modrow den Honecker-Nachfolger und -Zögling Krenz mit der unmissverständlichen Mahnung, dass die politische Situation in der DDR »unabdingbar einen tiefen Wandel« erfordere, bei dem »auch die in der Sowjetunion gemachten Erfahrungen genutzt werden (sollten)«.[96] Der Staats- und Parteichef, in dem man in Reformkreisen lediglich einen Mann des

Übergangs sah, hatte sich nach der Übernahme der fragil gewordenen Macht in einer Fernsehansprache an die »lieben Genossen und Genossinnen« gewandt. Er redete von der »Wiedererlangung der Initiative«, vom Sozialismus auf deutschem Boden, der nicht zur Disposition stünde. Auch wenn er von Reformen sprach, hatten seine Vorstellungen wenig gemein mit denen der Opposition, zumal er sich weigerte, mit ihr einen gleichberechtigten Dialog aufzunehmen. Die einzig konkrete Ankündigung war die Aufhebung der Beschränkungen von Reisen ins sozialistische Ausland sowie eine neue Regelung für Reisen in den Westen.[97]

Bei seinen Moskauer Treffen mit Gorbatschow am 2. November begegnete Krenz daher einem besorgten Sowjetführer. Dieser sprach zwar erneut von der »Bewahrung der Realitäten der Nachkriegszeit, einschließlich der Existenz zweier deutscher Staaten«. Die Frage nach einer deutschen Wiedervereinigung stelle sich nicht und sei in der gegenwärtigen Lage gefährlich, sagte Gorbatschow. Aber mit Blick auf die anhaltenden Großdemonstrationen in den Städten der DDR wusste er, dass es zu wenig war, was Krenz da anbot. Er bemerkte deshalb noch, dass die Entwicklung sehr dynamisch verliefe und sich weiter beschleunigen könne. »Wenn die Prozesse an Spontaneität gewinnen oder die politische Orientierung verlieren, wäre das ein großes Unglück.«[98]

In Ost-Berlin schwand unterdessen Krenz' Machtbasis mit jedem Tag, der ins Land ging. Denn inzwischen war auch die Wende in den Blockparteien vollzogen, aus deren Reihen – besonders aus denen der CDU – Krenz sich ursprünglich Unterstützung versprochen hatte. In der Partei war unter Beteiligung von CFK-Aktivisten ein Aufstand gegen den CDU-Vorsitzenden Götting erfolgreich gewesen.

Seine Absetzung erfolgte unter der Federführung seines langjährigen Stellvertreters Wolfgang Heyl, dem die Mitarbeit in Wolfs HVA unter dem Decknamen »Herold« nachgesagt wurde.[99] Heyl schlug nun neben zwei anderen »Unionsfreunden«, wie die CDU-Angehörigen genannt wurden, den Kollegiums-Anwalt und Vizepräses der BEK-Bundessynode Lothar de Maizière vor. In der CDU-Führung war der Sohn des 1980 verstorbenen CDU-Funktionärs und Kasner-Mitstreiters Clemens de Maizière ein völlig unbeschriebenes Blatt. Selbst Parteivize Heyl musste sich beim stellvertretenden Staatssekretär für Kirchenfragen Hermann Kalb erkundigen, ob er Lothar de Maizière kenne und wenn ja, ob er glaube, dass er die an ihn herangetragene Aufgabe bewältigen könne.[100] Dass der Kandidat der Perestroikisten, dessen »wichtigster Vertrauter« Manfred Stolpe war[101], tatsächlich zum neuen Vorsitzenden gewählt wurde, dafür sorgten dann dieselben Leute, die schon Göttings Sturz eingefädelt hatten.[102]

Entmachtet wurde auch Heinrich Homann, der Vorsitzende der Nationaldemokratischen Partei.[103] An seine Stelle trat nun als geschäftsführender Vorsitzender sein bisheriger Stellvertreter Günther Hartmann. Der Vorsitzende der Bauernpartei Günther Maleuda hatte den Schwenk rechtzeitig vollzogen. Und der langjährige LDPD-Chef Manfred Gerlach gehörte ohnehin zur Avantgarde der Perestroikisten in der DDR. Schon 1948 soll er, der 1957 zum Generalsekretär und 1967 zum 1. Vorsitzenden der LDPD aufgestiegen, dem KGB-Vorläufer NKWD zugearbeitet haben. Im Jahr darauf war er in Moskau erstmals mit Wolf zusammengetroffen, mit dem ihn eine über Jahrzehnte andauernde Freundschaft verband. So verwundert es wenig, dass Gerlach, das Präsidiumsmitglied des Zentralvorstands der

Gesellschaft für deutsch-sowjetische Freundschaft, als erster hoher Funktionär des Apparats im *Morgen,* dem Organ der LDPD, radikale Reformen eingefordert hatte.[104] Jetzt, Anfang November, existierte eine Phalanx aus den gewendeten Blockparteien und den neu gegründeten Oppositionsgruppen. Für den 13. November war sogar eine gemeinsame Veranstaltung der Blockparteien mit der SDP, dem Demokratischen Aufbruch, dem Neuen Forum und anderen in der Ost-Berliner Gethsemanekirche vorgesehen[105], also dort, wo Angela Merkel gelegentlich auftauchte. Wer diese Veranstaltung geplant hatte, in deren Verlauf sich Blockparteien und neu gegründete Oppositionsgruppen gemeinsam vorstellen sollten, ist nicht mehr zu ermitteln. Während die Perestroika-Phalanx weiter organisiert wurde, verschaffte sich die Bevölkerung derweil auf der Straße immer nachdrücklicher Gehör. »Wir sind das Volk« lautete der Ruf der Massen in Berlin, Leipzig und Dresden.

Die sich Anfang November weiter aufschaukelnde Lage verfolgte Angela Merkel in den Nachrichtensendungen des Westfernsehens. Sie war zu diesem Zeitpunkt nämlich in der Bundesrepublik unterwegs.[106] Sie sagt, sie habe am 4. November in Hamburg den Geburtstag einer Großtante gefeiert. Danach ging es weiter nach Karlsruhe. Zwischen dem Engler-Bunte-Institut und dem Institut für Nanotechnologie der dortigen Universität und dem Ost-Berliner ZIPC bestand ein reger Forschungsaustausch, denn hier wie da forschte man auf dem Gebiet der Katalyse in Zeolithen, bei der es um die Beschleunigung chemischer Reaktionen geht, die auch in der Nanotechnologie eine Rolle spielen. Angela Merkel wollte an der Karlsruher Universität an einer Veranstaltung teilnehmen und ihren Lebensgefährten Joachim Sauer treffen.

Sauer hatte sich seit 1988 schon mehrmals – insgesamt sechs Monate lang – am Institut von Professor Reinhart Ahlrichs aufgehalten.[107] Am Anfang sei der Ost-Berliner Wissenschaftler für diesen »ein Phantom« gewesen. Er habe nur seinen Namen gekannt, als Absender auf Postkarten, mit denen er Sonderdrucke von Arbeiten des Experten aus dem Westen bestellte. Später habe Ahlrichs, wie er der *taz*-Journalistin Barbara Bollwahn weiter erzählte[108], Sauer dann in Adlershof persönlich kennengelernt. Er sei sehr zurückhaltend gewesen, wie viele aus dem Osten. Sauers Chef habe ihm (Ahlrichs) bei dem Aufenthalt in Ost-Berlin erklärt, dass sie Leute wie Sauer nicht halten könnten, »wenn sie ihnen keine Freiheit geben«. Der Besucher aus dem Westen glaubt, dass das Gespräch den Ausschlag gegeben habe, dass Sauer dann von 1988 an nach Karlsruhe kommen durfte. Ahlrichs beeindruckte dort Sauers scharfer Verstand und – soweit er das beurteilen könne – seine »kompromisslose Haltung dem Regime gegenüber«.[109]

Ahlrichs sagt, er kenne Angela Merkel schon fast so lange wie Sauer. Jetzt, Anfang November 1989, sah er sie wieder. Interessanterweise hatte ihr Chef, der Leiter des ZIPC, das angesehene Akademiemitglied Gerhard Öhlmann, für diese Zeit ebenfalls eine Reise nach Karlsruhe beantragt.[110] Ihn und Angela Merkel verband ihre Begeisterung für alles Russische. »Genosse Professor Öhlmann hatte seine Kindheit in der Sowjetunion verbracht, pflegte eine Vorliebe für die russische Kultur, und er war aufgeschlossen genug, mit den (…) in politischen Diskussionen kursierenden Begriffen Perestroika und Glasnost ernsthafte Hoffnungen zu verbinden.«[111] Ob Angela Merkel an seiner Stelle fuhr oder ob sie beide Anfang November nach Karlsruhe reisten, ließ sich bislang nicht ermitteln.

Aus dem Interview mit ihrem Biografen Gerd Langguth vom Februar 2005:

Gerd Langguth: *Wie viele Westreisen haben Sie gemacht?*

Angela Merkel: *Ich habe zu Zeiten der DDR nur eine gemacht.*

Gerd Langguth: *Zwei nach meiner Kenntnis.*

Angela Merkel: *Wenn Sie es ganz genau nehmen, haben Sie recht, wobei die zweite Reise schon ganz am Ende der DDR war, und zwar meiner Erinnerung nach am 4. November 1989, also fünf Tage vor der Öffnung der Mauer und Wochen nach der Öffnung der Grenzen in Ungarn und Prag. Meine Tante Emmi, eine Großtante, feierte ihren 75. Geburtstag in Hamburg.*

Gerd Langguth: *Ich hörte, dass Sie bei der zweiten Reise in Karlsruhe waren.*

Angela Merkel: *Richtig, ich war auch in Karlsruhe und nicht nur in Hamburg. In Karlsruhe war mein jetziger Mann, der seine erste Westreise an die Uni in Karlsruhe machen konnte. Da war ein Professor, den ich auch schon bei meiner ersten Reise in Karlsruhe besucht hatte.«*[112]

Während Angela Merkel durch Westdeutschland fuhr, riefen daheim in der Hauptstadt der DDR die Kulturschaffenden und andere für den 4. November zu einer Großdemonstration für Meinungs-, Presse- und Versammlungsfreiheit auf. Sie stand unter dem Motto »Die Straße ist die Tribüne des Volkes«. Auf der Rednerliste standen unter anderen die Namen von Walter Janka, Christoph Hein, Stefan Heym, Jens Reich und Christa Wolf. Ebenfalls vertreten waren aber auch Markus Wolf, Gregor Gysi und Manfred Gerlach. Auffallend waren die zahlreichen, sorgsam vorbereiteten Transparente mit Schmähparolen sowie die teilweise aufwendig angefertigten herabwürdigenden Karikaturen des Honecker-Nachfolgers. Die Anhänger von Krenz bemühten sich, dessen Demontage zu mildern, indem sie wenigstens dessen Gefolgsmann Günter Schabowski auf die Rednerliste brachten.

Eine halbe Million Menschen drängte sich auf dem Berliner Alexanderplatz. Und die Botschaft der Redner war unzweideutig. Viel war die Rede vom »Sozialismus«, nicht vom »Stalin'schen«, sondern vom »richtigen«, wie sich Stefan Heym ausdrückte.[113] In Anlehnung an die Worte des SED-Chefideologen Kurt Hager »Tapeziert der Nachbar sein Haus, dann tapezieren wir noch lange nicht« meinte Jens Reich: »Renoviert der Nachbar seinen Roten Platz, dann tapezieren wir unseren Alex.«[114] Die Veranstaltung wäre auch ein Erfolg der Perestroikisten geworden, wäre da nicht ausgerechnet Wolf ausgepfiffen, ja von den aufgebrachten Massen regelrecht niedergeschrien worden. Als er vom Pritschenwagen stieg, der als provisorische Rednertribüne diente, habe jemand zu ihm gesagt: »Du warst als Stasi-General zum Hoffnungsträger geworden, und jetzt gehst du den Weg zurück.«[115] Unmissverständlich wurde damit an jenem 4. November 1989 klar, dass da auch noch das Volk war, von dem man in den Reihen der sowjetisch orientierten Reformkräfte allzu leichtfertig angenommen hatte, es vor den Karren spannen zu können. Nun wurden dynamische Kräfte frei, die auf das Machtspiel der rivalisierenden Gruppen nichts mehr gaben.

Wolf zog aus dem misslungenen Auftritt auf dem Berliner Alexanderplatz die Konsequenzen. Er sah ein, dass sein Versuch als »deutscher Andropow«, als einer, der es vom Geheimdienstchef zum Parteichef bringen würde, gescheitert war. Sie suchten jetzt einen, der an Wolfs Stelle treten konnte. Und bald schon war ein »Ersatzmann«, wie es Falin ausdrückte[116], gefunden. Gefördert und vermittelt durch Markus Wolf, trat nun Gregor Gysi neben Modrow, der ihn bislang noch nicht gekannt hatte[117], an die Spitze der Perestroika-Bewegung in der SED. Da die Gefahr zunahm, dass die Entwicklung außer Kontrolle geraten würde, setzten die Reformkräfte in der Staatspartei alles auf eine Karte. Sie machten zum »Sturm aufs Große Haus« mobil. So nannte Gregor Gysi später das, was sich am Nachmittag des 8. November und danach vor dem Gebäude des Zentralkomitees ereignete. Dort hatte eine dreitägige Plenartagung begonnen. Mehrere Tausend waren den Perestroikisten um Wolf, Gysi, Klein, den Brüdern Brie und all den anderen gefolgt. Wolf schrieb von einem Aufbruch, der »neuen Atem und neue Kräfte« brauche. »Wir haben sie gesehen und gehört. Sicher lag es am Ausgangspunkt der Initiative (...) und am Ort, daß die jungen Wissenschaftler und Studenten in der Überzahl waren (...) War es nicht in der Geschichte der Arbeiterbewegung immer so, daß der beste Teil der Intelligenz beim revolutionären Aufbruch die Interessen der Arbeiterklasse formulierte und vertrat? Wie stolz war ich am 8. auf unsere jungen Wissenschaftler, die einer nach dem anderen ans Mikrophon traten. Von vielen weiß ich, daß sie über weitgehend durchdachte und ausgereifte Konzeptionen eines modernen Sozialismus verfügen.«[118]

Immer wieder wurde in diesen Reden scharfe Kritik geübt an der Arbeit der gegenwärtigen Parteiführung, der Korruption, Amtsmissbrauch und Entscheidungswillkür vorgeworfen wurden. Immer wieder skandierten sie den Namen Gorbatschows. Am Ende der denkwürdigen Plenarsitzung hatte die wankende DDR ein neues Politbüro, dem jetzt auch Hans Modrow und einige andere Reformer angehörten. Der Dresdener war überdies für das Amt des Ministerpräsidenten vorgeschlagen worden, nachdem die Regierung Stoph mit Mielke als Staatssicherheitsminister und den letzten Männern aus der Honecker-Ära bereits am 7. November zurückgetreten war. Am 13. November sollte Modrow von der einberufenen Volkskammer gewählt und mit der Bildung einer neuen Regierung beauftragt werden. Außerdem wurde von den Reformern ein Sonderparteitag gefordert. Krenz stand mit dem Rücken zur Wand, zumal er mit seinem halbherzigen »Aktionsprogramm« nicht angekommen war und der Massenexodus aus dem Land weiterging. Er spielte nun mit der neuen Reiseregelung, die entgegen jeglicher Absprache mit Moskau auch für Berlin gelten sollte, seine letzte Karte aus, von der er sich erhoffte, nicht nur seine wankende Position zu stabilisieren, sondern auch zum Mann der Stunde zu werden.

Das war der politische Hintergrund für die weltverändernden Ereignisse des 9. November 1989. Die Folgen der von Krenz eingeleiteten und von Schabowski im Internationalen Pressezentrum um kurz nach 19 Uhr verkündeten sofortigen und bedingungslosen Grenzöffnung hatte sich niemand vorstellen können. Zunächst waren es einige Mutige, dann Hunderte, bald Tausende, die die Grenzübergangsstellen belagerten, die hinüberwollten und es dann durften. Hunderttausende, ja Millionen versetzten Berlin in dieser seiner längsten Nacht in einen regelrechten Ausnahmezustand. Die euphorischen Massen hatten sich der Dynamik des gemeinsamen Erlebens hingegeben. Es schien, als hätte sich die entfesselte elementare Kraft Bahn gebrochen und die sie so lange trennende Mauer einfach hinweggefegt. Nichts schien dieses Volk mehr aufhalten zu können.

Angela Merkel erlebte den Mauerfall nüchterner. Sie gehörte nicht zu denen, die spontan aufbrachen, um in den Westen zu gelangen, war sie doch soeben von dort zurückgekehrt. Sie erinnert sich: »Ich habe Günter Schabowski im Fernsehen gesehen und dann meine Mutter angerufen. Wir hatten zu Hause immer den Spruch ›Wenn die Mauer mal weg ist, gehen wir ins Kempinski Austern essen‹. Ich habe ihr gesagt, es sei jetzt so weit. Dann bin ich wie jede Woche in die Sauna gegangen.« Für sie sei nicht sofort erkennbar gewesen, dass die Mauer noch an diesem Abend aufgehen würde. Als sie dann aber auf dem Rückweg von der Sauna – gegen 21 Uhr – an der Bornholmer Straße vorbeigekommen sei, sei sie mit der dortigen Menschenmenge über die Grenze nach Westberlin gegangen. Irgendwann habe sie dann im Wohnzimmer einer fröhlichen Westberliner Familie gesessen. »Die wollten dann alle noch auf den Ku'damm, aber ich bin lieber zurückgegangen, ich musste am nächsten Morgen früh raus. Und so viel fremde Company – jetzt war es erst mal genug.«[119]

Einen Beitrag über ihren 9. November 1989 beginnt Angela Merkel mit den Worten, »dass bis dahin viele meiner Wege an der Berliner Mauer (endeten). Von meiner Wohnung in der Marienstraße lief ich morgens auf dem Weg zur Arbeit mit der S-Bahn ab Bahnhof Friedrichstraße auf sie zu. Die Mauer erinnerte mich immer wieder daran, in der DDR in einem System der Unfreiheit, Überwachung und Bevormundung zu leben. Sie begrenzte Freiheit, Demokratie und freie Selbstentfaltung. Viel zu viele mussten die Flucht in die Freiheit mit ihrem Leben bezahlen, bevor am 9. November schließlich die Mauer fiel«, fährt sie fort, ehe sie von ihrem Saunabesuch am Thälmann-Park und ihrem Weg über den Grenzübergang Bornholmer Straße berichtet.[120]

Später sagte Angela Merkel, dass sie »uneingeschränkt froh« über den Mauerfall gewesen sei. Doch am darauffolgenden Wochenende, als sie mit Freunden zusammengesessen habe, seien einige von ihnen »richtig deprimiert« gewesen. Sie meinten, nun werde das nichts mehr mit dem sogenannten dritten Weg, alles laufe jetzt auf eine schnelle Wiedervereinigung hinaus. Der Osten werde vom Westen domestiziert. Dies seien nicht ihre Gedanken gewesen. Und sie fährt fort: Sie habe am 13. November eine Dienstreise nach Polen gemacht, um an der Nikolaus-Kopernikus-Universität in Thorn einen Vortrag zu halten.[121] »Dort wurde gesagt, als Nächstes komme die deutsche Einheit. Das hat mich erstaunt. So weit hatte ich nicht gedacht. Später habe ich meinen Kollegen in der Akademie davon berichtet, was man in Polen redet, und die haben mich auch nur irritiert angeschaut. Es war wohl so, dass vor allem für diejenigen, die etwas größere Distanz zu den Ereignissen hatten als wir, die Sache schon entschieden war.«[122]

Die Frage der künftigen Gesellschaftsordnung will für Angela Merkel allerdings schon festgestanden haben, als sie von ihrer Reise aus der Bundesrepublik zurückgekehrt war: »Wenn man die freie Wahl hat, sucht man sich die westliche Ordnung aus.« Für sie sei »völlig klar« gewesen: »Es muss das West-Modell sein. Für meine Mutter war das auch so klar, bei meinem Vater bin ich mir nicht sicher.«[123]

Auch die Bevölkerung in Deutschland sah dies ebenfalls anders als die ganz auf die Reformpolitik und einen »dritten Weg« fixierten DDR-Intellektuellen. Mit dem Fall der Mauer hatten die Dinge eine Eigendynamik gewonnen. Es war das eingetreten, wovor Gorbatschow seinen Besucher

191

Krenz Anfang des Monats noch so eindringlich gewarnt hatte: Die Entwicklung drohte der politischen Kontrolle der Wendemacher zu entgleiten. Denn die Deutschen waren gleichsam über Nacht wieder ein Volk geworden. Daran änderten sowohl die von den Reformkommunisten in Ost-Berlin organisierten Großdemonstrationen als auch die in West-Berlin vor dem Schöneberger Rathaus und zu Füßen der Gedächtniskirche von den Zweistaatlern gestörten Kundgebungen nichts mehr. Die Wirklichkeit schien die Politik hinter sich zu lassen und damit all jene, die wie Angela Merkel für einen demokratischen Sozialismus eintraten.

4 Es mangelt an gangbaren und einsichtigen Zukunftsvisionen zur Zeit

(November 1989 bis März 1990)

Angela Merkel gehörte bereits in der Zeit des Mauerfalls zum Demokratischen Aufbruch, eine der Parteien, in die die sowjetischen Reformer ihre Hoffnungen setzten. Ob sie über Günter Nooke, den Freund ihres Bruders, zu der Gruppierung gekommen war, oder direkt über Wolfgang Schnur, der als Synodaler zum Umfeld ihres Vaters gehörte, lässt sich nicht mehr sagen. Vielleicht waren es auch ganz andere Umstände. Schnur jedenfalls hatte sie bereits Anfang Oktober zugearbeitet, also noch bevor dieser Vorsitzender des Demokratischen Aufbruchs geworden war. Am 14. November packte sie in der DA-Geschäftsstelle neue Kopierer und Computer aus Kisten, als sich der Bundesminister für wirtschaftliche Zusammenarbeit, Jürgen Warnke, dort aufhielt. Er hatte den neuen Ost-CDU-Vorsitzenden Lothar de Maizière[1] besucht und traf sich nun mit Wolfgang Schnur und Edelbert Richter.[2] Die Geschäftsstelle war in einer einfachen Wohnung in der Marienburger Straße auf dem Prenzlauer Berg in Ost-Berlin untergebracht. Die Räumlichkeiten im Erdgeschoss des heruntergekommenen Hauses Nr. 11/12 waren von Schnur beschafft worden. Ehrhart Neubert ist heute davon überzeugt, dass es sich um eine konspirative Wohnung des Staatssicherheitsdienstes gehandelt habe. Er erinnert sich, dass auf einer Art Schreibtisch ein Telefon gestanden habe, dessen Schnur in einer Schublade endete.[3] Als Warnke dann im November in seiner Eigenschaft als EKD-Präsidiumsmitglied kam, gab es bereits einen Telefonanschluss und auch schon Kopierer und Computer – diejenigen, die Angela Merkel auspackte. Woher der DA das Geld für die Geräte hatte, weiß heute niemand mehr.

Die CDU-Vorsitzende datiert ihre Anfänge beim Demokratischen Aufbruch auf den Dezember, wohl in der Absicht ihr Engagement dort, als diese Gruppierung noch für einen demokratischen Sozialismus in einer eigenständigen DDR eintrat, zu verschleiern. Auf die Frage, was sie »zwischen Oktober und Dezember« gemacht habe, antwortete Angela Merkel dem Spiegel: *»Tja, ich weiß auch nicht (…) Ich war Beobachterin, ich hab dem Braten noch nicht ganz getraut. Das war nicht meine Sache, noch so kurz vor Toresschluss abzuhauen. Aber ich war noch nicht entschlossen, mich zu organisieren. Ich konnte mich nicht aufraffen, bei den Bürgerbewegungen mitzumachen. Ich bin mal zu Eppelmann in die Samariterkirche gegangen, aus Solidarität, weil man da eben hinging, wenn man mit der DDR nicht konform war.«[4] Und gegenüber ihrem Biografen Langguth ergänzt Angela Merkel, dass sie »nach einer Orientierungsphase« im Dezember beim Demokratischen Aufbruch hängen geblieben sei. »Hingekommen bin ich dadurch, dass mein damaliger Chef Dr. Ulbricht und ich uns vorgenommen hatten, uns jetzt beide politisch zu betätigen. Wir wussten aber nicht genau, welcher Partei wir uns anschließen wollten.« Außerdem berichtet sie von einem gemeinsamen Besuch mit Ulbricht bei einer SDP-Veranstaltung in Berlin-Köpenick am 14. Dezember. »Er ist bei den Sozialdemokraten geblieben, bei der SDP. Ich bin weiter-*

*gezogen und beim DA angekommen, wo es etwas chaotisch
zuging. Das hat mir aber irgendwie gefallen. Ich habe gespürt,
hier kannst du noch was bewirken«, sagt sie zu Langguth.*[5]

Organisiert worden war die Begegnung zwischen Schnur
und Warnke von seinem Pressesprecher Hans-Christian
Maaß. Er war als junger Christ mit dem SED-Staat in Hän-
del geraten, eingesperrt und schließlich von der Bundesrepublik freigekauft worden. Er kannte Schnur noch aus
DDR-Zeiten. Beide waren beim Evangelischen Jungmän-
nerwerk in der Ost-Berliner Sophienstraße. Über den auf-
gefrischten Kontakt zu seinem alten Bekannten war der
Besuch eingefädelt worden. Bei dieser Gelegenheit – also
an jenem 14. November 1989 – »traf ich zum ersten Mal
Angela Merkel«, sagt Maaß.[6] Schnurs Mitarbeiterin mit der
jungenhaften Frisur kam der Besucher aus dem Westen mit
seinem anderen Auftreten zunächst »etwas arrogant« vor.[7]
Dies verwundert kaum, denn Angela Merkel war nicht das,
was man üblicherweise unter der Bezeichnung Hilfskraft
versteht, sondern eine promovierte Physikerin von der
Akademie der Wissenschaften und dabei hochpolitisch.
Schließlich tauschten Maaß und sie doch noch ihre Tele-
fonnummern aus.

Der Traum vom demokratischen Sozialismus in einer eigenständigen DDR, den vor dem 9. November 1989 alle Reformer geträumt hätten, weil man sich etwas anderes gar
nicht hatte vorstellen können, wie es DA-Gründungsmitglied Neubert doch gesagt hatte[8], war mit der Grenzöffnung und der damit einhergehenden nationalen Euphorie
in Deutschland mit einem Mal bedroht. Während die Deutschen dem von der Öffnung der Berliner Grenzübergänge

völlig überraschten Gorbatschow dankten, war der Honecker-Zögling Krenz aus Sicht des sowjetischen Generalsekretärs damit zu einem Sicherheitsrisiko geworden. Seine Entmachtung wurde daher nun zum vorrangigen Ziel. Zusammen mit dem aus Moskau eilends eingeflogenen Falin soll Ex-HVA-Chef Wolf die Aktion vorbereitet haben. In der sowjetischen Botschaft »Unter den Linden« vernahm Falin den Honecker-Nachfolger ein, worauf Krenz schließlich »sehr betrübt« aus der Botschaft gekommen sein soll. Danach wurde Modrow mehrfach auf dem Weg zu Falin gesehen. Politische Beobachter schlossen daraus, dass Krenz nun »abserviert« und damit für die Perestroikisten der Weg zur Macht endgültig geebnet sei.[9]

Zunächst sollte nach deren Willen ein Ministerpräsident gewählt werden. Für das Amt wurde Modrow vorgeschlagen. Der Volkskammerabgeordnete des Kulturbundes, Manfred von Ardenne, war mit dem Kandidaten sichtlich zufrieden. Er sei sehr froh darüber, dass Modrow »für das in diesem Augenblick schicksalsschwere« Amt des Ministerpräsidenten vorgeschlagen worden sei, sagte er.[10] Im Lauf dieser Volkskammersitzung kam es auch zu peinlichen Selbstbezichtigungen des zurückgetretenen Stoph und zu noch peinlicheren Rechtfertigungsversuchen des mit diesem zeitgleich demissionierten Mielke. Unter dem Hohngelächter von zahlreichen Delegierten stammelte der soeben noch gefürchtete Exgeheimdienstchef und hartnäckige Reformverweigerer: »Aber ich liebe, ich liebe doch alle, alle Menschen (…).«[11]

Modrow wurde am 13. November 1989 erwartungsgemäß zum Ministerpräsidenten gewählt. Angela Merkel brach an diesem Tag zu ihrer dienstlichen Kurzreise nach Polen auf. An der Thorner Nikolaus-Kopernikus-Universität, wo sie einen Vortrag hielt, hatten die Wissenschaftler nicht mehr damit gerechnet, dass sie kommen würde. »Die waren bass erstaunt, dass ich dort auftauchte und nicht in Deutschland geblieben war, wo doch gerade alles so spannend sei«, sagt sie.[12] Und spannend war es ja nun wirklich, denn keine Woche nach Modrows Ministerpräsidentenwahl war auch sein Kabinett vereidigt, das aus 25 Ministern sowie aus drei Stellvertretern bestand. Unter Letzteren befand sich auch der neue CDU-Blockpartei-Vorsitzende Lothar de Maizière. Einem Protokoll des Politbüros vom 16. November zufolge war auch Manfred Stolpe als stellvertretender Ministerpräsident mit dem Zuständigkeitsbereich Kirche im Gespräch gewesen.[13] Doch am Ende fiel die Wahl auf de Maizière, der damit eine Vertrauensstellung in Modrows Kabinett erhielt, war doch die evangelische Kirche nach wie vor die zuverlässige Stütze der Reformpolitik und inzwischen auch des Wende-Regimes.

In seiner Regierungserklärung vom 17. November bemühte sich Modrow, seine Partei als die wahre Interessenvertreterin des Volkes darzustellen. Er wiederholte darin auch die Leitgedanken der Perestroika-Konzeption, zu der auch das an Bonn gerichtete Angebot einer »Vertragsgemeinschaft« zweier souveräner deutscher Staaten gehörte. Einen neuen »moralisch sauberen Sozialismus« konnte er jedoch nur dann glaubhaft vermitteln, wenn er die Forderung der Parteibasis aufnahm und jegliche Vergehen konsequent ahndete.[14] Mit Blick auf den vom Zentralkomitee der SED für den Dezember anberaumten Sonderparteitag wurden daher sogleich entsprechende Maßnahmen eingeleitet. Nachdem Honecker und seinen wichtigsten Gefolgsleuten ihre staatlichen Positionen und Volkskammermandate entrissen worden waren, wurden jetzt von der Zentralen Parteikontrollkommission Anträge geprüft, denen zufolge sie »schwerwiegende Verstöße gegen das Parteistatut begangen haben und die Verantwortung für die gegenwärtige Lage in der Partei und im Land tragen«[15].

Um den Eindruck von einem »moralisch sauberen Sozialismus« zu vermitteln, inszenierte die Regierung Modrow auch eine »Umgestaltung« des zunehmend öffentlich kritisierten MfS in ein verkleinertes »Amt für Nationale Sicherheit« (AfNS). Am Anfang stand hier ein medienwirksam dargebotenes Eingeständnis einer folgenschweren Fehlentwicklung. Der Staatssicherheitsdienst habe das Volk überwacht, räumte der neue AfNS-Minister, Generalleutnant Wolfgang Schwanitz, ein, ehe er die dafür Verantwortlichen benannte: Mielke und die alte Parteiführung. Unter Berufung auf das Kampfbündnis mit den sowjetischen Tschekisten bekundete die Parteiorganisation des AfNS nunmehr, geschlossen für die revolutionäre Umgestaltung einzutreten.

Der propagierten Umgestaltung des Geheimdienstes mit strukturellen und vor allem auch personellen Veränderungen schloss sich eine weitere, streng geheime Maßnahme an: Seine Mitarbeiter begannen damit, brisante Akten zu bereinigen. So wurden nicht nur in der Berliner Zentrale seit Ende November die Unterlagen zahlreicher als Inoffizielle Mitarbeiter geführter Personen, wie zum Beispiel diejenigen Lothar de Maizières, Manfred Stolpes oder Hanfried Müllers, vernichtet.[16] Es wurden auch die Operativ-Akten zu wichtige Organisationen und Einrichtungen, wie diejenige des Weißenseer Arbeitskreises, gesäubert. Bei all diesen Maßnahmen des AfNS ging es nicht darum, die brisanten Unterlagen vor dem Zugriff der Straße zu bewahren oder gar vor dem des »Klassenfeindes«, denn die Einheit, wie sie nicht einmal ein Jahr später vollzogen werden sollte, lag damals noch völlig außerhalb jeder Vorstellungskraft. Die Aktenbereinigungen standen vielmehr im Zusammenhang mit dem internen Machtkampf im Apparat. Es ging darum, den Perestroika-Gegnern die in den Akten lauernden politischen Möglichkeiten zu nehmen. Mit anderen Worten: Es galt, die neuen Männer und Frauen, sollten sie in der Vergangenheit im Dienste des MfS gestanden haben, gegen diskreditierende Enttarnungen abzusichern.

Obwohl Modrow und die Reformer alles taten, um das »Volk der DDR« hinter sich zu bringen, eilte dieses den Wendemachern davon. Bei den Massendemonstrationen forderte es die Einheit der Nation. An die Stelle der Parole »Wir sind das Volk« trat nun: »Wir sind ein Volk.« Befördert wurde dieser Ruf durch den Zehn-Punkte-Plan von Bundeskanzler Kohl, der nach dem staunenden Schweigen der westdeutschen Politik damit die Initiative an sich riss.[17] Am 28. November, während der Haushaltsdebatte, stellte Helmut Kohl sein Programm im Parlament vor. Die Bundesregierung sei bereit, über die von Modrow angeregte »Vertragsgemeinschaft« hinauszugehen und konföderative Strukturen zwischen beiden deutschen Staaten zu entwickeln, um danach eine Föderation, eine bundesstaatliche Ordnung in Deutschland, zu schaffen. Ziel bleibe die »Wiedergewinnung der staatlichen Einheit Deutschlands«. Der Bundeskanzler hob dabei hervor, dass die Entwicklung der innerdeutschen Beziehungen in den gesamteuropäischen Prozess und die Ost-West-Beziehungen einzubetten sei.

Gorbatschow sprach von einem nicht akzeptablen Diktat. In diesem Sinne reagierte die Modrow-Regierung klug auf Kohls Angebot. Er sei bereit, über eine Vertragsgemeinschaft zu reden, sagte Modrow mit Blick auf die Massen.

Eine Wiedervereinigung stehe jedoch nicht auf der Tagesordnung. Niemand in Ost und West wolle ernsthaft eine Veränderung des europäischen Gleichgewichts, sagte der DDR-Ministerpräsident.[18] Und die Vorsitzenden der reformierten Blockparteien, de Maizière, Gerlach und Hartmann, stimmten ihm zu.

Am Tag nach Kohls Bundestagsrede meldeten sich jedoch die Kulturschaffenden der DDR mit einem polarisierenden Aufruf unter der Überschrift »Für unser Land« zu Wort[19]. Darin malten sie die Alternative zur angestrebten »solidarischen Gesellschaft«, in der »Friede und soziale Gerechtigkeit« gewährleistet seien, in düstersten Farben. »(...) Müssen wir dulden, daß, veranlaßt durch starke ökonomische Zwänge und durch unzumutbare Bedingungen, an die einflußreiche Kreise aus Wirtschaft und Politik in der Bundesrepublik ihre Hilfe für die DDR knüpfen, ein Ausverkauf unserer materiellen und moralischen Werte beginnt und über kurz oder lang die Deutsche Demokratische Republik vereinnahmt wird?« Sie gaben selbst die Antwort, indem sie die Menschen aufforderten, sich auf »die humanistischen und antifaschistischen Ideale« zu besinnen und den Weg in die »solidarische Gesellschaft« zu gehen.

Initiiert wurde alles von dem in der DDR lebenden niederländischen Theologen, Marxisten und CFK-Aktivisten Dick Boer.[20] Der Chef der SED-Kreisleitung der Humboldt-Universität Dieter Klein, der Generalsuperintendent der evangelischen Kirche von Berlin-Brandenburg, CFK-Mann und IM »Günter« Günter Krusche sowie der Filmemacher Konrad Weiß hatten jeweils einen Entwurf vorgelegt. Aus diesen entstand eine abschließende Fassung, die von Christa Wolf in die »Entweder-oder-Form« gebracht wurde. Stefan Heym wurde gewonnen, den Aufruf »Für unser Land«

im Internationalen Pressezentrum in Ost-Berlin vorzustellen. Dies geschah am 29. November unter einer gewaltigen Medienresonanz.

Der Aufruf »Für unser Land« stieß jedoch in den Reihen der Reformer nicht auf ungeteilte Zustimmung. Der Demokratische Aufbruch verabschiedete nach seiner dritten Vorstandssitzung am 2. Dezember eine Presseerklärung, in der die »Entweder-oder-Form« des Aufrufs kritisiert wurde.[21] »So einfach ist es nicht«, hieß es in dem von der Programmkommission verfassten Papier. Und weiter: »Anstatt uns den Standort zu benennen, sind wir an den Scheideweg zwischen Traum und Furcht, Vision und Realität gestellt worden (...) Wir sind wie die Initiatoren des Aufrufs für eine solidarische Gesellschaft, in der Frieden und Gerechtigkeit, Freiheit des Einzelnen, Freizügigkeit aller und die Bewahrung der Umwelt gewährleistet sind.« Schließlich wurde die Zukunftsvision von der sich »einigenden Nation« entworfen, die einmal eine Rolle des Ausgleichs und des Friedens zwischen den beiden Militärblöcken herbeiführen könne. Zielsetzung dieser Presseerklärung war es, die Forderung der Massen nach der Einheit aufzunehmen und sie auf einen dritten Weg zu leiten.

Auch Angela Merkel vertrat die Auffassung, dass der Aufruf »Für unser Land« eher dem ohnehin gefährdeten Projekt eines demokratischen Sozialismus schade. Zusammen mit ihrer Leipziger Freundin Erika Hoentsch schrieb sie fünf Tage nach der Presseerklärung des Demokratischen Aufbruchs, am 7. Dezember 1989, einen »offenen Brief an Christa Wolf«[22] – eine Aktion, die erneut gar nicht zu dem von Angela Merkel im Nachhinein gezeichneten Bild von der Orientierung suchenden Wissenschaftlerin passt. In dem »offenen Brief« heißt es, Wolfs und Stefan Heyms

Worte hätten bei vielen »hierzulande« Gewicht, »um so mehr sind wir enttäuscht über diesen Aufruf«. Sie begründen ihre Enttäuschung damit, dass der Aufruf »demagogisch« sei und »die Möglichkeiten der gesellschaftlichen Entwicklung auf zwei sich angeblich ausschließende Wege« reduziere. Es folgt ein Attacke gegen Christa Wolf und Stefan Heym: »Sie schreiben, man solle sich auf die antifaschistischen Ideale der Vergangenheit besinnen. Sie tun dabei so, als sei das nur in der Entweder-Variante möglich, und sprechen damit den politischen Kräften der Bundesrepublik diese Tugenden ab (…) Gerade Sie sollten es besser wissen. Ihnen und Stefan Heym haben doch humanistisch gesonnene Kräfte in der Bundesrepublik geholfen, wenn Sie mit mangelnden Publikations- und Kommunikationsmöglichkeiten in der DDR zu kämpfen hatten.« Abschließend heißt es in Angela Merkels und Erika Hoentschs offenem Brief an die bekannte DDR-Schriftstellerin: »Wenn Sie noch an die Zukunft des Sozialismus glauben, dann wäre es notwendig gewesen, einen Entwurf für dessen Realisierung voranzustellen und nicht lediglich zu polemisieren. Gerade an gangbaren und einsichtigen Zukunftsvisionen mangelt es zur Zeit. Im übrigen haben 40 Jahre DDR vielen das einstmals so hoffnungsvolle Wort ›Sozialismus‹ verleidet. Wir glauben, daß Sie diesem Land in der augenblicklichen Situation mit einer auch noch so forcierten Unterschriftensammlung keinen guten Dienst erwiesen haben.«

»Die beiden Systeme waren in keiner Weise miteinander vereinbar. Ein bisschen was von diesem, ein bisschen was von jenem, das ging nicht. Das konnte man mit einiger Intelligenz sehr gut durchschauen«, äußerte Angela Merkel, als Deutschland längst vereinigt war.[23]

Wir glauben, daß Sie diesem Land in der augenblicklichen
Situation mit einer auch noch so forcierten Unterschriften-
einsammlung keinen guten Dienst erwiesen haben.

Mit freundlichem Gruß

Angela Merkel   Erika Hoentsch
(unsere Tochter und ihre Freundin)

In Sorge um die Zukunft der DDR. Ausriss aus dem Offenen Brief
von Angela Merkel und Erika Hoentsch an Christa Wolf.
Die handschriftliche Anmerkung stammt von Horst Kasner

Die beiden jungen Wissenschaftlerinnen, deren Brief nie
veröffentlicht wurde, aber auch der Vorstand des Demokratischen Aufbruchs sollten recht behalten. Trotz massen-
hafter Zustimmung aus dem Kreis der Reformer und Nutz-
nießer des SED-Staats verfehlte der Aufruf bei der breiten
Bevölkerung seine Wirkung. Das lag nicht zuletzt an seiner
»Schwarz-Weiß-Malerei der vergangenen 40 Jahre«, wie
die Briefeschreiberinnen beklagten. In ihren Augen war der
Aufruf nichts als Propaganda alten Stils, denn seit der Grenzöffnung hatten die Menschen den Westen mit seinem Wohlstand und seiner zivilisatorischen Gesinnung erlebt. Dieses
fundamentale Erlebnis ließ den Ruf nach dem »einig Vaterland« laut und schließlich zu einer kraftvollen Artikulation
des Volkswillens werden. Der Machtkampf innerhalb des
Partei- und Staatsapparats, der mit dem Rücktritt des SED-
Generalsekretärs Krenz und des gesamten Politbüros und
Zentralkomitees am 3. Dezember sowie der Wahl Gysis
zum neuen Vorsitzenden der Partei des Demokratischen

Sozialismus (PDS) entschieden war, interessierte die Massen nicht mehr. Das sozialistische System der DDR als solches war, nicht zuletzt auch durch die von den Reformern lancierten Enthüllungen über die Wandlitzer Privilegien der alten SED-Führung, zutiefst diskreditiert worden.

Dennoch herrschte in der gesamten Reformbewegung bei aller Ratlosigkeit und Verunsicherung zu diesem Zeitpunkt noch relative Einigkeit über das, was man nicht wollte. Damit war jedoch Schluss, als der Vorsitzende des Demokratischen Aufbruchs Schnur Anfang Dezember überraschend von der Deutschen Einheit als konkrete Perspektive zu sprechen begann, obgleich er noch am 24. November vor der Bundespressekonferenz in Bonn erklärt hatte, dass der Vorsitzende des Demokratischen Aufbruchs an der Vision des Sozialismus in der DDR festhalte.[24] Der sich stets fromm gebende egozentrische Mann, der dann und wann auch zu Anflügen von Größenwahn neigte – so hatte er einmal einen Brief an Mielke geschrieben und angeboten, seine wichtigen IM-Berichte direkt dem Minister zukommen zu lassen[25] –, legte einen Fahrplan zur Einheit vor, der bald auch noch in der *Bild am Sonntag* des Springer Verlags veröffentlicht wurde[26], was allein schon deshalb im Demokratischen Aufbruch für Irritation und Verärgerung sorgte.

Während die ganze Reformbewegung auf Schnur schaute, kam es im Demokratischen Aufbruch, der in Berlin gerade seine Untergliederungen, also seine Ortsgruppen, gegründet hatte, zu schweren Auseinandersetzungen über den künftigen Kurs der Initiative. Entsprechend aufgeladen war auch die Stimmung, als die DA-Gruppe Prenzlauer Berg in der Christburger Straße Mitte Dezember in den Räumen des DDR-Seniorenverbandes »Volkssolidarität« mit Blick auf den bevorstehenden Leipziger Parteitag eine ihrer ersten Versammlungen abhielt.[27] Nicht erst im Mai 1990, sondern bereits am 16. und 17. Dezember sollte in der Messestadt der Demokratische Aufbruch angesichts der Entwicklung im Land zur Partei werden.

Zu der Veranstaltung in der Christburger Straße, auf der es turbulent zuging, kam auch Angela Merkel als politische Beobachterin. Die Anwesenden stritten erbittert darüber, wie sie es denn in der Frage der Nation halten sollten. Angela Merkel hingegen hielt sich zurück, sie verfolgte die leidenschaftliche Debatte lediglich. Das DA-Gründungsmitglied Andreas Apelt weiß noch, wie sich Angela Merkel bescheiden an die Außenseite des langen Versammlungstisches setzte und sich als Mitarbeiterin der Akademie der Wissenschaften vorstellte. Sie habe von ihrem politischen Interesse gesprochen – allerdings nur kurz. Und dann ließ sie wissen, dass sie sich zunächst »auf das Zuhören« beschränken wolle. »Ohnehin scheint sie einen gewissen Abstand halten zu wollen«, meinte Apelt.[28] »Damit wird sie quasi auf Zuruf Mitglied des Demokratischen Aufbruchs. Und das ohne jede formelle Eintragung«, so der DA-Mitgründer. Folgt man diesen Kriterien, war die Schnur-Mitarbeiterin Angela Merkel mindestens seit dem 14. November 1989 Mitglied der Reformgruppe, der in Berlin zu diesem Zeitpunkt weniger als 200 Leute angehörten.

Der Parteitag des Demokratischen Aufbruchs fand im Leipziger Brühlzentrum am Sachsenplatz statt. Dort verabschiedete der DA schließlich ein Programm[29], das sich am Ende kaum von Schnurs »Fahrplan« unterschied. Darin kam die »Vision von einer sozialistischen Gesellschaftsordnung« im Gegensatz zur »vorläufigen Grundsatzerklärung«[30] von Ende Oktober 1989 nicht mehr vor. Von Marktwirtschaft mit »hohem ökologischem Anspruch« war jetzt die Rede – zur Freude der zahlreich angereisten Politgäste aus dem Westen. Zur deutschen Frage hieß es, diese »kann nicht alleine unter innen- und wirtschaftspolitischen Gesichtspunkten behandelt werden, sondern kann nur als Element einer umfassenden kooperativen Politik in Europa (›europäisches Haus‹) verstanden werden. Der Prozeß der staatlichen Einigung steht nicht im Gegensatz zum europäischen Einigungsprozeß. Beide Prozesse begünstigen einander.« Das Programm stellte fest, dass sich der Demokratische Aufbruch mit der Spaltung Deutschlands nicht abfinden werde. Als Voraussetzung für die Überwindung dieser Spaltung nannte es die Anerkennung der heutigen Grenzen und einvernehmliche Regelungen mit den europäischen Nachbarn und Siegermächten des Zweiten Weltkriegs. Am Ende des Wegs, der über eine Vertragsgemeinschaft und einen Staatenbund führen sollte, sah der DA einen blockfreien, neutralen Bundesstaat.

Diese Vorstellungen entsprachen den sich inzwischen im Kreml durchsetzenden Überlegungen. Dort verfolgte die Spitze der KPdSU mit atemloser Spannung die sich seit dem Mauerfall eskalierende Entwicklung. Neben allerlei Deklamationen, die DDR nicht im Stich zu lassen, hatte die Sowjetunion zunächst sogar ihre Siegerrechte aktiviert und für den 11. Dezember die Botschafter der Vereinigten Staaten, Großbritanniens und Frankreichs zu einem Vier-Mächte-Treffen in das Berliner Kontrollratsgebäude eingeladen. Die Sowjets hatten damit verdeutlichen wollen, dass die deutsche Frage nicht allein Sache der Deutschen sei. Doch Mitte Dezember erhielt Gorbatschow vom stellvertretenden Leiter der Auslandsaufklärung N. S. Leonow und von Novikov ein Telegramm. Darin wurde in aller Deutlichkeit hervorgehoben, dass »keinerlei Chancen mehr vorhanden sind, die DDR als selbstständigen souveränen Staat und damit als Mitglied des Warschauer Vertrages zu bewahren. Gleichermaßen bestehen auch keine Chancen mehr für die Aufrechterhaltung des sozialistischen Systems in der DDR. Nationalistische Leidenschaften haben das Land im Ganzen erfasst. Die aus neuen Leuten bestehende politische Führung ist außerstande, die Lage zu beherrschen.«[31] Die Umgestaltung in der DDR, die, wie Gorbatschow Anfang Dezember 1990 zu Bundesaußenminister Hans-Dietrich Genscher sagte, von der Sowjetunion nicht nur »toleriert«, sondern auch »angestoßen« worden sei[32], war gescheitert.

Dieser Entwicklung trugen die Perestroikisten nunmehr Rechnung, indem sie alles versuchten, den Prozess in Richtung Einheit zu verlangsamen. KGB-Vize Schebarschin und der Chef der Gruppe »Luch«, Oberst Laptijew, räumten dies später ganz offen ein.[33] In der Hoffnung, den Druck der Straße eindämmen und das Land halbwegs stabilisieren zu können, sprachen sie jetzt vielmehr von der Konföderation als Übergangsform zu einem deutschen Staat im europäischen Haus. Das blieb freilich nur eine bloße Ankündigung, solange die Rahmenbedingungen für den Bau eines solchen europäischen Hauses nicht gegeben waren und die Siegermächte des Zweiten Weltkriegs – und damit auch die Sowjetunion mit ihrer halben Million Soldaten auf dem Gebiet der DDR – ein entscheidendes Wort mitzusprechen hatten.

Diese neue Haltung des Kremls zur deutschen Frage brachte eine Spaltung seiner reformkommunistischen deutschen Gefolgschaft mit sich. Während die in der SED-PDS Organisierten an einem demokratischen Sozialismus in einer eigenständigen DDR festhielten und weiterhin auf die schon so oft beschworenen Bestandsgarantien der Sowjetmacht setzten, schwenkten nun die Vorsitzenden der Blockparteien, Gerlach, Hartmann und de Maizière, in Richtung Einheit in dem noch zu errichtenden europäischen Haus ein. De Maizière, der noch am 8. Dezember ausdrücklich bekräftigt hatte, dass die deutsche Einheit nicht auf der Tageordnung stünde, erklärte auf dem Parteitag der Ost-CDU am 15. und 16. Dezember, er sehe »realpolitische Chancen«, dass dieser Wunsch nach staatlicher Einheit in Erfüllung gehen könne, »und zwar in einem vereinten Europa«.[34] Doch wann dies der Fall sein sollte, sagte er ebenso wenig wie Markus Meckel von der SDP, der sich auf dem Bundesparteitag der SPD in West-Berlin in ähnlicher Weise äußerte.[35] Der SPD-Parteitag stand einer deutschen Einheit ablehnend gegen, abgesehen vom Ehrenvorsitzenden Willy Brandt und einigen wenigen anderen. In dieser Haltung waren die Sozialdemokraten nahe bei der SED, die sich seit ihrem Reformparteitag Mitte Dezember SED-PDS nannte, und dem Neuen Forum, dessen Sprecherrat sich am 17. Dezember gegen eine staatliche Wiedervereinigung ausgesprochen hatte.[36] Allerdings gab es im Neuen Forum auch Stimmen, die von der Einheit im »europäischen Haus« sprachen, nachdem die Wirklichkeit, wie sie sich beim Besuch des umjubelten Kohl in Dresden und bei dem Brandts in Magdeburg darstellte, mit den Beschwörungen von der eigenständigen DDR nicht mehr zu vereinbaren war.

Das politische Chaos, mit dem eine neue Wahrnehmung der politischen Standorte einherging, war nunmehr perfekt. Jene Reformkommunisten, die Moskau als Avantgarde folgten, wurden aus westdeutscher Sicht jetzt über

Nacht zu gesamtdeutschen Patrioten, die dem Volkswillen Rechnung trugen. Und sie wurden damit zu potenziellen »konservativen Partnern«. Diejenigen, die sich in die ursprünglichen Ziele eines demokratischen Sozialismus verbissen, nahm der Westen aus dieser Perspektive als Moskaus verlängerten Arm wahr. Aber das waren sie in diesem Augenblick gerade nicht, fühlten sie sich doch vom Kreml verraten. Diejenigen, die sich soeben in der Zielsetzung einig waren, attackierten sich jetzt gegenseitig. Die neuen Parteien und Gruppierungen waren dabei besonderen Zerreißproben ausgesetzt, denn dort fanden sich auch noch Unabhängige, die inzwischen aus eigener Überzeugung die deutsche Einheit wollten.

Eine solche schwer überschaubare Gemengelage fand sich auch beim Demokratischen Aufbruch, wo sich viele dem verabschiedeten Programm widersetzten. Von den Anhängern Schnurs wurden diese jetzt als »rote Schweine« und als »Agenten« attackiert.[37] Umgekehrt waren die Beschimpfungen nicht weniger heftig, wenn von »Nazis« die Rede war. Dabei hatte doch der Leipziger Parteitag, der unter dem schlichten Motto stand »Für glückliche Menschen in einer sauberen Umwelt«, die Gräben zwischen den Flügeln schließen sollen. Stattdessen stand der Demokratische Aufbruch vor seiner Spaltung. Der Wittenberger Pfarrer Friedrich Schorlemmer, der Kohls Zehn-Punkte-Plan als »Katastrophe« bezeichnete[38], giftete in die Kameras des Westfernsehens, er wolle mit dieser »nationalistischen Partei« nichts mehr zu tun haben.[39] Andere, wie die Schriftstellerin Daniela Dahn, äußerten sich ähnlich.

Ihr Gegner war vor allem Schnur, der Protagonist der Einheitsrhetorik, der in Leipzig nach einer wilden Abstimmung abermals zum Vorsitzenden gewählt wurde. Der psychisch labile Inoffizielle Mitarbeiter des MfS und Mann Gorbatschows war offenbar gerade dabei, die Bodenhaftung zu verlieren. Sonja Süß, die, als sie noch Schröter hieß, in Leipzig zu Schnurs Stellvertreterin gewählt worden war und zu den Leuten um Schorlemmer gehörte, war dabei, als Kohl am Rande seines großen Dresdener Auftritts vor der Ruine der Frauenkirche mit einer Gruppe handverlesener Kulturschaffender und Reformer in einem Konferenzraum des Hotels Bellevue zusammentraf. Sie vertrat zusammen mit Schnur den Demokratischen Aufbruch. »Sie sagt, dass Schnur wie elektrisiert von Kohl war. Helmut Kohl brachte die Autorität in den Raum, nach der der schwer gestörte Wolfgang Schnur ein Leben lang suchte, sagt Sonja Süß. Er hätte den Kanzler regelrecht angehimmelt.«[40]

Das *Neue Deutschland* und das auflagenstarke FDJ-Blatt *Junge Welt* entfachten nun ein regelrechtes Kesseltreiben gegen den Vorsitzenden des Demokratischen Aufbruchs.[41] Beide Blätter schrieben auf Linie der Reformkommunisten. Sie warfen Schnur vor, er habe sich unter Ausnutzung seiner Anwaltsstellung die Wohnung eines Mandanten beschaffen und damit gleichzeitig einer kinderreichen Familie den dringend benötigten Wohnraum wegnehmen wollen. Zeitungsausschnitte zum »Fall Schnur« wurden von Unbekannten auf Flugblätter kopiert und in seiner Heimatstadt Rostock verteilt oder gar auf Litfaßsäulen geklebt. Schnur stellte im Vorstand seinen Posten zur Disposition. Doch der stand unter dem Eindruck der Kampagne hinter ihm. »In geheimer Abstimmung haben wir unserem Vorsitzenden das Vertrauen ausgesprochen«, hieß es in der Presseerklärung.[42]

Jene, die hinter den Attacken gegen Schnur standen, ließen derweil nichts unversucht, die Stimmung im Land vielleicht doch noch zu wenden. Gerade in dem Augenblick, da sie von Moskau aufgegeben worden war, hatte sich die letztendlich weiterhin auf die Sowjetunion setzende Partei des Demokratischen Sozialismus wieder etwas gefangen und ein wenig Ordnung in die eigenen Reihen gebracht. Spätestens mit ihrem Parteitag Mitte Dezember war sie in der Hand der Männer um Modrow, Wolf und Gysi. Mit dem Zentralen Runden Tisch, an dem auch die neuen politischen Gruppierungen saßen, war ein Instrument geschaffen worden, das die Beteiligung der Bevölkerung an der Gestaltung der Zukunft suggerierte. Wirkungsvoller war die Ankündigung, im Mai 1990 Volkskammerwahlen abhalten zu wollen. Doch auch diese Ankündigung erreichte viele Menschen in der DDR nicht mehr. Sie verließen das Land, und die zurückbleibende Bevölkerung verlangte nach der schnellen Einheit, nach der Teilhabe an der Demokratie und den wirtschaftlichen Segnungen des Westens.

Im Demokratischen Aufbruch begann das neue Jahr, das Hunderttausende in der Silvesternacht am wieder offenen Brandenburger Tor begrüßt hatten, wie das alte aufgehört hatte: mit erbitterten Auseinandersetzungen um den künftigen Kurs. In Leipzig trafen sich am 2. Januar 1990 die Aktivisten um Schorlemmer, die einen deutschen Nationalstaat ablehnten. Sie sprachen sich daher für eine »strukturelle und personelle Vereinigung mit einer starken rot-grünen Partei« der Bundesrepublik aus[43], wo man ganz andere Vorstellungen von der Zukunft der Nation als in den Reihen der westdeutschen Christdemokraten hatte. Für die Schorlemmer-Richtung plädierte auch das DA-Vorstandsmitglied Edelbert Richter. Doch Schnur, der die Attacken des *Neuen Deutschland* und der *Jungen Welt* aussaß, hatte anderes im Sinn.

Angela Merkel war zu dieser Zeit in der Zentrale des Demokratischen Aufbruchs beschäftigt, die inzwischen zusammen mit der des Neuen Forums im Berliner »Haus der Demokratie«, dem Hauptquartier der SED-Kreisleitung von Berlin Mitte, untergebracht war. Sie sei in einen »desolaten Haufen« reingekommen, erinnert sich das DA-Gründungsmitglied Neubert. Der DA habe alle Mühen gehabt, »sich selbst zu formieren, in der Öffentlichkeit eine eigene Rolle zu spielen und Profil zu gewinnen. Außerdem waren wir in schwere innere Orientierungskämpfe verstrickt. Bei jeder Erklärung, die der Vorstand oder ich absetzen wollte, kam ja entweder von Schorlemmer oder von zig anderen möglichen DA-Leuten sofort eine Gegenerklärung, die alles neutralisiert hätte. Wir waren richtig gelähmt.«[44]

Aus diesen Richtungsstreitigkeiten hielt sich Angela Merkel, der kein festes Aufgabengebiet in der Parteizentrale zugewiesen worden war, konsequent heraus; zumindest war eine Positionierung der gegenüber jedermann unverbindlich freundlichen Frau nicht zu erkennen.[45] Die Akademie sah es Angela Merkel offenbar nach, dass sie mehr Zeit beim Demokratischen Aufbruch verbrachte als an ihrer Arbeitsstelle. In der Parteizentrale sei sie »unscheinbar gewesen«, sagt Neubert. Wohl deswegen unterschätzte er sie zunächst, und vielen anderen erging es ebenso, besonders wenn sie aus dem Westen kamen. Neubert ergänzt aber schnell: »Doch dann hat sie in kürzester Zeit bewiesen, was in ihr steckt.«[46] Das bestätigt auch Andreas Apelt, der berichtet, wie Angela Merkel die damals jämmerlichen Kommunikationsmöglichkeiten mit großem Einfallsreichtum und Arbeitseinsatz verbessert habe. Flugblätter habe sie zu Hause in ihrer Wohnung entworfen. Adressaten seien in einem Fall die Ost-Berliner Taxifahrer gewesen, die mit

Beträchtlicher Freiraum. Angela Merkel in der Zentrale des
Demokratischen Aufbruchs in der Ost-Berliner Friedrichstraße

einem Warnstreik die vollständige Auflösung des Staatssicherheitsdienstes verlangten. Mit den Flugblättern habe
sie die Taxifahrer zu Wachsamkeit aufgerufen – unter der
Überschrift: »Die Wende ist noch nicht zu Ende!«[47] Ganz
ähnlich sah es auch ihr Vater, der dem herrschenden Ein-
heits-Zeitgeist zum Trotz von der Templiner Kanzel pol-
terte, dass es jetzt erst losgehe. »Politik ist Schicksal«, sagte
er. »Jeder muss erkennen, dass Politik auch sein Schicksal
ist. Wenn ihr wollt, dass sich wirklich was verändert, dann

müsst ihr jetzt aktiv werden und kandidieren für die Wahl, ihr müsst jetzt in die Parteien gehen.«[48]

Angela Merkel prangerte auf ihren Flugblättern das Machtmonopol der SED und die unterbliebene Auflösung des MfS/AfNS an. Letzteres war das große Thema zum Jahreswechsel 1989/90. Begonnen hatte der Krach am Runden Tisch, denn die Modrow-Regierung tat so gut wie nichts, um die geforderte Auflösung des Geheimdienstes umzusetzen. Der Zorn des nach staatlicher Einheit schreienden Volkes entlud sich daher erneut gegen jene, deren »Schild und Schwert« einmal das MfS gewesen war und die nun in den nicht unbegründeten Verdacht gerieten, dass dies jetzt nicht anders sein würde. In den Städten des ganzen Landes demonstrierten Anfang Januar wiederum Hunderttausende und verlangten den Rücktritt des SED-Vorsitzenden Gysi. »Säuberungen«, denen die letzten Parteifunktionäre aus der Honecker-Ära zum Opfer fielen, änderten nichts am Unmut der Bevölkerung. Erst als – vom Neuen Forum organisiert – am 15. Januar Bürgerbewegte, darunter auch Aktivisten des Demokratischen Aufbruchs, die Berliner Stasizentrale stürmten und das Fernsehen der DDR darüber mit Sondersendungen berichtete, beruhigte sich die Volksseele wieder. Was die Menschen damals nicht wussten: Es war alles nur eine Inszenierung.[49] Tatsächlich arbeitete der Geheimdienst bis tief in den Sommer 1990 hinein unbehelligt weiter.

Flugblätter zu verfassen war nur eine unter vielen Aufgaben der Angela Merkel in diesen Tagen. Zu diesen gehörte jetzt auch schon einmal etwas Pressearbeit. Denn der Posten einer Pressesprecherin des Demokratischen Aufbruchs war vakant, seitdem Christiane Zöller und Sonja Süß – beide waren Mitstreiterinnen Schorlemmers – Mitte Januar

214

ihre Ämter aufgegeben hatten.[50] Dabei schob sich Angela Merkel wiederum nicht in den Vordergrund. Sie blieb weiterhin unauffällig, so als gäbe es sie gar nicht, und dennoch wuchs ihr Einfluss. »Ich habe Angela Merkel zu der Zeit gar nicht zur Kenntnis genommen. Sie ist eben keine gewesen, die sich in den Vordergrund gedrängt hat (...) Was normalerweise an Geschäftsarbeit lief, das Erarbeiten von Presseerklärungen und so etwas alles, das habe ich, obwohl ich im Vorstand und dann sogar der Chef des DA war, praktisch fast nicht mitbekommen«, sagt der zumindest auf dem Papier für die »Medienarbeit« der Partei zuständige Vorstand Eppelmann[51], von dem Neubert behauptet, er sei die meiste Zeit ohnehin unterwegs gewesen[52].

Der 23. Januar 1990 war dann ein besonderer Tag für Angela Merkel. Denn an diesem Tag, an dem gemäß dem Leipziger Parteitagsbeschluss der Berliner Landesverband ins Leben gerufen wurde, kandidierte sie für ihr erstes Wahlamt. Der DA-Aktivist Stefan Dachsel erinnert sich noch gut an den Auftritt der Frau beim Gründungsparteitag im Jugendclub »Gérard Philipe« im Ost-Berliner Stadtteil Treptow. »Es wurde ein Pressesprecher gesucht. Angela Merkel stand von sich aus auf und sagte, sie würde das machen. Sie ist dann auch gewählt worden«[53] – wenn auch nur knapp. Apelt, der sich kurz zuvor ebenso knapp als Landesvorsitzender hatte durchsetzen können, berichtet: »Ihrer Kandidatur und meiner Bitte, als Pressesprecherin zu kandidieren, ist eine längere Diskussion vorausgegangen und wieder die ihr eigene Bedenkzeit.«[54] Wie sie es gefordert habe, sei auch Gisbert Mangliers als zweiter Pressesprecher gewählt worden. Mit dem Pfarrer von der Paul-Gerhardt-Gemeinde auf dem Prenzlauer Berg hatte sie kurz zuvor ein von einem Westberater vermitteltes Seminar der West-Berliner Hermann-Ehlers-Akademie am Savignyplatz besucht. »Es ging um die Grundregeln der Demokratie, ganz interessant für mich damals«, bemerkte Angela Merkel mit einem Anflug von Zynismus dazu.[55]

»Vom Landesverband habe ich nie etwas mitbekommen«, sagt Angela Merkel 2005 in einem Interview.[56]

Apelt meint, Angela Merkel sei sich mit der Annahme der Wahl zur Pressesprecherin klar darüber gewesen, dass sie sich damit auf die Seite der »Realos« geschlagen habe, denn der Berliner Landesverband habe mehrheitlich zur CDU gestrebt. In deren Bonner Führung reifte seit Längerem der Plan, den Demokratischen Aufbruch neben der Ost-CDU und der soeben in Leipzig gegründeten Deutschen Sozialen Union (DSU) nicht nur als Partner zu gewinnen, sondern aus ihnen ein Wahlbündnis zu schmieden. Dies musste alles unter Zeitdruck geschehen, denn im Mai sollten die Volkskammerwahlen stattfinden. Hinzu kam, dass die SPD bereits mit der SDP über so etwas wie einen natürlichen Partner verfügte. Jedoch kam es über die Pläne für das Bündnis mit der Blockpartei zu Verwerfungen im Bonner Adenauer-Haus, der CDU-Parteizentrale. Volker Rühe, der Generalsekretär, wies auf die Rolle der ehemaligen Blockpartei im SED-Staat hin. Und auch Kanzler Kohl hegte zunächst eine Abneigung gegen die Partei und gegen ihren Vorsitzenden Lothar de Maizière. Ihm leuchtete nicht ein, weshalb dieser Reformer als stellvertretender Ministerpräsident in der Regierung Modrow mitmachte.[57]

Ausgerechnet de Maizière war es aber dann, der das Projekt einer Zusammenarbeit mit der Kohl-Partei doch noch auf den Weg brachte, nachdem es bereits im November ein ergebnisloses Treffen zwischen ihm und Rühe gegeben hatte. Und de Maizière tat dies sicherlich nicht ohne Rückversicherung bei denen, die hinter ihm standen. So wandte er sich in der ersten Januarhälfte an Wolfgang Schäuble, der bereits im Dezember über den brandenburgischen Konsistorialpräsidenten Stolpe den Kontakt zu de Maizière gesucht und gefunden hatte. Das Büro des Berliner CDU-Landesvorsitzenden Eberhard Diepgen, in dem Thomas de Maizière, der Cousin des Ost-CDU-Vorsitzenden und Sohn des ehemaligen Bundeswehr-Generalinspekteurs, tätig war, vermittelte daraufhin ein Treffen mit Schäuble. Es fand in einem Besprechungsraum des Flughafens Tegel statt.[58] Beide waren sich einig, dass die beiden Parteien mit dem »C« im Namen zusammengehen sollten. Schließlich lenkte auch der Bundeskanzler unter dem Einfluss Schäubles ein. Der Grund war mit Blick auf die Wahlen ein machttaktischer, denn immerhin verfügte die ehemalige Blockpartei über einen DDR-weiten Apparat. Als Modrow am 29. Januar eine Allparteien-Regierung der »nationalen Verantwortung« bildete und die Volkskammerwahlen auf den 18. März vorverlegte, gerieten die Christdemokraten in Bonn unter enormen Zeitdruck. Doch das Präsidium der CDU fand noch am gleichen Tag einen Namen für das noch zu gründende Wahlbündnis: Es sollte »Allianz für Deutschland« heißen.[59]

Modrow, der vor der Volkskammer die hoffnungslose wirtschaftliche Lage der DDR und den fortdauernden Exodus aus dem Land offen angesprochen und damit das Scheitern der Perestroika in der DDR eingestanden hatte, war zu diesem Zeitpunkt bereits auf dem Sprung nach Moskau. Ihm war bedeutet worden, ohne offizielle Begleitung zu kommen. Am 30. Januar empfingen ihn Gorbatschow, Ministerpräsident Ryschkow und Außenminister Schewardnadse im Kreml. Was sie dem »guten Freund«, der ein ungeschminktes Bild der Lage in der DDR rapportierte, nun eröffneten, hatte der Sowjetführer mit KGB-Chef-Krjutschkow, seinem Chefberater in Sachen Perestroika Alexander Jakowlew und anderen ein paar Tage zuvor noch einmal erörtert[60]: Die SED sei am Ende. Sie sei weder Hilfe noch Stütze für die Sowjetunion. Es käme jetzt zunächst darauf an, Zeit zu gewinnen. Schließlich bekräftigten sie noch einmal, was sie schon seit Wochen als den Weg aus dem Desaster ansahen und was die getreuen deutschen Perestroikisten seit Mitte Dezember verkündeten: das Ziel vom wiedervereinigten, neutralen Deutschland in einem europäischen Haus. Die Wiedervereinigung sollte danach nicht den Deutschen allein überlassen werden. »Wir müssen die Idee Zwei-plus-Vier vorschlagen, wir müssen die deutsche Frage in den Wiener Abrüstungsprozess integrieren«, sagte Gorbatschow, der damit nichts anderes meinte als die Einbeziehung der vier Hauptsiegermächte des Zweiten Weltkriegs sowie all jener Staaten, die in Wien am Verhandlungstisch saßen. Der Generalsekretär setzte damit auch auf die Widerstände im westlichen Europa gegen eine deutsche Einheit.

Was Modrow in dieser Stunde bewegte, ist nicht überliefert. Der »gute Freund«, der einmal angetreten war, seiner DDR mit der Hilfe des Kremls den demokratischen Sozialismus zu bringen, erwies sich weiterhin als treuer Gefolgsmann Moskaus. Er flog am darauffolgenden Tag zurück nach Berlin-Schönefeld. Im Internationalen Pressezentrum, dort, wo Schabowski am 9. November die neue Reiseregelung verkündet hatte, trat er an die Öffentlichkeit. Er tat dies im Alleingang, »weil« – so umschrieb sein Mit-

streiter Karl-Heinz Arnold das »demokratische Selbstverständnis« des vorletzten DDR-Ministerpräsidenten – »es
weder ein Zerreden am ›Runden Tisch‹, weder eine Diskussion zwischen den fünf Koalitionsparteien (vertrug)«.[61]
Vor Pressevertretern aus der ganzen Welt verkündete er an
diesem 1. Februar »seine« Konzeption »Für Deutschland,
einig Vaterland«[62], die ihm der Kreml am Tag zuvor diktiert hatte.

Dieser für die deutschen Kommunisten schicksalhafte
1. Februar 1990 war Angela Merkels erster offizieller Arbeitstag als Vollzeitbeschäftigte beim Demokratischen Aufbruch.[63] Eine Verordnung der Modrow-Regierung, angeregt
vom Runden Tisch, nach der die Ostdeutschen von ihrem
Arbeitsplatz für die Zeit des Wahlkampfs freigestellt werden konnten, hatte dies möglich gemacht. Angela Merkel
begann nun, ihre Vergangenheit hinter sich zu lassen, einfach so, als hätte es diese nie gegeben. Sie ließ ihren Vater,
Horst Kasner, hinter sich, der diese Wendung nicht mitmachte und – verbittert über das Ende des Traums vom demokratischen Sozialismus – aus seiner Ablehnung gegenüber der westlichen Gesellschaftsordnung keinen Hehl
machte. Sie ließ auch ihren Bruder hinter sich. »Es klingt
distanziert, wenn Marcus Kasner heute über Angela Merkel spricht. Er sagt ›sie‹, ›meine Schwester‹, ›meine ältere
Schwester‹, nie Angela.«[64] Sie scheint ihm fremd geworden
zu sein. Dabei waren sie sich einmal in vielen Dingen einig,
nicht nur wegen ihrer beider Interesse an der Physik, sondern etwa auch, was die DDR-Jugendorganisationen anging. Beide waren bei den Pionieren und engagierten sich
in der FDJ. Er ging sogar zur Jugendweihe, was die systemkritischen Pfarrer damals mächtig empörte und Horst Kasner veranlasste, seine jüngste Tochter Irene wieder von der

Jugendweihe auszunehmen.[65] Und sie standen für einen besseren Sozialismus. Heute ist es zwischen Marcus und Angela fast ein bisschen wie zwischen Matthias Rau, dem Jungen vom Waldhof, und Angela. Sie kommen aus einer gemeinsamen Vergangenheit, doch je weiter die Zukunft voranschreitet, wird das, was beide einmal miteinander verband, im Blick zurück immer unscheinbarer. Marcus Kasner selbst mag dazu eigentlich nichts erzählen, sagt dann aber doch immerhin so viel: »Ein bisschen unterscheide ich mich schon und habe zum Teil meine Meinung, die nicht mit meiner Schwester oder der CDU übereinstimmt.«[66] Auf die Frage nach dem Werdegang seiner Schwester antwortet Marcus Kasner, der wie der Mathematiker Gunter Walther ein eher stiller Beobachter ist, mit nur einem einzigen Wort: »Erstaunlich.«[67]. Ralf Der, Gunter Walther, Hans-Jörg Osten, Christofer Frey und viele andere bis hin zu Matthias Rau und Stefan Dachsel sehen es nicht anders.

Angela Merkel, die gleichsam über Nacht in der Wahrnehmung des westlichen Betrachters eine »Konservative« wurde, sah nun ihre Zukunft in einem sicherlich noch fernen, kapitalistischen Deutschland. In diese Richtung machte ihre Partei – ebenfalls noch an diesem 1. Februar 1990 – einen ersten konkreteren Schritt. Wolfgang Schnur und Rainer Eppelmann fuhren am Abend nach Berlin-Dahlem, um erstmals über ein Wahlbündnis mit der West-CDU zu verhandeln. Im dortigen Gästehaus der Bundesregierung trafen sie mit Helmut Kohl zusammen, der von Volker Rühe und Rudolf Seiters begleitet wurde. Mit dabei waren auch Lothar de Maizière und Martin Kirchner als Vertreter der Ost-CDU sowie Peter-Michael Diestel und Hans-Wilhelm Ebeling für die Deutsche Soziale Union (DSU). Kohl schrieb in seinem Erinnerungsbuch: »Schon nach kurzer Zeit brach ein veritabler Krach aus, weil Kirchner sofort – im Falle eines Wahlsieges der CDU – den Posten des Ministerpräsidenten für Lothar de Maizière beanspruchte. Diestel widersetzte sich diesem Ansinnen energisch. Er wolle mit den ›roten Socken‹ (…) nichts zu tun haben, schimpfte er auf die Ost-CDU und bezeichnete sie sogar als Verräter. Schnur wiederum meinte, das Amt des Ministerpräsidenten stehe ihm zu. De Maizière und Kirchner hielten dagegen. Keiner traute dem anderen (…)«[68] Sie einigten sich dennoch. Bundesarbeitsminister Norbert Blüm und der Bundesminister für besondere Aufgaben Rudolf Seiters räumten mit dem Hauptvorstand des Demokratischen Aufbruchs in Halle die letzten Hindernisse aus dem Weg. So »stand« bereits zwei Tage später die »Allianz für Deutschland«. Am 6. Februar war es Angela Merkel, die ihren Namen unter die Urkunde setzte, mit der das Wahlbündnis auf Berliner Landesebene begründet wurde, denn der DA-Landesvorsitzende Apelt war auf Dienstreise in Bonn.[69]

Es entstand innerhalb kürzester Zeit ein »Sofortprogramm«, in dem eine Vielzahl von Maßnahmen festgeschrieben wurde, mit denen die Rahmenbedingungen für den Aufbau der sozialen Marktwirtschaft geschaffen werden sollten. Dazu gehörte die sofortige Einführung der D-Mark ebenso wie die Privatisierung der Staatsbetriebe oder die Übertragung der Regelungen des europäischen Binnenmarktes. Teil des »Sofortprogramms« war auch der Schutz vor den negativen Folgen des schwierigen Anpassungsprozesses für die Bevölkerung, wie etwa der Schutz der Mieter. Von besonderer Bedeutung war das Procedere, auf welcher rechtlichen Grundlage die beiden deutschen Staaten zusammengefügt werden sollten. Hier hatte Kohl durchgesetzt, dass die DDR der Bundesrepublik nach Artikel 23 des Grundgesetzes beitreten sollte. Dies war auch im Westen höchst umstritten, denn einem solchen Beitritt lag der Gedanke zugrunde, die einmal wiedervereinigte Republik so zu belassen, wie der Weststaat war.[70]

All das wollte eine ganze Reihe von Gründungsmitgliedern des Demokratischen Aufbruchs nicht mittragen. Sie wollten ihre Prinzipien vom demokratischen Sozialismus, für den sie einmal angetreten waren, nicht auf dem Altar eines Bündnisses mit der CDU der kapitalistischen Bundesrepublik, des Staats, dessen Gesellschaftsordnung sie ablehnten, geopfert sehen. Nachdem schon die meisten Anhänger der Gruppe um Schorlemmer im Januar gegangen waren, kehrten nunmehr auch Nooke, Richter und Neubert der Partei den Rücken. Über seine Parteifreundin Angela Merkel sagte Letzterer: »Sie hatte keine Schwierigkeiten damit, die Macht von der Straße aufzuheben, die wir liegen gelassen haben.«[71] Es ist dies die selbstkritische Einschätzung eines Linken, dessen elitäres Selbstverständnis darin bestand, eigene politische Entscheidungen weder von Mächten noch von Massenstimmungen abhängig zu machen.

Für Angela Merkel ging es nunmehr schnell voran im Demokratischen Aufbruch. Sie war »zunehmend unentbehrlich« und »eine unglaublich stabilisierende Größe«. »Jeder konnte zu ihr gehen und Probleme mit ihr besprechen.« Matthias Rößler, der bildungspolitische Sprecher des DA und spätere sächsische Kultusminister, schwärmte noch später von ihr, dass sie nicht nur »originell, geistreich« war, sondern obendrein »den Überblick« behalten habe.[72] Mitte Februar, der Wahlkampf war bereits im Gange, wurde ihr Zuständigkeitsbereich als Pressesprecherin des Berliner Landesverbandes auf die Gesamtpartei ausgeweitet. Es war nicht der Zufall, wie sie es darstellt, dass ihr der Parteivorsitzende Schnur den Posten angetragen hatte.

Angela Merkel selbst schildert in ihrem Interview-Buch, das sie zusammen mit Hugo Müller-Vogg, dem Kolumnisten der Bild-Zeitung, verfasste: »Schnur versäumte dauernd Termine. Es fehlte einfach die Koordination. Als dann eines Morgens eine Delegation der Konrad-Adenauer-Stiftung vor der Tür stand und Schnur dafür mal wieder keine Zeit hatte, hieß es: ›Gehen Sie doch mal.‹ Ich hatte noch darauf verwiesen, ich hätte keine Legitimation, worauf Schnur meinte: ›Dann sind Sie jetzt eben die Pressesprecherin.‹ Von da an habe ich mich eingearbeitet, und das ging dann auch ganz gut.«[73]

Als Pressesprecherin der Gesamtpartei, in der nach wie vor manches drunter und drüber ging, hatte Angela Merkel beachtliche Spielräume. »Sie hat dann bald einfach ihre eigenen Themen und Inhalte gesetzt, hat aus nichts was gemacht. Und sie hat es in diesen wenigen Wochen geschafft, Anlaufpunkt zu werden und als Sprecherin des DA bekannt zu werden in der Öffentlichkeit und bei den West-Journalisten.«[74] Am 10. Februar machte die Frau mit einem Bekenntnis zur sozialen Marktwirtschaft in der *Berliner Zeitung* von sich reden. Sie schrieb von einem »phantastisch anmutendem Konzept (…), die Wirtschaft nur noch über Wettbewerb und Markt zu steuern«. Dem Staat komme die Aufgabe zu, »einerseits die Funktionsbedingungen des Marktes« zu garantieren und »andernorts für den Schutz der sozial Schwächeren und der natürlichen Lebensgrundlagen zu sorgen«. Sie hob dabei hervor, dass das eine das andere bedinge, wenn es hieß: »Wenn es uns nicht gelingt, im Rahmen einer neuen Wirtschaftsordnung Werte zu erwirtschaften, können wir im sozialen und ökologischen Bereich auch nichts verteilen.« Sie warb in dem Artikel ausdrücklich für den DA, der eben dafür stünde, genauso wie die CDU, die deshalb ein »natürlicher Verbündeter« sei.

Dies alles schrieb Angela Merkel auch in die Wahlkampfreden, die sie als engste Schnur-Mitarbeiterin für ihren Chef überarbeitete und ebenfalls entwarf. Das tat sie auch für dessen Auftritt in Magdeburg. Dort sprach er als Vorredner des Bundeskanzlers, der zu seiner ersten Kundgebung während des Volkskammerwahlkampfs angereist war. Vor der imposanten Kulisse, die die Hunderttausend Menschen zu Füßen des Kaiserdoms boten, dankte Schnur, der als Erster ans Mikrofon treten durfte, dem Bundeskanzler, »der uns nie aufgegeben hat, dass er an der Einheit des deutschen Vaterlandes festgehalten hat, auch als das nicht selbstverständlich war«. Schnur sprach von der sozialen Marktwirtschaft, als hätte er sie mit der Muttermilch eingesogen, er sprach von der »ökologischen Verantwortung«, von den Ängsten der Menschen vor den Neuerungen, die nicht notwendig seien, und er sprach vom Staatssicherheitsdienst, der nie wieder Lebensentwürfe vernichten dürfe.[75]

Als Schnur in Magdeburg, das nach Dresden zu einem weiteren Triumph des Bundeskanzlers wurde, diese Worte aussprach, kursierten bereits seit Wochen am Runden Tisch Gerüchte über seine Tätigkeit als Inoffizieller Mitarbeiter des MfS – Gerüchte, die von den zahlreichen Westberatern in der Geschäftsstelle des DA als gezielte Desinformation der Kommunisten bewertet wurden. Solche Gerüchte hatten sie ja auch über Lothar de Maizière aus der CDU gehört, wo die Verdächtigungen mit demselben Argument zurückgewiesen wurden. Die Mitstreiter stellten sich also an die Seite des Vorsitzenden, der – ganz im Vertrauen auf seine Hintermänner – eine Zusammenarbeit mit dem Mielke-Ministerium vehement bestritt und stattdessen in Phantasien von einem Wahlsieg des Demokratischen Aufbruchs und sich selbst als kommendem Ministerpräsidenten schwelgte.

Angela Merkel erinnerte sich, dass eben wegen dieser Gerüchte die Pressearbeit eine »extrem schwierige Tätigkeit« gewesen sei. Dennoch lief der Wahlkampf, für den Bonn ein ganzes Heer von Beratern in den Osten entsandt hatte, für die »Allianz für Deutschland« nicht schlecht. Die Koordination zwischen den einzelnen Parteien des Wahlbündnisses funktionierte ebenso wie die landesweite Plakatierung, für die ebenfalls Geld und Logistik aus der Bundesrepublik kamen. Der DA ließ im März sogar eine Zeitung erscheinen, die den Titel *Der Aufbruch* trug.[76] Als Herausgeberin firmierte Angela Merkel zusammen mit dem von Schnur eigenmächtig ernannten DA-Generalsekretär Oswald Wutzke. Er war Pfarrer in Hohenreinkendorf und Gartz. Als junger Vikar hatte er Schönherrs Predigerseminar in Brandenburg an der Havel besucht.

In der Zeitung schrieb auch der Bundeskanzler, die »Wunderwaffe« im Wahlkampf der Allianz. Kohl wurde auf seinen Wahlkampfauftritten gefeiert wie keiner vor ihm. Bei seinem Besuch im Kreml hatte er die sowjetische Zustimmung für ein unter Einbeziehung der Siegermächte wiederzuvereinigendes, neutrales Deutschland erhalten. In enger Absprache mit dem amerikanischen Präsidenten akzeptierte er dies nicht. Nach Kohls und Bushs Vorstellungen sollte ein künftiger gesamtdeutscher Staat der NATO angehören. Doch diese Gegensätze waren nicht Thema des Wahlkampfs, sondern die verheißungsvolle Zukunft im wiedervereinigten Deutschland. Obwohl der Bundeskanzler für die Bevölkerung die Verkörperung dieser Zukunft war und die Stimmabgabe für die Ost-CDU trotz ihrer ursprünglich so geringen Popularität die einzige Möglichkeit war, dies auszudrücken, prognostizierten die Demoskopen einen haushohen Wahlsieg für die SPD.[77]

Was den Demokratischen Aufbruch anbelangte, so wurden seine Aussichten bei der Volkskammerwahl am 18. März als nicht sonderlich groß eingeschätzt. Nach einer von der DDR-Nachrichtenagentur ADN am 8. März verbreiteten Umfrage des Zentralinstituts für Jugendforschung kam der Demokratische Aufbruch auf sieben Prozent der Stimmen. Natürlich waren da die Zweckoptimisten in der Parteizentrale in der Ost-Berliner Friedrichstraße, die von 20 Prozent redeten. Doch wer ehrlich war, hätte zehn Prozent als Traumergebnis angesehen. Umso schlimmer war die Nachricht, die Abgesandte eines Rostocker Bürgerkomitees am 7. März dem dortigen Büro des Demokratischen Aufbruchs brachten. Danach hätten sich Geheimdienstunterlagen der dortigen Bezirksverwaltung gefunden, die Schnur als Inoffiziellen Mitarbeiter auswiesen. Damit war Gewissheit geworden, was seit Monaten am Zentralen Runden Tisch und auch andernorts an Gerüchten kursierte.

Bevor die Unterlagen dem Rostocker Bürgerkomitee vorlagen, hatten zwei MfS-Mitarbeiter sie der *Bild*-Zeitung zum Kauf angeboten, zum Preis von 100 000 D-Mark.[78] Ob es den Verkäufern um das Geld ging oder ob Schnur wegen seiner großen Nähe zu Kohl von der Spitze des Demokratischen Aufbruchs entfernt werden und die Allianz für Deutschland durch den Skandal geschwächt werden sollte, ist nie aufgeklärt worden; ebenso wenig wie die Frage, wer hinter dem Verkauf steckte. Wahrscheinlich waren es diese beiden Mitarbeiter gewesen, die dem Bürgerkomitee den

Hinweis auf die Existenz der umfangreichen MfS-Unterlagen zu Schnur gegeben hatten.

Die Nachricht von der 17 Jahre währenden Mitarbeit Schnurs beim Staatssicherheitsdienst der DDR sorgte in der DA-Zentrale für Konfusion und Ratlosigkeit. Wutzke stellte sich unverzüglich auf die Seite Schnurs, sah in den Informationen eine zielgerichtete Verunglimpfung alter MfS-Seilschaften. Auch Eppelmann sagte, dass er nicht glaube, was da über seinen Freund ans Tageslicht gekommen war. Wie Wutzke stellte er sich vor Schnur. Es konnte doch nicht sein, dass Schnur, mit dem er Urlaub gemacht, mit dem er über Inhaftierte gesprochen und mit dem er den Demokratischen Aufbruch gegründet hatte, auch ihn fast zehn Jahre lang bespitzelt hatte.

Schnur, der sich mehrmals geweigert hatte, seiner Parteiführung Rede und Antwort zu stehen, war unterdessen abgetaucht. Er wollte es nicht wahrhaben, dass er enttarnt werden könnte, und hatte dabei auf einen Beschluss des Modrow-Ministerrats gesetzt, dem zufolge alle Akten des Staatssicherheitsdienstes erst einmal unter Verschluss bleiben sollten. Im Vertrauen darauf lehnte er auch jegliche Stellungnahmen zu den Unterlagen ab. Stattdessen erklärte er schriftlich und »verbindlich, ich habe nie für die Staatssicherheit gearbeitet, ich habe nie einen Orden des Ministeriums für Staatssicherheit empfangen«.[79] Mit einer ähnlichen Beteuerung war er schon einmal durchgekommen, als er in Bonn auf die um seine Person kreisenden Gerüchte angesprochen worden war. Rühe und der Bremer Landesvorsitzende Bernd Neumann berichteten daraufhin, es sei in »genereller Form« über das Problem geredet worden. Herausgekommen sei dabei, dass Anwälte in der DDR natürlich mit den Vertretern des MfS sprechen mussten,

Sie waren über viele Jahre Freunde. Die Reformer Rainer Eppelmann (links) und Wolfgang Schnur bei einer Pressekonferenz

wenn sie die Interessen ihrer Mandanten ernsthaft vertreten wollten. Neumann fasste zusammen: Der Beschuldigte habe ein völlig reines Gewissen.[80]

Nachdem am Montag vor der Volkskammerwahl der *Spiegel* ausführlich über Schnurs MfS-Tätigkeit berichtet und sich dabei auf die Aussagen seines MfS-Führungsoffiziers berufen hatte[81], fuhr Eppelmann zum Bürgerkomitee nach Rostock. Dort konnte er es dann schwarz auf weiß lesen: »Die Haupteinsatzrichtung des IM besteht in der aktiven Bearbeitung negativ-feindlicher Kräfte in der DDR, unter besonderer Beachtung von Pastor Eppelmann.«[82] Nun war guter Rat teuer. In der Parteizentrale des Demokratischen Aufbruchs, im Berliner »Haus der Demokratie«, grübelte der Vorstand, wie man eine gute Woche vor der Volkskammerwahl aus dem Schlamassel herauskommen könne. Denn niemand glaubte daran, die Angelegenheit bis zum Wahltag noch auf kleiner Flamme halten zu können.

Angela Merkel berichtete später, sie hätten »dann erst mal alle aus dem Westen aus dem Zimmer rausgeschickt, um unter uns einen klaren Kopf zu bekommen«.[83] Und Thomas Schwarz, ein verbündeter Radio-Journalist, sagt über die Augenblicke, bevor er den Raum verlassen musste: »Es war ein völlig verrauchtes Zimmer, alle fühlten sich elend, vor der Tür gierten die Medien nach dem Desaster der Konservativen (!) kurz vor der entscheidenden Wahl. Angela Merkel war aber konzentriert, und wie selbstverständlich blickten alle Männer mit ihren hohen Parteiämtern auf die junge Frau.«[84] Was Schwarz in pathetischen Worten schildert, verdeutlicht, dass Angela Merkel im Demokratischen Aufbruch inzwischen eine weitaus größere Rolle spielte, als es ihre Funktion als Pressesprecherin nahelegte. Die »Tagesthemen« der ARD zeigten sie, wie sie an diesem Abend das »Haus der Demokratie« verließ. »Eine schwere Tür ging auf. Aus der Tür kam eine zornige junge Frau herausgelaufen, die die Tür dann sehr wütend wieder zuschmiss.«[85]

Die DA-Pressesprecherin zeigte erstmals Nerven, befand sie sich doch als engste Mitarbeiterin Schnurs in einer prekären Lage. Würde ihre eigene politische Karriere durch dessen Verstrickung mit dem Staatssicherheitsdienst Schaden nehmen? Zu allem Überfluss hatte sie für den darauffolgenden Morgen zusammen mit dem Berliner DA-Landesvorsitzenden Apelt ein Pressegespräch zum Thema »Europapolitik« terminiert. Es wurde die erste brisante

Pressekonferenz, die sie leitete. Der Andrang war groß. Doch für Europa interessierte sich jetzt, angesichts des Skandals um Schnur, niemand mehr. Wie sollte sie sich verhalten? Was sollte sie auf die eventuelle Frage antworten, weshalb die DA-Führung so lange nicht gehandelt hatte? Angela Merkel suchte in dieser Situation den Rat ihres Lebensgefährten Joachim Sauer. »Weil er einen klaren Kopf hatte und Ruhe bewahrte«, sagt sie.[86] Unter den vielen Fragen, die dann am nächsten Morgen auf sie einprasselten, war auch die, ob sie denn wisse, dass Eberhard Diepgen gerade am Krankenbett von Schnur sitze und dieser ein Geständnis ablege. Der entlarvte Schnur, der unter der Last seiner mehreren Rollen, die er zu spielen hatte, zusammengebrochen war, hatte sich unterdessen ins Ost-Berliner St. Hedwigs-Krankenhaus geflüchtet.

Tatsächlich war Diepgen von Bundeskanzler Kohl zusammen mit Neumann, der am 14. März in aller Frühe nach Berlin geflogen war, zu Schnur geschickt worden, um von diesem den Rücktritt vom Parteivorsitz einzufordern.[87] Kohl war am Vorabend vom DA-Vorstand über die neueste Entwicklung informiert worden und hatte eine schnelle Entscheidung getroffen: Schnur, zu dem auch in Bonn längst Verfassungsschutzhinweise über seine MfS-Verstrickung vorlagen, war nach den Presseveröffentlichungen für die »Allianz für Deutschland« nicht mehr haltbar. Er musste gehen, und zwar schnell. Ein sauberer Schnitt würde den angerichteten Schaden begrenzen, kalkulierte Kohl, der zu diesem Zeitpunkt noch Wahlkundgebungen in Cottbus und Leipzig vor sich hatte.

Gegenüber Diepgen und Neumann, die Schnurs Aufenthaltsort ausfindig gemacht hatten und in der Mittagszeit an diesem 14. März 1989 bei ihm eintrafen, bestätigte er in

Ansätzen, was in den Rostocker Akten über ihn zu lesen war: Ja, er habe zwanzig Jahre mit dem Staatssicherheitsdienst zusammengearbeitet, aber immer im Interesse der Bedrängten und Hilflosen.[88] Schnur, dessen Vertrauen in die Wendemacher tief erschüttert war, schwieg über seine Rolle als DA-Politiker. Wohl damit dies auch so bleiben würde, kam zu dem Anwalt, der erleichtert gewesen sein soll, dass alles vorüber war, an diesem Tag noch ein anderer Besucher. Es war kein Geringerer als der Kopf der Perestroika in der DDR, Hans Modrow. Dieser teilte nach der von den Kommentatoren als »menschliche Geste« gewerteten Visite mit, er sei nicht als Ministerpräsident zu Schnur gegangen, sondern »als Hans Modrow«, zu dem er (Schnur) »Vertrauen hat«.[89]

Das Vertrauen des Wahlvolks in den Demokratischen Aufbruch war allerdings dahin. Dies war umso mehr der Fall, da die allerwenigsten verstanden, weshalb ausgerechnet jener Mann, der am lautesten von der deutschen Einheit sprach, ein Geheimdienstmitarbeiter gewesen sein sollte. Die Aussichten für den Demokratischen Aufbruch bei diesen ersten freien Wahlen im Osten Deutschlands seit 1932 konnten also schlechter nicht sein. Angela Merkel soll deshalb »am Rand der Verzweiflung« gewesen sein, erinnert sich Apelt.[90] Denn sie wusste, dass ein schlechtes Abschneiden des Demokratischen Aufbruchs auch ihren persönlichen Aufbruch in das kapitalistische Deutschland erschweren würde.

5 Von unseren politischen Freunden in Osteuropa haben wir in den vergangenen Jahren viel gelernt

(März 1990 bis 1991)

Angela Merkels politische Karriere schien auf den ersten Blick schon beendet zu sein, bevor sie noch richtig begonnen hatte. Denn die 0,92 Prozent, mit denen der Demokratische Aufbruch aus der Volkskammerwahl vom 18. März 1990 hervorging, hätten kaum Ansprüche auf Posten in der künftigen Regierung zugelassen. Doch auf den zweiten Blick stellten sich die Dinge anders dar: Noch in der Wahlnacht suchte die Pressesprecherin des Demokratischen Aufbruchs die Nähe zum Sieger, genauer gesagt zum Überraschungssieger, denn niemand hatte erwartet, dass Lothar de Maizière 40,8 Prozent der Stimmen bekommen würde.[1] Vorausgesagt worden war ein Triumph der Sozialdemokraten unter Ibrahim Böhme, der bald von seiner Stasivergangenheit eingeholt werden sollte. Sogar von einer absoluten Mehrheit sprachen die Demoskopen. Doch nun erhielten die Sozialdemokraten gerade einmal 21,9 Prozent. Die Menschen hatten de Maizière gewählt und den Bundeskanzler gemeint, der wie kein anderer für Deutschlands schnelle Vereinigung stand.

Angela Merkel harrte nicht bei den Verlierern vom Demokratischen Aufbruch aus. Eigentlich hatten sie in der Gaststätte »Zur Mühle« auf dem Prenzlauer Berg ein ganz anderes Ergebnis feiern wollen, ehe die Schnur-Affäre alles zunichtegemacht hatte. Sie fuhr stattdessen mit dem Journalisten und Politikberater Claus Detjen zum Palast der Republik, dem Sitz der Volkskammer, wo ein Medienauftrieb stattfand, wie man ihn bisher nur von Wahlabenden im Westen kannte. Der ungeheure Trubel machte es beiden jedoch unmöglich, an den Wahlsieger heranzukommen, geschweige denn ein Gespräch mit ihm zu führen. Deshalb entschlossen sie sich, jetzt in Begleitung Joachim Sauers und des Detjen-Sohns Stephan, zum »Ahornblatt«, einem Saalbau auf der Fischerinsel, zu gehen, wo die Wahlparty der CDU schon begonnen hatte und alle auf de Maizière warteten. Doch die vier wurden von den Sicherungskräften abgewiesen, verfügten sie doch weder über Presseausweise noch über andere Einlasskarten. Sie machten sich deshalb wieder »Zur Mühle« auf, wo Rainer Eppelmann und einige andere Wahlkämpfer des Demokratischen Aufbruchs saßen und ihren Frust hinunterspülten. Spät in der Nacht kam es dann doch noch zu dem Treffen mit dem Wahlsieger. Lothar de Maizière, der Mann, der für Angela Merkels Aufstieg entscheidend werden sollte, stieß zu ihnen.[2]

Doch wer ist eigentlich Lothar de Maizière? Schon im Verlauf des Abends war den Beobachtern im Palast der Republik oder im »Ahornblatt« aufgefallen, dass der designierte Regierungschef der DDR Mühe hatte, die Situation zu meistern. Zum zweiten Mal sollte er nun völlig überraschend in eine Führungsposition katapultiert werden, um die er sich nicht gerissen hatte. Damals – Ende Oktober 1989 – war er ausgewählt worden, die zu reformierende Blockpartei als Vorsitzender zu übernehmen. Doch die Politik war nicht unbedingt die Sache des gelernten Bratschisten, dem sein Vater Clemens de Maizière durch seine Beziehungen zu Blockparteichef Götting ein spätes Jurastudium ermöglich hatte.[3] Wie sein Vater war er dann beim MfS als Inoffizieller Mitarbeiter (»Czerny«) registriert und soll als solcher – so steht es in den Unterlagen des Geheimdienstes – in der Maske des evangelischen Kirchenfunktionärs bei der Durchsetzung staatlicher Kirchenpolitik mitgewirkt haben.[4] Wie sein Vater trat er dem innerhalb des Staatsapparats angesehenen Berliner Rechtsanwaltskollegium bei, dessen Chef seit 1988 Gregor Gysi war. Und wie sein Vater verfügte er über eine Zulassung beim Militärgerichtshof der DDR, wo Mielke die in ihrem Verlauf und Ausgang schon vorher festgelegten Geheimverfahren gegen Angehörige der bewaffneten Organe abwickeln ließ.[5] Die Rolle der Verteidiger glich dabei derjenigen von Statisten auf einer Theaterbühne. Doch alles war eine bitterernste Angelegenheit, denn bis Anfang der Achtzigerjahre endeten solche Verfahren auch schon einmal mit einem Todesurteil, das dann mit einem Nahschuss in den Hinterkopf vollstreckt wurde.

Uwe Müller beschreibt in seinem Welt am Sonntag-*Essay »Die Familie de Maizière – eine deutsche Dynastie«[6] deren mannigfache Verstrickungen mit dem SED-Staat und dessen Organen. Doch davon, so stellt er fest, sei in der Selbstdarstellung der de Maizières mit keinem Wort die Rede. Lothars Cousin Thomas, der Vertraute Angela Merkels und spätere Verteidigungsminister zum Beispiel, ist von seinem Onkel Clemens »angetan«. In einem Defa-Dokumentarfilm »Die de Maizières« aus dem Jahr 1999 schwärmt der Sohn des einstigen Generalinspekteurs der Bundeswehr über seine erste Begegnung mit dem Mitarbeiter des Staatssicherheitsdienstes und CDU-Blockpartei-Funktionär Clemens de Maizière, dieser sei ein »gebildeter, humorvoller Mann (gewesen), der sich gern bedienen ließ, der Mittelpunkt der Familie war und sein wollte. Neugierig war er auf die jungen Verwandten, die da aus dem Westen kamen.« Und auch von Lothar gibt es keinerlei selbstkritische Reflexion zu seiner MfS-Verstrickung. Er streitet diese vielmehr beharrlich ab. In seinem 2010 erschienenen Buch* Ich will, dass meine Kinder nicht mehr lügen müssen *schreibt Lothar de Maizière, der sich in der Opferrolle sieht: »Inoffizieller Mitarbeiter war ich nie (...) Mit meiner späteren politischen Tätigkeit verband sich bei meinen Kritikern das große ideologische Missverständnis, man könnte mir anhand von Blockpartei- und Stasi-Aktenfunden eine irgendwie geartete geistige oder praktische Kollaboration mit dem System nachweisen.«[7]*

Wie verunsichert Lothar de Maizière schon im November 1989 war und wie nahe er der Gruppe um Wolf und Gysi stand, verdeutlicht auch die Tatsache, dass er nach seiner Nominierung zum CDU-Vorsitzenden sofort Gysi aufsuchte. Ein Vermerk des MfS vom 6. November 1989[8], der auf einem Tonbandmitschnitt basiert, gibt den Verlauf des Gesprächs wieder. Danach schildert de Maizière Gysi zunächst, dass ihm mitgeteilt worden sei, »daß ein Parteimitglied Vorsitzender werden soll, das nicht durch eine bisherige Tätigkeit in einem Kreisvorstand oder einem Bezirksvorstand oder im Hauptvorstand oder im Apparat belastet ist«. Außerdem solle der künftige Vorsitzende »auch glaubwürdig als Christ« sein. Er, de Maizière, »erschien durch seinen Beruf und durch die Tatsache besonders geeignet, weil er bisher Vizepräsident der Bundessynode der ev. Kirche in der DDR war«. Diejenigen, die de Maizière auserwählt hatten, wollten demnach mit der Entscheidung für ihn verschleiern, dass der designierte CDU-Vorsitzende nichts anderes war als ein Mann der Wendemacher. Wie sie ihn eingeschworen hatten, zeigt der Vermerk, in dem es weiter heißt, de Maizière habe berichtet, man habe von ihm eine Stellungnahme verlangt, wie er zur DDR stünde. »Er (de Maizière) erklärte, daß für ihn das Wichtigste sei, daß die DDR ein souveräner sozialistischer Staat sein muß«, worauf man ihm gesagt habe, dass die CDU daran mitzuarbeiten habe. Gysi riet laut Vermerk nach mehrstündigem Gespräch seinem Besucher, den Posten anzunehmen, »wies ihn aber auch auf bestimmte charakterliche Schwächen hin, die in einer solchen Funktion gefährlich sein können«. Welche »Schwächen« dies waren, ist in dem Vermerk nicht festgehalten, wohl aber, dass »RA de Maizière (…) (zusicherte), daß er die Ratschläge seiner Ehefrau und auch seines bisherigen Vorsitzenden des Rechtsanwaltskollegiums (gemeint ist Gysi) beachten wird. Er wolle sich durchaus mit ihm beraten, wenn er glaube, politisch schwierige Entscheidungen treffen zu müssen«, heißt es in dem Vermerk abschließend. Mit anderen Worten: Der künftige Vorsitzende der Ost-CDU hatte seinem Freund, dem Wolf-Ersatzmann Gysi, wie es der Gorbatschow-Berater Falin ausdrückt, die Rolle seines Politikberaters angetragen.

Lothar de Maizière arbeitete, wie es von ihm verlangt worden war: Bei seiner ersten öffentlichen politischen Rede drei Tage nach dem Gespräch mit Gysi sagte er im Verlauf einer Veranstaltung in der Französischen Friedrichstadtkirche, die CDU wolle die Forderungen aufnehmen, die auf der Synode des Bundes der evangelischen Kirchen Mitte September in Eisenach aufgestellt worden seien. (Die Kirchenführung hatte sich für einen demokratischen Sozialismus in einer eigenständigen DDR ausgesprochen und gesamtdeutschen Ambitionen eine strikte Absage erteilt.) Er

236

berief sich dabei auf die Barmer Erklärung der Bekennenden Kirche aus dem Jahr 1934, die schon bei der Kirchenspaltung der Sechzigerjahre hatte herhalten müssen. Lothar de Maizière, der vom MfS für den Einsatz bei der Eisenacher Bundessynode eingeplant worden war[9], schreibt später: »Diese Anbindung (der CDU) an die Kirchen schien mir für die CDU Glaubwürdigkeit zu garantieren.«[10] Mitte November wurde de Maizière von DDR-Ministerpräsident Modrow, Wolf-Freund und »KGB-Konfident«, zu dessen für Kirchenfragen zuständigem Stellvertreter ernannt.

Jetzt, im März 1990, hatte ihn der Souverän – das Volk – zum künftigen Ministerpräsidenten der DDR gewählt, einer DDR, die es nach dem Willen der Deutschen – wie er sich im Ausgang der ersten freien Volkskammerwahl erneut artikulierte – bald nicht mehr geben sollte. Und der von Zweifeln und Skrupeln gepeinigte Lothar de Maizière verspürte wenig Neigung, die Bürde des Amtes zu übernehmen. Am 21. März flog er mit Eppelmann und Pfarrer Ebeling von der Deutschen Sozialen Union nach Bonn, um dort mit dem Bundeskanzler zu beraten, wie es weitergehen solle. Seit ihrem ersten Treffen im Januar mochte Kohl de Maizière nicht besonders, und auch umgekehrt war es nicht viel anders. Zu unterschiedlich waren beide Männer. Hier der Koloss mit dem pfälzisch-derben Habitus, die Verkörperung des Machtmenschen, katholisch; dort der sensible, musisch ambitionierte, schmächtige und zwei Köpfe kleinere Protestant. Hinzu kam, dass Welten sie in ihrer politischen Haltung trennten. Da ging gar nichts miteinander. Besser war die Chemie zwischen Kohl und den beiden Pfarrern Eppelmann und Ebeling.

Eppelmann schlug bei dem Bonner Gespräch dann Manfred Stolpe als Kandidaten für das Ministerpräsidentenamt vor, was Kohl schroff zurückwies. Wie sich Kohl erinnert, zeigte der Wahlsieger »wenig Begeisterung« für die neue Aufgabe. »Damals«, so der Altkanzler, »konnte ich mir auf ein solches Verhalten keinen Reim machen, heute wäre es zu vermuten, dass ihn die aufkommende Diskussion um seine Verbindung zum DDR-Geheimdienst innerlich weit mehr beschäftigt haben mag, als wir alle annehmen konnten.«[11] Zurück in Berlin musste sich de Maizière mit immer lauter werdenden diesbezüglichen Vorwürfen auseinandersetzen. Zweimal musste er vor die Presse treten. Und zweimal erklärte er, er habe lediglich berufsbedingte Kontakte zum MfS gehabt, sei aber nicht dessen Mitarbeiter gewesen. Dies sei sein letztes Wort, eine weitere Erklärung werde es nicht geben. Nachdem Konsistorialpräsident Stolpe und Gysi im Auftrag de Maizières und mit Billigung des Regierungsbeauftragten MfS-Karteien durchgesehen und ihn entlastet hatten[12], fasste der Wahlsieger dann doch noch den Mut zu kandidieren.

Lothar de Maizière, der keinerlei Regierungserfahrung hatte und jetzt vor der Aufgabe stand, eine Mannschaft aufstellen zu müssen, brauchte dafür zuverlässige Mitarbeiter. Das wussten auch seine Wegbegleiter aus der Allianz für Deutschland. Noch in der Nacht des 18. März 1990, als de Maizière im Gasthof »Zur Mühle« abseits des großen Trubels mit Rainer Eppelmann und anderen DA-Aktivisten zusammengekommen war, will Angela Merkel auf ihn eingeredet haben, den Beitrag des Demokratischen Aufbruchs bei der künftigen Regierungspolitik nicht zu vergessen.[13] Der designierte Ministerpräsident vergaß ihn nicht. Er sah den ehemaligen Pfarrer, Bausoldaten und Perestroika-Aktivisten Rainer Eppelmann als Minister für Abrüstung und Verteidigung für sein künftiges Kabinett vor – ein beson-

Schon die Väter fochten Seite an Seite für die Sache des Sozialismus. DDR-Ministerpräsident Lothar de Maizière und Angela Merkel

ders sensibler Posten, war doch die Nationale Volksarmee eng mit den sowjetischen Streitkräften verbunden. Angela Merkel sollte als stellvertretende Regierungssprecherin in die künftige Machtzentrale kommen.

An dieser Entscheidung mitgewirkt zu haben beanspruchten im Nachhinein mehrere Personen aus dem unmittelbaren Umfeld Lothar de Maizières für sich. Hans-Christian Maaß, der Pressesprecher aus dem Bonner Ministerium für wirtschaftliche Zusammenarbeit, ist einer von ihnen. Er, der sich beim Demokratisierungsprozess mit einbringen wollte, beriet die Führung der Ost-CDU und des Demokratischen Aufbruchs. Während des Wahlkampfs war ihm Angela Merkel aufgefallen[14], die er am 14. November beim Besuch Warnkes in der DA-Zentrale kennengelernt hatte.

Monate später habe er sich an sie erinnert und sich über-legt: »Die ist Naturwissenschaftlerin, präzise, diszipliniert, die kann das schaffen. Und sie ist vom DA, das passt prima in die Koalitionsarithmetik. Ich bin zu ihrer Wohnung im Prenzlauer Berg gefahren und habe sie rausgeklingelt und gefragt: ›Erinnerst du dich?‹ Kaum hat Merkel Ja gesagt, sitzt sie schon im Auto (…).«[15]

Ein anderer, der sich für die spätere Bundeskanzlerin verwendet haben will, war Thomas de Maizière, der aus der Redenschreiberabteilung des West-Berliner Regierenden Bürgermeisters Eberhard Diepgen nach Ost-Berlin gewech-selt war. Der Cousin Lothar de Maizières will Angela Mer-kel ganz »spontan« für den Posten vorgeschlagen haben, weil er ihre Pressearbeit für den Demokratischen Aufbruch als sehr effizient eingeschätzt habe.[16] Auch parteitaktisches Kalkül soll angeblich eine Rolle gespielt haben, soll der künftige Ministerpräsident doch nicht gewollt haben, dass jemand aus der SPD stellvertretender Pressesprecher wird. Doch solches erscheint wenig plausibel, war es doch de Maizière, der einen gesteigerten Wert auf die Einbeziehung der SPD in sein Regierungsbündnis legte.

Doch dürfte es Lothar de Maizière bei seiner Entschei-dung, Angela Merkel zu seiner stellvertretenden Pressespre-cherin zu machen, auch um etwas anderes gegangen sein. Denn sie war nicht nur eine zuverlässige, gut beleumundete, intelligente und obendrein exzellent Russisch sprechende Kraft, sondern sie kam auch aus dem Milieu der Reform-kommunisten. Ihre Herkunft schien obendrein die Gewähr dafür zu bieten, dass sie im eng mit Moskau zusammenwir-kenden Amt des Ministerpräsidenten, also an der sensiblen Stelle im Zentrum der abzuwickelnden DDR-Macht, am richtigen Platz sein würde. Denn den alten Mitstreiter seines Vaters Clemens de Maizière, den über die Grenzen der berlin-brandenburgischen Kirche hinaus bekannten »roten Pastor« Kasner aus Templin, kannte auch Lothar de Maizière gut.[17]

Wohl um diese Verbindung zur Familie Angela Merkels nicht öffentlich werden zu lassen, hob Lothar de Maizière in der Rückschau auf jene Zeit beständig hervor, dass er Angela Merkel erst beim Wahlkampf zu Beginn des Jahres 1990 kennengelernt habe. Gleich mehrmals erwähnte er dies in Talkshows oder bei sonstigen Fernsehauftritten. In seinem Buch Ich will, dass meine Kinder nicht mehr lügen müssen *schreibt er, dass ihm die Physikerin von Dritten vorgeschlagen worden sei.[18] Danach habe er ein etwa zehnminütiges Gespräch mit ihr geführt und zugestimmt.*

Am 9. April 1990 schrieb Angela Merkel nach der obligatorisch eingeforderten Bedenkzeit an ihren künftigen Chef, den Regierungssprecher Matthias Gehler, dass sie den Posten »dankend und gerne« annehme.[19] Schließlich habe sie ihn noch wissen lassen, dass sie für einige Tage verreisen werde, berichtet Gehler, der den Brief von Angela Merkel »aus London« noch heute als Erinnerung aufbewahrt.[20] Ihrem Biografen Stock teilte Angela Merkel später mit: »Mein Mann hatte eine Einladung zu einer Tagung in Sardinien, und da wollte ich mit. Ich hatte hart genug gearbeitet, um jetzt ein paar Tage Erholung in der Sonne verdient zu haben (…) Im Rückblick halte ich das für einen ziemlichen Fauxpas, dass ich damals geflogen bin.«[21] In der Tat, denn als Angela Merkel »um den 15. April herum« endlich ihren Dienst als stellvertretende Regierungssprecherin antrat, lag die Vereidigung Lothar de Maizières bereits drei Tage zurück.

Lothar de Maizière wurde am 12. April zum Ministerpräsidenten gewählt und löste Hans Modrow ab, dessen für Kirchenfragen zuständiger Stellvertreter er zum Ärger der Bonner Partner bis zuletzt geblieben war. Als Ministerpräsident stand er einer Großen Koalition vor, zu der neben den Parteien der Allianz auch die Liberalen und die SPD gehörten. Da es ein Anliegen de Maizières war, die Böhme-Partei zu beteiligen, erhielt sie einige Schlüsselressorts. Außenminister wurde der Pfarrer und SDP-Gründer Markus Meckel, der über beste Kontakte zum Demokratischen Aufbruch verfügte. Das Ressort Arbeit und Soziales ging an die Stolpe-Mitstreiterin Regine Hildebrandt. Insgesamt erhielt die SPD sechs Ressorts, die CDU vier, darunter mit Klaus Reichenbach den Minister im Amt des Ministerpräsidenten. Auf die Deutsche Soziale Union entfielen zwei Posten: der des Ministers für wirtschaftliche Zusammenarbeit für den Pfarrer Hans-Wilhelm Ebeling sowie der des Innenministers für den Anwalt Peter-Michael Diestel. Letzterer, Sohn eines hohen Offiziers der Nationalen Volksarmee, war gleichzeitig stellvertretender Ministerpräsident. Dem Demokratischen Aufbruch fiel – wie bereits erwähnt – nur ein Ressort zu, aber gewiss das für Moskau wichtigste.

Am 19. April 1990 gab de Maizière seine erste mit Spannung erwartete Regierungserklärung ab, in der er die künftige Politik Ost-Berlins umriss. Er sprach sich für eine ökologisch geprägte Marktwirtschaft und für die Einführung der D-Mark zu einem Wechselkurs von 1:1 aus. Außerdem plädierte de Maizière für eine Wiederherstellung der 1952 abgeschafften Länder sowie für deren Beitritt nach Artikel 23 des Grundgesetzes zum Geltungsbereich desselben. Im außenpolitischen Teil seiner Ausführungen wich er der zentralen Frage der Bündniszugehörigkeit eines wiedervereinigten Deutschlands aus. Er dankte stattdessen Gorbatschow für »unsere Befreiung« und sicherte der Sowjetunion freundschaftliche Zusammenarbeit, Loyalität gegenüber dem Warschauer Pakt sowie die Einhaltung der Außenhandelsverpflichtungen zu.[22]

Inzwischen arbeitete Angela Merkel als stellvertretende Regierungssprecherin und erhielt ein für DDR-Verhältnisse sehr hohes Gehalt von 2500 Mark.[23] In dieser Funktion gehörte sie dem erweiterten Küchenkabinett de Maizières an, einem Küchenkabinett, das den schwachen ersten Mann stabilisierte. In dessen unmittelbarem Umfeld wirkten als formal »zweiter Mann« im Ministerpräsidentenamt Klaus Reichenbach und der Parlamentarische Staatssekretär Günther Krause. Beide waren seit vielen Jahren in der Blockpartei, Krause zuletzt als Kreisvorsitzender im mecklenburgischen Bad Doberan. Im Berliner Otto-Nuschke-Haus war er wohl bekannt, ja er galt dort als Hoffnungsträger und kommender Mann der CDU. Beruflich konnte Krause auf eine steile Karriere an der Wismarer Hochschule zurückblicken. Innerhalb weniger Jahre war der Informatiker zum Dozenten und Wissenschaftsbereichsleiter aufgestiegen. Seines ausgeprägten gesellschaftlichen Engagements wegen, zu dem auch die Einbindung der Kirchen gehörte, galt er in den Augen des Staatssicherheitsdienstes als loyaler Staatsbürger und wurde als Reisekader zugelassen.[24] Eine sich anbahnende Zusammenarbeit mit dem DDR-Geheimdienst, dem er bei einer Reihe von Treffen »als bedeutsam eingeschätzt(e)« Informationen geliefert haben soll, erschöpfte sich jedoch und kam über einen sogenannten »Vorlauf« nicht hinaus.[25] Wie er zu Lothar de Maizière gelangte, will Krause, der heute bei Brandenburg an der

Schlüsselfigur bei der Inthronisierung Lothar de Maizières als CDU-Vorsitzender. Thilo Steinbach, außenpolitischer Berater des Ministerpräsidenten de Maizière mit Angela Merkel

Havel die deutsche Dependance einer ukrainischen Firma leitet, die alte Sowjetpanzer recycelt und aus Kunststoffabfall Erdöl macht, nicht sagen.[26]

Neben Krause gehörte als einer der Hauptstrippenzieher Thilo Steinbach dem Küchenkabinett an. Der junge Mann kam aus der Christlichen Friedenskonferenz (CFK). In der CDU, wo ihn das Hauptvorstandsmitglied, der CFK-Spitzenfunktionär Carl Ordnung, förderte[27], galt Steinbach, der sich als »kommunistischer Christ« bezeichnete[28], als hoffnungsvoller Nachwuchsmann. Auch das MfS hatte Interesse an dem CFK-Reisekader, der an die »Sieghaftigkeit des Sozialismus« geglaubt haben will.[29] Im Jahr 1987 warb es ihn als IM »Bernd« an. Steinbach, unter anderem auch FDJ-Funktionär, war früh durchdrungen vom Neuen Denken der Sowjets und belehrte seinen MfS-Führungsoffizier: »Wir müssen Neues Denken, Perestroika und Glasnost mit unseren Inhalten füllen und anwenden.«[30] »Über alle

Probleme reden und die Kirche vor den Karren spannen, wäre das, was von Gorbatschow zu lernen sei.«[31] Das war im April 1987. Ende Oktober 1989 kündigte Steinbach laut Treffbericht seinem Führungsoffizier sogar die Mitarbeit auf, habe das MfS doch auf der ganzen Linie versagt, weil es nicht die alte Parteiführung abgelöst und die Macht im Staat übernommen habe. Er selbst werde jetzt mit anderen die Initiative für die Umgestaltung in der CDU ergreifen. Der sprachlose Führungsoffizier hielt darüber fest: Der IM habe »eine Konzeption zum Sturz des Parteivorsitzenden der CDU Götting (...), an der mehrere Personen beteiligt sind«. Mehr habe der IM »Bernd« nicht »verraten« wollen, jedoch sei durch einen IM »Benno Roth« erarbeitet worden, dass Steinbachs »Kandidat für den neuen Parteivorsitz (...) der Rechtsanwalt de Maizière Lothar, Synodaler der ev. Kirche (ist).«[32]

Steinbach, der laut MfS-Bericht für eine hauptamtliche Funktion bei der CFK vorgesehen gewesen sein soll[33], war eine Schlüsselfigur bei der Platzierung Lothar de Maizières als CDU-Vorsitzender gewesen. Er war – den Akten zufolge – der Verbindungsmann in der Berliner Parteizentrale zum Eisenacher Oberkirchenrat Martin Kirchner (IM »Küster«, »Andreas«).[34] Der stellvertretende Vorsitzende des Landeskirchenrats der Evangelisch-Lutherischen Kirche in Thüringen hatte mit einem Brandbrief die Wende in der CDU eingeleitet. Neben seiner Unterschrift trug dieser auch diejenige dreier anderer Blockpartei-Angehöriger, darunter die der Pfarrerin und späteren thüringischen Ministerpräsidentin Christine Lieberknecht. Der »Brief aus Weimar«, in dem die Block-CDU aufgefordert worden war, »die drängenden Probleme des Landes endlich realistisch und unbeschönigt« wahrzunehmen, war von Partei-Vize

Wolfgang Heyl (IM »Herold«) initiiert worden und hatte den Vorwand für den Sturz Göttings gebildet.[35] Vor allem Steinbach und der CDU-Funktionär Kersten Radzimanowski, dem gute Kontakte zum KGB nachgesagt wurden[36], hatten auch dafür gesorgt, dass de Maizière schließlich »mit Gottes Hilfe« gewählt worden war, indem sie die Mitglieder des Hauptvorstands zuvor konditioniert hatten.[37]

Während Radzimanowski, der zwischen 1969 und 1973 vom MfS als IM »Markgraf« geführt worden war[38], zum Staatssekretär im Außenministerium der ersten frei gewählten DDR-Regierung avancierte, wurde Steinbach einer von fünf Abteilungsleitern im Amt des DDR-Ministerpräsidenten und zum allgegenwärtigen Berater de Maizières. Schon die Koalitionsvereinbarungen mit der Böhme-SPD soll er mit ausgehandelt haben.[39] In Zeitungsberichten wurde der quirlige, damals 27-jährige Mann neben dem behäbig wirkenden Meckel als der »faktische DDR-Außenminister« gehandelt, als eine Art »Teltschik der DDR«. Hinter ihm stand CFK-Mann Carl Ordnung, der alte Mitstreiter des Vaters von Lothar de Maizière, der ihn im März 1990 zu seinem außen- und sicherheitspolitischen Berater gemacht hatte.[40]

Während diese Personalie in den Medien keinen Widerhall fand, hieß es in einer großen westdeutschen Tageszeitung über Steinbach, sein Aufstieg sei »auch damit zu begründen, daß Lothar de Maizière sich in seinen Beratungen am Ende eines langen Arbeitstages bei einer DDR-Zigarette auch jungen kritischen Geist und Widerspruch wünscht. Zu diesem Geist paßt, daß Steinbach Parteigrenzen ziemlich egal sind. (…) Politik ist für ihn weniger ein Partei- als ein Generationsproblem. Aber auch als außenpolitisch völlig unbeleckt konn-

*te Steinbach nicht gelten, als de Maizière ihn in seinen Stab
berief. Schon in der kirchlichen oppositionellen Friedensbewegung Anfang der 8oer Jahre engagierte sich der Student als
Gegner realsozialistischer Rüstungs- und Entwicklungspoli-
tik.«*[41]

Eine zentrale Rolle in Lothar de Maizières Küchenkabinett –
und damit im Umfeld von Angela Merkel – spielte auch
dessen ebenfalls von den Medien viel gelobte Büroleiterin
Sylvia Schultz. In seinem Buch *Ich will, dass meine Kinder
nicht mehr lügen müssen* wird sie als die Schwiegertochter
seines »langjährigen Quartett-Freundes Werner Schultz«
vorgestellt, auf die er sich habe verlassen können.[42] In der
Tat war sie die enge Vertraute de Maizières. Die *Junge Welt*
schrieb über sie, sie habe die »eigentlichen Fäden« in der
Hand gehabt. Sie sei »sein Schatten« gewesen. »Und ohne
Beisein der schlanken Rothaarigen schien in der Tat kein
wichtiger Termin des (…) Regierungschefs abzulaufen. Die
34-Jährige war stets und ständig in unmittelbarer Nähe ihres ›Herrn‹ zu sehen, ob beim Staatsbesuch im Moskauer
Kreml oder in der Lobby der Volkskammer.«[43] Sylvia Schultz
hatte bereits als Sekretärin im Anwaltskollegium für Lothar
de Maizière gearbeitet. Noch vor ihrem Chef war sie ins
Otto-Nuschke-Haus gewechselt, in die von Radzimanowski
geleitete Abteilung für Internationale Beziehungen, wo vor
allem der Kontakt zu den Sowjets gehalten wurde. Nach
der Wende holte sie der Berliner CDU-Vorsitzende Eberhard Diepgen in seine Wahlkampfmannschaft. Er hatte sie
für einen Senatorenposten auserkoren. Doch Sylvia Schultz
schaffte es nicht. Wie in der *Frankfurter Allgemeinen Zeitung* zu lesen war, verließ sie wegen ihrer Tätigkeit für einen
Geheimdienst in beiderseitigem Einvernehmen die Treu-

hand, bei der sie nach der Wende beschäftigt war.[44] Und die *BZ* aus dem Hause Springer berichtete: »Ihr Name soll auch im Zusammenhang mit dem KGB genannt worden sein.«[45]

Und da war noch der Regierungssprecher und formale Vorgesetzte Angela Merkels, Matthias Gehler. Dieser war Referent des Top-IM und Perestroika-Mannes Martin Kirchner gewesen, der unter dem CDU-Vorsitzenden de Maizière das Amt des Generalsekretärs bekleidet hatte. Der Theologe Gehler gehörte einer evangelisch-methodistischen Sekte an und verdingte sich zeitweise als Liedermacher. Dabei hatte er auch Eppelmann kennengelernt. Gehler hatte längere Zeit im britischen Exeter studiert und beherrschte die englische Sprache gut. Von 1987 an arbeitete er beim CDU-Organ *Neue Zeit,* ehe er, nach eigenem späterem Bekunden widerstrebend, bei Kirchner im Otto-Nuschke-Haus anfing. Noch in der Wahlnacht sei er von Lothar de Maizière gefragt worden, ob er Staatssekretär und Regierungssprecher werden wolle. »Nach kurzer Bedenkzeit sagte ich Ja«, erinnert sich Gehler, dem an de Maizière immer »sehr imponiert« habe, »dass dieser preußische Hugenotte neben Nikotin und Koffein nur aus Arbeit bestand«.[46]

Neben diesen teils konspirativ erprobten Mitarbeitern de Maizières waren da noch die westdeutschen Berater: der schon erwähnte Hans-Christian Maaß, der Referent aus der CDU-Bundesgeschäftsstelle und ehemalige Büroleiter Heiner Geißlers, Fritz Holzwarth, und schließlich Cousin Thomas de Maizière. Auch der ehemalige, inzwischen pensionierte Leiter des West-Berliner Senatspresseamts Winfried Fest stand dem Premierminister als Berater in kulturellen Angelegenheiten gelegentlich zur Verfügung. Merkel-

Biograf Langguth berichtet von einem ungeschriebenen Gesetz, wonach diese westdeutschen Berater auf die »Kleiderordnung« zu achten gehabt hätten, das heißt, sie waren angehalten worden, sich zurückzuhalten, um den Eindruck einer Fernsteuerung der Ost-Berliner Regierung aus Bonn zu vermeiden.[47] Auch die schon seit Anfang des Jahres kursierenden Informationen, de Maizière sei für den Staatssicherheitsdienst tätig gewesen, sollten sie ignorieren. Dies fiel den Westdeutschen nicht allzu schwer, wähnten sie doch diese – nicht ganz zu Unrecht – als Attacken der Altkommunisten gegen den »konservativen« Ministerpräsidenten. Die Zurückhaltung der Gäste aus der Bundesrepublik kam wiederum den ostdeutschen Küchenkabinettsmitgliedern entgegen, wollten diese sich doch nicht in ihre Karten schauen lassen. Eine gewisse Ausnahme bildete dabei Thomas de Maizière, der von Anfang an das Vertrauen seines Cousins besessen haben soll – und offenbar bald auch das der damaligen stellvertretenden Pressesprecherin Angela Merkel.

Weniger ihr als ihrem nächsten Vorgesetzten Gehler fiel im April 1990 die Aufgabe zu, den Presseapparat der DDR-Regierung mit etwa 180 Mitarbeitern neu zu organisieren. Und auch sonst gab es eine Aufgabenteilung. Angela Merkel erinnert sich: »Matthias Gehler (…) hat sich mehr um die Volkskammer gekümmert, die ja eigentlich permanent tagte. Ich hatte deshalb mehr Kontakte zur Presse, weil die täglichen Anfragen meistens bei mir anfielen, und ich habe auch viele Pressekonferenzen der Regierung geleitet.«[48] Zwei Mal in der Woche fanden diese im Internationalen Pressezentrum statt. Und laut Maaß wuchs dadurch Angela Merkels Position von Woche zu Woche.[49]

Darüber hinaus gab es eine morgendliche Presselage

beim Premier, wie der DDR-Ministerpräsident zunächst in den ostdeutschen und bald auch in den westdeutschen Medien genannt wurde. Dabei trugen Angela Merkel oder Gehler vor, wobei die Physikerin den gelernten Prediger in der Präzision ihrer Ausführungen ausstach. Lothar de Maizière schreibt über sie, dass sie sogleich von ihr profitiert hätten, wenn sie in der Morgenrunde die Presseschau vorgenommen hätte. »Sie verblüffte durch ihren klaren analytischen Verstand, ihr sicheres Gespür für die Unterscheidung von Wichtigem und ihre Fähigkeit, sofort praktische Vorschläge für sachgerechte Informationen zu unterbreiten. In wenigen Sätzen konnte sie ihre Schlagzeilen der Weltpresse – von *New York Times* bis *Prawda* – referieren und die Knackpunkte herausfiltern, die für uns von Belang waren und möglicherweise brisant. Wenn andere diese Aufgabe morgens übernahmen, war der Unterschied sofort zu sehen.«[50]

Und Angela Merkel meint, sie habe sich auf ihre Weise unentbehrlich gemacht, indem sie gute Ratschläge gegeben habe, die auch gehört worden seien. Sie habe sich »insgesamt im Büro des Ministerpräsidenten gut etabliert«.[51] Angela Merkel war damit neben ihrer Pressearbeit in die Rolle einer Politikberaterin de Maizières gelangt. Und in dieser Doppelfunktion scheute sie sich auch nicht, diesen zu korrigieren. So unterbrach sie sogar einmal den Regierungschef bei einem Interview mit dem ARD-Hörfunkkorrespondenten Rainer Burchardt und forderte den verdutzten Journalisten auf, das Tonband abzuschalten. Anschließend flüsterte sie mit de Maizière und sagte dann zu Burchardt, das Interview müsse wiederholt werden. »Wir müssen hier momentan sehr vorsichtig sein.«[52]

An politischen Herausforderungen fehlte es in der halbjährigen Regierungszeit de Maizières nicht. Denn neben unzähligem anderen, zu dem etwa die Wiedereinführung der Länder und die Abhaltung von Wahlen im Mai gehörten, galt es, ganz große Projekte zu bewältigen und durch die Öffentlichkeitsarbeit zu flankieren: Da war zunächst die Einführung der Währungs-, Wirtschafts- und Sozialunion, die von Delegationen unter Leitung des Bundesbankdirektoriums-Mitglieds Hans Tietmeyer und des Staatssekretärs Günther Krause ausgehandelt wurde und bereits mit dem Stichtag 1. Juli 1990 in Kraft treten sollte. Tatsächlich konnte der schon seit Wochen vorbereitete Staatsvertrag samt den anfangs überaus kontrovers debattierten Wechselkursen bereits am 18. Mai unterzeichnet werden. Bei der feierlichen Zeremonie im Bonner Palais Schaumburg, an der die beiden Regierungschefs, zahlreiche Minister sowie die Hauptbeteiligten Krause und Tietmeyer teilnahmen, war auch Angela Merkel dabei, ging es doch darum, den Menschen in der DDR die bevorstehenden gewaltigen Umwälzungen von der sozialistischen Kommandowirtschaft zur sozialen Marktwirtschaft auch als Erfolg der ostdeutschen Regierung zu vermitteln. Überhaupt meinte deren Chef, dass Angela Merkel schneller als andere begriffen habe, dass Politik auch vermittelt werden müsse.[53]

Für Aufregung nicht nur im Presseamt der DDR-Regierung sorgte ein Vorstoß des Koalitionspartners Deutsche Soziale Union (DSU). Dieser stellte am 17. Juni, am Tag der Deutschen Einheit, vor der Volkskammer überraschend den Antrag nach einem sofortigen Beitritt zur Bundesrepublik. »Das war überstürzt, albtraumartig, einfach chaotisch. Nicht, dass ich nicht beitreten wollte. Aber es musste doch geordnet erfolgen, es musste alles bedacht werden. Ich habe etwas gegen ungeplantes Vorgehen. Wir haben Tag und

251

Nacht gearbeitet, die Währungsunion stand kurz vor der Tür – der 17. Juni war einfach zu früh. Vor der Währungsunion der Beitritt, das war falsch rum gedacht«, kritisierte Angela Merkel noch im Nachhinein den Vorstoß der DSU, der von dessen Leipziger Vorsitzenden, dem Minister und Pfarrer Hans-Wilhelm Ebeling, mitgetragen wurde.[54] Der Antrag der DSU, die bald an inneren Querelen zerbrechen und Diestel mit de Maizières tatkräftiger Unterstützung in die CDU überwechseln lassen sollte, kam zur Unzeit, mussten doch erst die außenpolitischen Aspekte der deutschen Einheit geregelt werden.

Die Frage, wie das wiedervereinigte Deutschland in die Blockkonstellation eingefügt werden würde – eine Frage, an der der gesamte Einigungsprozess noch scheitern konnte –, stellte die größte Herausforderung dar. Denn die Vorstellungen zwischen Ost und West hätten unterschiedlicher nicht sein können. Während Kohl es in enger Absprache mit dem amerikanischen Präsidenten George Bush als unabdingbare Voraussetzung für die Einheit Deutschlands ansah, dass dieses als Ganzes der NATO angehörte, vertrat der Kreml die Auffassung, das wiedervereinigte Land müsse neutral sein oder der Geltungsbereich der NATO dürfe zumindest nicht auf das dann ehemalige Staatsgebiet der DDR ausgeweitet werden. Um diese entscheidenden außenpolitischen Aspekte zu klären, wurde mit den Zwei-plus-Vier-Verhandlungen, die von den Außenministern der vier Siegermächte des Weltkriegs sowie der beiden deutschen Staaten geführt werden sollten, ein neues Instrument geschaffen. Mit den Zwei-plus-Vier-Gesprächen, die am 4. Mai 1990 im Weltsaal des Bonner Auswärtigen Amtes begannen, sollte aus Sicht des Kanzleramts möglichst rasch eine Regelung ausgehandelt werden, damit niemand in die Versuchung geriete – so Kohl –, das Thema im Rahmen der Konferenz für Sicherheit und Zusammenarbeit in Europa (KSZE) zu behandeln. Eine dort geführte deutschlandpolitische Debatte wäre aufgrund der vielen KSZE-Mitgliedsstaaten ins Uferlose ausgeartet, befürchtete man in Bonn.[55]

Doch im Amt des Ministerpräsidenten in Ost-Berlin dachte niemand daran, sich aus Bonn Vorschriften machen zu lassen. Der Orientierungspunkt war vielmehr Moskau. Und dorthin führte dann auch de Maizières erste Auslandsreise. Da Gehler nicht gern geflogen sei, wie Angela Merkel später verriet, ging sie am 29. April 1990 mit auf Reisen. In der sowjetischen Hauptstadt traf de Maizière in Begleitung von Sylvia Schultz mit Gorbatschow zusammen. Der Premier war sichtlich bemüht, den politischen Vorstellungen des Kremls von einem wiedervereinigten Deutschland in der entscheidenden Frage zu entsprechen. Wie aus den inzwischen zugänglichen russischen Dokumenten hervorgeht, sprach er davon, dass es auf dem Territorium der DDR keine NATO-Streitkräfte geben dürfe, »sondern Streitkräfte, die sich aus der jetzigen Volksarmee der DDR bilden, und sie sollten in technischer Hinsicht mit dem Warschauer Pakt verbunden sein und auf gar keinen Fall (…) mit den militärischen Strukturen der NATO (…).«[56]

Lothar de Maizière schreibt in seinem Buch Ich will, dass meine Kinder nicht mehr lügen müssen: *Gorbatschow habe erklärt, eine NATO-Mitgliedschaft ganz Deutschlands sei »unannehmbar. Und alle Verträge der DDR seien zu erfüllen. (…) Ich erwiderte, dass die Zeit vorbei sei, in der DDR-Ministerpräsidenten zum Befehlsempfang noch Moskau gekommen seien. Ich könne mich auf eine große Koalition von etwa 70 Prozent der freigewählten Volkskammerabgeordneten*

stützen. Es ginge jetzt darum, gemeinsame Interessen zu eru-
ieren und wie wir diese im Interesse beider Völker realisieren
könnten. Gorbatschow war über diese selbstbewusste, aber,
wie ich meine, notwendige Klarstellung ziemlich empört. Er
sagte sinngemäß, dass er sich dies nicht von mir unter die
Nase reiben lasse. Der kleine Eklat war also perfekt.« [57]

Als de Maizière im darauffolgenden Monat nach Washing-
ton flog, war neben Sylvia Schultz und Steinbach auch Re-
gierungssprecher Gehler mit von der Partie. Im Weißen
Haus verblüffte Lothar de Maizière den amerikanischen
Präsidenten. Bush fragte den Premier, was Außenminister
Meckel mit seiner Forderung gemeint habe, Deutschland
zu einer »Pufferzone« zwischen den Blöcken zu machen.
De Maizière wich aus und sprach von einer »Brückenfunk-
tion« zwischen Ost und West, die das wiedervereinigte
Deutschland übernehmen solle. Gerade vom Warschauer-
Pakt-Gipfel zurückgekehrt, sei er sich der Sorgen »der Brü-
der und Schwestern im Osten« angesichts des NATO-
Truppenumfangs bewusst. Kohl, der von Bush über die
Auslassungen de Maizières informiert wurde, kommentierte, dass die »bemerkenswerten Äußerungen (…) eher die
Befürchtungen kommunistischer Parteikader wiedergaben
als die der Bevölkerung. Die allermeisten Menschen in den
Ländern Ost- und Mitteleuropas sahen in den Soldaten der
westlichen Allianz nämlich keine Bedrohung, sondern sie
verstanden sie als Boten von Demokratie und Freiheit.« [58]
    Angela Merkel, die loyal die Positionen der DDR »an
den Mann«, das hieß an die Öffentlichkeit brachte, erinnert
sich daran, dass es von »Seiten der Bundesregierung kein
Verständnis dafür (gegeben habe), dass Lothar de Maizière
noch in alle alliierten Hauptstädte gefahren ist. Das hat

mich geärgert, weil ich der Meinung war, die demokratische DDR sollte sich vor der Einheit schon noch in den wichtigsten Hauptstädten präsentieren.«[59] Im Bonner Kanzleramt ging es freilich nicht um die Reiseaktivitäten de Maizières als solche, die ihn auch nach London und Paris führten, sondern vielmehr um dessen dort vorgetragene Positionen. Denn mit diesen durchkreuzte der DDR-Premierminister das ambitionierte Vorhaben, die Zwei-plus-Vier-Verhandlungen möglichst rasch abzuschließen.

Überhaupt musste die Regierung in Bonn unterdessen einsehen, dass die Politik der ostdeutschen Regierung nicht nur anderen Zeitvorstellungen anhing, sondern auch in der Frage der außenpolitischen Aspekte der deutschen Einheit mit der des Kremls weitgehend deckungsgleich war. Dies zeigte sich erneut, als am 22. Juni 1990 eine weitere Runde der Zwei-plus-Vier-Gespräche in Ost-Berlin begann. Der sowjetische Außenminister Schewardnadse brachte wieder einmal eine Doppelmitgliedschaft des vereinten Deutschlands in Warschauer Pakt und NATO ins Gespräch. Dabei sollten die Zahl der Streitkräfte im westlichen Teil deutlich reduziert werden, die alliierten Rechte in Deutschland für weitere fünf Jahre aufrechterhalten und Berlin eine Vier-Sektoren-Stadt bleiben. De Maizières Außenminister Meckel begrüßte – zum Entsetzen der westlichen Verhandlungspartner – unverzüglich den Vorschlag Schewardnadses.[60]

Die Dinge änderten sich erst, als Kohl Mitte Juli 1990 mit Gorbatschow zunächst in Moskau und im Anschluss daran in dessen kaukasischer Heimat zusammentraf und der Sowjetführer den Deutschen gegen wirtschaftliche Zugeständnisse »die volle und uneingeschränkte Souveränität« zubilligte. Die vorangegangenen Monate, in denen der

255

Zerfall des Sowjetimperiums ebenso drohte wie der Zusammenbruch der Versorgung, hatten Gorbatschow zum Nachgeben bewogen, zumal die Unterstützung der Bundesrepublik mit Hilfslieferungen und die für einen Abzug der sowjetischen Streitkräfte aus der DDR versprochenen Millionen für ihn als Generalsekretär überlebenswichtig geworden waren. Die »volle und uneingeschränkte Souveränität bedeutete, dass Deutschland, das seine Armee auf 170 000 Mann reduzieren sollte, selbst würde entscheiden können, welchem Militärbündnis es angehören wollte. Die Strukturen der NATO, so wurde weiter vereinbart, würden jedoch erst nach dem Abzug der sowjetischen Streitkräfte aus der DDR, für den drei bis vier Jahre veranschlagt wurden, auf den Osten Deutschlands ausgeweitet werden. Die getroffenen Vereinbarungen stellten den Durchbruch dar, ebneten sie doch endgültig den Weg zur deutschen Einheit.«[61]

Wie wenig bei all dem noch die Regierung de Maizière eine Rolle spielte, zeigte sich auch daran, dass sie bei den Verhandlungen in Moskau und im Kaukasus nicht mit am Tisch saß. Mit anderen Worten: Gorbatschow und Kohl waren es, die über die Abwicklung des noch souveränen zweiten deutschen Staats entschieden. Die ostdeutschen Gefolgsleute des sowjetischen Generalsekretärs, die mit seiner Unterstützung aufgebrochen waren, um Glasnost und Perestroika, sprich einen demokratischen Sozialismus, Wirklichkeit werden zu lassen, hatten jetzt bei der Liquidation der DDR einfach nur zu funktionieren. Und sie taten es: Bei den Zwei-plus-Vier-Verhandlungen wurde die DDR-Position eines NATO-freien DDR-Territoriums aufgegeben, eben dies galt auch für die Forderung, vor der Wiedervereinigung getrennte Wahlen abzuhalten. Stattdessen wurden nun gesamtdeutsche Wahlen für den 2. Dezember vereinbart und ein gesamtdeutsches Wahlgesetz in Angriff genommen. Innerhalb von nur wenigen Wochen arbeiteten Krause und Schäuble einen zweiten Staatsvertrag aus. Mit dem sogenannten Einigungsvertrag, für den Angela Merkel die Pressearbeit koordinierte, wurden die komplexen rechtlichen Bedingungen für die deutsche Einheit geschaffen. Am 2. August 1990, keine zwei Wochen nach dem Durchbruch im Kaukasus, besuchten der Premierminister und sein Staatssekretär den Bundeskanzler in seinem österreichischen Urlaubsort Sankt Gilgen und forderten ihn sogar auf, den Beitritt der DDR zum Geltungsbereich des Grundgesetzes auf den 14. Oktober 1989 vorzuverlegen. Die Besucher begründeten ihren Schritt damit, dass die Ost-Berliner Regierung die Situation nicht mehr lange beherrschen könne. Sie sagten, sie befürchteten den wirtschaftlichen Kollaps und das Chaos. Solche Befürchtungen mochten existiert haben, aber entscheidend war die Vorgabe des Kremls.

Als Tag der Wiedervereinigung verständigten sich beide Seiten bald darauf auf den 3. Oktober. Drei Wochen zuvor sollte in Moskau der Zwei-plus-Vier-Vertrag unterschrieben werden. Gorbatschow hatte im Vorfeld noch einmal ultimativ die westdeutschen Zahlungen für die Rückführung der GUS-Streitkräfte heraufsetzen lassen, worauf man in Bonn trotz aller Verärgerung eingegangen war. Denn in historischer Dimension waren ein paar Milliarden D-Mark mehr, die für den Abzug der Streitkräfte Moskaus vom dann ehemaligen Territorium der DDR bezahlt werden mussten, vertretbar. Und auch unmittelbar vor der Unterzeichnung des Zwei-plus-Vier-Vertrags gab es Ungemach. Denn der britische Außenminister Douglas Hurd kündigte an, das Dokument nicht unterschreiben zu wollen. Seine

Begründung lautete, er wisse nicht, wie lange Gorbatschow überhaupt noch im Amt sei. Zu guter Letzt setzte auch der Vertreter Großbritanniens, dessen Premierministerin Margaret Thatcher wie manch anderer Regierungschef in Westeuropa wenig begeistert war von der deutschen Einheit, seinen Namen unter den Vertrag. Für die DDR tat dies der von Steinbach nach Moskau begleitete Lothar de Maizière, der von Meckel das Außenministerium übernommen hatte. Denn die SPD hatte infolge koalitionsinterner Querelen das Bündnis mit CDU, DA und DSU aufgekündigt, um sich mit Blick auf die ersten gesamtdeutschen Wahlen Anfang Dezember als wahrer Sachwalter der Ostdeutschen publikumswirksam in Szene setzen zu können.

Die Pressebegleitung des Zwei-plus-Vier-Vertrags war eine der letzten großen Aufgaben Angela Merkels als stellvertretende Regierungssprecherin. Dies fiel ihr leicht, denn sie war auf ihrem Posten inzwischen mehr als etabliert. Sogar das einstige SED-Zentralorgan *Neues Deutschland*, das sich jetzt *Zeitung für den demokratischen Sozialismus* nannte, attestierte ihr später »Intelligenz und Zuverlässigkeit« und lobte, als sie als Bundesministerin im Gespräch war – offenbar nicht ohne Hintersinn –, dass die »gute und rechtzeitige Unterrichtung westlicher Medien« ihr geschuldet sei.[62] Und auch dort hörte man nur Positives über sie. Detlev Ahlers, der Sohn des durch die *Spiegel*-Affäre bekannt gewordenen Conrad Ahlers, der in ihr gar eine »Wert-Konservative« auszumachen glaubte, pries sie in der *Welt* als »beste und hilfreichste offizielle Quelle in Ost-Berlin«.[63] Und Johannes Leithäuser von der *Frankfurter Allgemeinen Zeitung* erinnert sich an jenen Moskau-Aufenthalt aus Anlass der Unterzeichnung des Zwei-plus-Vier-Vertrags, wie sie der kleinen mitreisenden Gruppe der DDR-Journalis-

Ein bemerkenswertes Trio. Lothar de Maizière, Angela Merkel und Büroleiterin Sylvia Schultz, die zweite Frau im Küchenkabinett

ten, zu der er als in Ost-Berlin akkreditierter Korrespondent gehörte, den ein oder anderen Vorteil verschaffte.[64]

In der sowjetischen Hauptstadt, wo die DDR-Delegation samt Pressetross im KPdSU-eigenen Hotel »Roter Oktober« untergebracht war, erhielt Angela Merkel noch einen ganz speziellen Auftrag. De Maizière bat sie »wegen ihrer guten Russisch-Kenntnisse, einmal durch Moskau zu fahren. Sie sollte die Stimmung im Lande erspüren, wie die normalen Menschen zur deutschen Einheit stehen. Sie kam von ihrer Tour zurück und schilderte entsetzt, dass viele Leute sagten: Stalin hat den Zweiten Weltkrieg gewonnen. Gorbatschow ist dabei, ihn zu verlieren.«[65] Solche Positionen wurden auch von den Gegnern des Generalsekretärs im sowjetischen Parteiapparat vertreten. Dort war sogar Kritik laut geworden, Gorbatschow habe seine deutschen Gefolgsleute verraten, was viele im Osten Deutschlands ähnlich empfanden. Der Honecker-Nachfolger Egon Krenz verglich ihn sogar einmal mit Stalin, der viele deutsche Kommunisten an Hitler ausgeliefert habe.[66]

Das Schreiben Gorbatschows an Kohl vom 26. September, das Moskaus Botschafter Terechow im Kanzleramt übergab, war eine Reaktion darauf. Der Generalsekretär äußerte darin in ungewöhnlich harschem Ton, dass die strafrechtliche Verfolgung der SED-Führung, der Spione des Staatssicherheitsdienstes und all der anderen, die Seite an Seite mit Moskau für die Sache des Kommunismus gekämpft hätten, zu unterbleiben habe. Gorbatschow warnte vor einem neuen »Kalten Krieg« an der »innerdeutschen Front« und vor einer »Hexenjagd«. Schließlich drohte er sogar unterschwellig, den Zwei-plus-Vier-Vertrag durch den Obersten Sowjet nicht ratifizieren zu lassen.[67] Es war dies eine letzte Maßnahme für all diejenigen alten Führungskader und Perestroika-Verweigerer aus dem alten Apparat, aber auch für die Reformer aus dem Staatssicherheitsdienst, die nun ohne den Schutz der Sowjetunion zurückbleiben würden und denen im demokratischen Rechtsstaat mitunter sogar strafrechtliche Verfolgung drohte.

Eine Gefolgschaft aus den neuen, im Zuge der Wende gegründeten Parteien und aus den Reihen der reformierten Blockparteien – es waren zumeist die Jüngeren – schaute derweil nach vorn, suchte ihren Platz im bald wiedervereinigten Deutschland. Die besten Aussichten hatten dabei freilich jene, die in der Allianz für Deutschland zusammen mit der Bonner Regierung an diesem historischen Projekt mitgearbeitet hatten und/oder den Parteien angehörten, die von ihrem Namen her ein Pendant im Westen hatten. Beim Demokratischen Aufbruch rechnete man sich auf dem Parteitag, den man am 22. April in Schwerin abgehalten hatte, sogar noch durchaus eine eigene Zukunft aus. Generalsekretär Oswald Wutzke sagte in seiner Rede, dass dies kein »Parteitag der Resignation« sei, und kündigte sogar eine Ausdehnung der Partei auf das gesamte Gebiet des wiedervereinigten Deutschlands an. Zum Nachfolger Schnurs wurde an diesem 22. April der Abrüstungs- und Verteidigungsminister Eppelmann gewählt, der allerdings sogleich ankündigte, dass er sich aufgrund der mannigfachen Aufgaben, die er zu bewältigen habe, wenig um den DA kümmern könne.[68] Und auch Angela Merkel erklärte im Verlauf einer dem Parteitag vorangegangenen Vorstandssitzung, dass sie aufgrund ihrer neuen Funktion als stellvertretende Regierungssprecherin ihre alten im DA wahrgenommenen Aufgaben nicht mehr würde erfüllen können. Gleichwohl wurde sie mit einem exzellenten Wahlergebnis zur Beisitzerin des Vorstands gewählt.[69]

Nachdem vorübergehend erwogen worden war, mit der Deutschen Sozialen Union zusammenzugehen, wurde den Verantwortlichen im DA jedoch bald klar, dass der Weg in die gesamtdeutsche Politik ein anderer sein müsse. Auf der Vorstands- und Hauptausschusssitzung am 30. Juni wurde man sich dann über ein Zusammengehen mit der CDU einig. Die Frage war jedoch, ob sie direkt mit der West-CDU fusionieren sollten oder den Umweg über die ehemalige Blockpartei nehmen wollten. Bei der Sitzung berichtete Angela Merkel, dass der DA-Landesverband Berlin für ein Zusammengehen mit dem West-Berliner CDU-Landesverband sei. Sie sprach sich aber für eine »vorherige Vereinigung mit der Ost-CDU« aus.[70] Dies geschah wohlüberlegt und mit Blick auf ihre eigene Perspektive. Denn mit der von de Maizière geführten CDU im Rücken würde diese in der wiedervereinigten Union ungleich besser sein.

Angela Merkel und diejenigen, die für den Zusammenschluss mit der ehemaligen Blockpartei eintraten, setzten sich durch. Auf einem Sonderparteitag des Demokratischen Aufbruchs am 4. August 1990 in Ost-Berlin wurde er mit großer Mehrheit beschlossen. (Bald darauf stellte sich auch aus juristischer Sicht heraus, dass dies der einzig gangbare Weg war, da sich nur die Ost-CDU mit der West-CDU vereinigen könne, nicht aber mehrere Ostparteien mit der West-CDU.[71]) Beschlossen wurde auf dem Sonderparteitag des DA auch ein Forderungskatalog, den die Ost-CDU später mittrug. Bestandteil desselben war ein »Arbeitskreis Demokratischer Aufbruch« in der gesamtdeutschen CDU, aber auch eine angemessene Berücksichtigung von DA-Führungspersonal in Vorständen und bei Kandidaturen bei Landtags- und Bundestagswahlen.[72] Dass Angela Merkel inzwischen zu diesem gehörte, zeigte sich nicht zuletzt daran, dass sie bei einer DA-Vorstandssitzung am 10. August eines der drei »gesetzten Mandate« ihrer Partei für den »Vereinigungsparteitag« der CDU am 1. und 2. Oktober in Hamburg für sich hatte sichern können.[73] Doch der Coup, vonseiten des DA als Mitglied des neuen CDU-Bundesvorstands vorgeschlagen zu werden, gelang ihr nicht. Sieben Personen hatten sich auf der letzten Sitzung des DA-Hauptausschusses am 31. August um eine Nominierung beworben. Angela Merkel konnte ganze drei Stimmen auf sich vereinigen. Im dritten Wahlgang setzte sich schließlich der gelernte Chemiker, Synodale und ehrenamtliche Funktionär beim Kirchenbund der DDR, Hans Geisler, gegen Eppelmann durch.[74] Geisler sollte es tatsächlich bis in den CDU-Bundesvorstand schaffen.

Eben jenen Geisler bat Angela Merkel, sie auf dem Hamburger Vereinigungsparteitag dem Bundeskanzler vorzustellen. Sie wusste, dass Geisler Kohl kannte. Der Parteifreund vom DA versprach, es zu tun – und er hielt auch Wort. Am Vorabend des Parteitags, beim obligatorischen Presseabend, der im Hamburger Ratskeller stattfand, bot sich auf Geislers Vermittlung hin dann für Angela Merkel die Gelegenheit, mit dem Bundeskanzler zusammenzutreffen, der sich soeben anschickte, als Kanzler der Einheit in die Geschichtsbücher einzugehen.[75] Über das Gespräch, zu dem man sich zurückzog, berichtete Kohl im Nachhinein nichts. Es wird eines von vielen gewesen sein, das er in diesen Tagen mit ostdeutschen Politikern führte. Und auch Angela Merkel hat sich darüber nicht geäußert. Doch eines bewirkte die Zusammenkunft: Angela Merkel war für den Bundeskanzler von nun an keine Unbekannte mehr.

Dafür sorgte sie auch mit ihrem kurzen Redebeitrag auf dem Parteitag, bei dem sie sich als Physikerin, ehemalige Pressesprecherin des Demokratischen Aufbruchs und als Mitarbeiterin de Maizières vorstellte. Ihre persönliche Wende von der Reformkommunistin, die für den demokratischen Sozialismus gekämpft hatte, bis hin in die Hamburger Gegenwart kleidete sie in die Worte: »Ich habe mir heute vor einem Jahr nicht vorstellen können, Mitglied der CDU (Ost) zu sein. Das war deshalb so, weil ich keinen Spielraum für eigene politische Tätigkeit sah. Ich konnte mir aber ebenso wenig vorstellen, Mitglied der CDU West zu sein, weil ich in meiner Verzagtheit dachte, daß die Mauer unüberwindlich hoch ist.«[76] Sie erinnerte noch an den Demokratischen Aufbruch, der als »Arbeitskreis in der CDU« fortbestünde, und kündigte das Bemühen »um Kontakte zu unseren politischen Freunden in Osteuropa« an. »Von ihnen haben wir in den vergangenen Jahren viel gelernt. Sie haben uns viel geholfen.« Was sie damit meinte, sagte sie nicht, aber dass sie sich auf die gemeinsame Arbeit in der CDU freue und auf den gemeinsamen Weg gespannt sei.[77]

Angela Merkel wurde im Hamburger Congress Centrum unter anderem Zeugin, wie ein im Zenit seiner Macht stehender Bundeskanzler in seiner großen Rede die Geschichte der CDU Revue passieren ließ. Er spannte den Bogen von ihren Anfängen nach dem Zweiten Weltkrieg bis in die Gegenwart. Er erinnerte an Gründungspersönlichkeiten wie Andreas Hermes und Jakob Kaiser und an all jene aus den eigenen Reihen, die brauner und roter Gewaltherrschaft zum Opfer gefallen waren. Er erinnerte an den Weg, der gekennzeichnet war von rücksichtsloser Unterdrückung durch das Regime, von menschenunwürdiger Bespitzelung, von menschlichem Versagen und von mancher leichtfertigen Illusion. Kohl warnte dabei vor pauschaler

Verurteilung vor allem durch diejenigen, denen es vergönnt gewesen sei, im Westen zu leben. »Jeder von uns möge sich prüfen, wie er sich selbst in einer solchen Zwangslage verhalten hätte.«[78]

Nur wenige Meter neben ihm, auf einem Ehrenplatz, saß ein sichtlich angespannter Lothar de Maizière. In seiner Rede hatte er die Mitarbeit in der Christenunion im Reich des real existierenden Sozialismus trotz ihrer »korrupten Führung« als »einzige wirkliche Alternative zur SED« gepriesen. Ihre Mitglieder hätten immer unter der Gefahr gestanden, »Repressionen, Verdächtigung und Verfolgung« ausgesetzt zu sein.[79] Indem er unter rauschendem Applaus eine der flächendeckenden Hauptstützen der SED letztendlich zur Opferpartei stilisierte, befeuerte er eine bis heute fortlebende Legende. Tatsächlich war man in Hamburg dabei, mit einer Partei zu fusionieren, deren Funktionärscorps sich fast ausschließlich aus den alten Kadern der Blockpartei-Ära speiste und deren Führungsmannschaft wenig gemein hatte mit den freiheitlich-demokratischen Prinzipien der Westpartei. Doch als sich die Bonner CDU-Führung zu Beginn des Jahres für die Fusion entschieden und die Bedenkenträger um Generalsekretär Volker Rühe zum Verstummen gebracht hatte, dominierten die machtpolitischen Überlegungen. Und nun, auf dem »Vereinigungsparteitag«, war schon gar nicht der Zeitpunkt, kritische Fragen zu stellen. Es war vielmehr ein Tag des Jubels und der pathetischen Momente.

Einen solchen erlebten die Delegierten, als die Landesverbände des Ostens nacheinander ihren Beitritt erklärten oder als alle spontan das Deutschlandlied anstimmten. Nachdem Kohl dann mit überwältigender Mehrheit als Vorsitzender der Christlich Demokratischen Union Deutschlands bestätigt worden war, wurde Lothar de Maizière zu dessen einzigem Stellvertreter gewählt. Die CDU hatte hierfür im Vorfeld auf Betreiben des Kanzlers ihre Satzung geändert, nachdem die bisherigen Stellvertreter ihren Verzicht erklärt hatten.

Kohl wusste zum Zeitpunkt der Wahl de Maizières um die möglichen geheimdienstlichen Verstrickungen seines Vizes. Fast zeitgleich zu den in der Öffentlichkeit kursierenden Informationen hatte das Bundesamt für Verfassungsschutz Mitte März 1990 die Parlamentarische Kontrollkommission über den Vermerk »Überläuferaussagen zu DDR-Politikern« vom 27. Februar 1990 unterrichtet.[80] Dem zufolge seien »als verlässlich eingestufte Quellenhinweise übermittelt (worden), wonach Herr de Maizière als Inoffizieller Mitarbeiter des MfS/AfNS tätig gewesen ist«.[81] Spätestens im Juli/August sollen diese Hinweise auch im Bundeskanzleramt vorgelegen haben. Nicht zuletzt wegen der im April erfolgten MfS-Karteiprüfung durch Stolpe und Gysi (!) sahen die in Bonn zuständigen Beamten aber keinen Grund zu reagieren.[82] So schlug auch Kohl die Sache in den Wind. Zu groß war das unmittelbar Bevorstehende.

Dem Vereinigungsparteitag in Hamburg folgten die Einheitsfeierlichkeiten am 2. Oktober 1990 in Berlin. Unvergessen sind die Bilder von den Hunderttausenden, die sich vor dem Reichstagsgebäude einfanden, um mitzuerleben, wie Deutschland nach 45 Jahren der Spaltung wiedervereinigt wurde. Es war nicht nur der Triumph des Einheitskanzlers, dem die Massen immer wieder mit »Helmut, Helmut«-Rufen ihre Verehrung entgegenbrachten. Es war vor allem auch der Triumph des Volkes, das im Osten Deutschlands aus der von Gorbatschow angestoßenen Umgestaltung in Richtung auf einen demokratischen Sozialismus eine wahre Revolution gemacht hatte. Es war eine friedliche Revolution, die mit ihrem Ruf »Wir sind ein Volk« Realitäten geschaffen hatte, denen sich auch der Kreml mit seinem neuen Selbstverständnis und damit auch seine deutsche Gefolgschaft nicht mehr hatten widersetzen können.

Markus Wolf beschrieb später die Gründe auch seines Scheiterns: »Die weitsichtigsten Analysten konnten sich Ende Juli 1989 den 9. November mit seiner bedingungslosen Grenzöffnung, die unter dem Zwang der Ereignisse getroffene Entscheidung und ihre Folgen, nicht vorstellen. Mit Deutschland einig Vaterland, zunächst auf Plakaten und von Tausenden bei den Montagsdemos in Leipzig und anderen Städte skandiert, bekam die Entwicklung zur deutschen Einheit eine nicht mehr steuerbare Dynamik. Die nun noch vom Einbringen einer sozialistischen Alternative sprachen, wurden nicht mehr gehört.«[83]

Die Einheitsfeierlichkeiten, die zu mitternächtlicher Stunde mit dem Aufziehen einer riesigen schwarz-rot-goldenen Fahne vor dem Reichstagsgebäude, mit den Worten des Bundespräsidenten Richard von Weizsäcker, dass die Deutschen nunmehr in freier Selbstbestimmung ihre Einheit vollenden würden, und der von Hunderttausenden mitgesungenen Nationalhymne ihren Abschluss fanden, hatten am frühen Abend mit einem Konzert im Berliner Schauspielhaus begonnen. Am Gendarmenmarkt, wie der Platz der Akademie (der Wissenschaften der DDR), deren Leitung dort in einem Bau aus der Vorkriegszeit untergebracht war, jetzt wieder hieß, dirigierte Kurt Masur Beethovens »Neunte Symphonie«. Der Premierminister hatte sich dies gewünscht. Doch bevor Masur den Dirigentenstab in die Hand nahm, hielt er eine Rede, bei der er hervorhob, dass es »ein Abschied ohne Tränen« sei. Er sagte aber auch,

»dass es viele geben würde, die diesen Weg nicht leichten Herzens gingen«, und dass er hoffe, »dass das Ende der Ideologie, die hinter uns liege, nicht dazu führe, dass der Glaube an alle Ideale zerstört würde«.[84] Es waren dies die Worte eines Angehörigen der DDR-Elite, der nach eigenem Bekunden ein »flaues Gefühl« hatte, diesen Staat, »der bisher unsere gesamte Biographie umschlossen hatte, zu verabschieden«[85], das hieß, in eine Gesellschaftsordnung zu überführen, die man zeitlebens abgelehnt hatte. Angela Merkel, die im Schauspielhaus dabei war, drückte es etwas emotionsloser aus: »Wir (…) sagten uns: Das war's. Trotz aller Freude: Sich selbst innerhalb von sechs Monaten auf- und wieder abzubauen ist schon nicht so einfach.«[86]

Angela Merkels Weg in die Bundespolitik war zu diesem Zeitpunkt bereits geebnet. Lothar de Maizière hatte seinen Staatssekretär Günther Krause beauftragt, sich der Sache anzunehmen. Und da alles mit einem Wahlkreis und einem Sitz im Bundestag anfängt, musste ein Wahlkreis für sie her. Als CDU-Landesvorsitzender von Mecklenburg-Vorpommern begann Krause sich umzuhören. Es war dies in einer Zeit, in der bei den Parteien in Ostdeutschland der Kampf um die Bundestagsmandate bereits voll entbrannt war. In der CDU rangen mächtige alte Seilschaften mit ein paar echten Demokraten um die Besetzung der Posten. Im Wahlkreis Stralsund-Rügen-Grimmen waren die drei Kreisverbände so zerstritten, dass eine Kandidatenkür noch im August in weiter Ferne zu liegen schien, obwohl die Zeit drängte, denn am 2. Dezember 1990 war Wahltag.

Die Aussichten, über ein Mandat im Osten schnell in den Bundestag zu gelangen, zogen auch manch einen aus dem Westen an. Und da der leitende Mitarbeiter der CDU/CSU-Fraktion in Bonn, Klaus Herrmann, von den Problemen im Wahlkreis Stralsund-Rügen-Grimmen gehört hatte, schickte er sein Bewerbungsschreiben am 16. August 1990 an die CDU Rügen ab.[87] Darin erklärte er seine Bereitschaft, für die Direktkandidatur zur Verfügung zu stehen. Er versäumte nicht, noch anzumerken: »Diese sicherlich für mich und meine Familie nicht leichte Entscheidung treffe ich nach eingehenden Gesprächen mit Parteifreunden in und außerhalb Ihres Kreisverbandes.« Doch der Pfälzer konnte auf Rügen nicht so recht landen. Der CDU-Kreisvorstand und die Kreistagsfraktion suchten deshalb händeringend nach einem anderen Kandidaten. Sie fragten den Pfarrer Frieder Jelen aus Middelhagen, den sie bereits in die Volkskammer gewählt hatten. Doch der wollte lieber in den Landtag und partout nicht nach Bonn. Da war nichts zu machen. Alle anderen, die ins Gespräch kamen, waren weder auf Rügen noch in Stralsund oder Grimmen mehrheitsfähig. Als dann die Zeit drängte, lud die CDU schließlich, ohne dass sie sich verständigt hatte, für den 16. September 1990 »zur Wahl des Kandidaten der CDU zum Deutschen Bundestag für den Wahlkreis 267« ins Rathaus Stralsund.

In der Woche vor der geplanten Kandidatenkür kam dann aber doch noch irgendwem eine Idee. Und nur zwei Tage vor dem Termin im Stralsunder Rathaus machte sich eine Abordnung der Rüganer CDU mit dem Kreisvorsitzenden Friedhelm Wagner auf den Weg ins niedersächsische Oldenburg. Dort »überfielen« sie den dortigen CDU-Kreisvorstand mit der dringenden Bitte: »Wir brauchen von euch einen Kandidaten für die Bundestagswahl.« Minuten später klingelte in einem Büro der Bremer Landesbank in Oldenburg das Telefon von Abteilungsdirektor Hans-Günther Zemke. »Ich wurde um ›dringende Rücksprache‹ in der CDU-Geschäftsstelle gebeten«, erinnert er sich.[88] Dann ging es blitzschnell. Weil Zemke sich sehr für die seit dem 23. Januar 1990 bestehende Partnerschaft zwischen Rügen und Oldenburg engagierte, war er an der Ostsee nicht nur bekannt, sondern auch beliebt. Bedenkzeit gaben ihm die Anrufer keine, und Zemke sagte dann auch »nicht ohne Bedenken, aber mit Rücksicht auf die gut funktionierende kommunale Partnerschaft Oldenburg/Rügen« zu. Er war ein Banker und Politiker der alten Schule. Sein Weg zeugte von Bodenständigkeit, nach dem Abitur lernte er Bankkaufmann, studierte dann Betriebswirtschaft und kehrte wieder in die Welt der Banken zurück. Seit seinem 32. Lebensjahr gehörte der damals 52-Jährige für die CDU dem Rat der Stadt Oldenburg an. So einer bricht nichts übers Knie, und er drängt sich schon gar niemandem auf. Auf Zemke war Verlass.

Folglich stand er am Sonntagmorgen, dem 16. September 1990, pünktlich und gut vorbereitet im Löwischen Saal des Rathauses Stralsund. Doch aus der erwarteten Kandidatenwahl wurde nichts, denn es stellte sich heraus, dass die Delegierten nicht ordnungsgemäß von den Ortsverbänden gewählt worden waren. Außerdem gab es Unstimmigkeiten über die Zahl der Delegierten. Der Kandidat Zemke ließ die Veranstaltung platzen. Auf sein Drängen hin holte der Landesverband eine Rechtsauskunft beim Bundesjustitiar der CDU ein. Schließlich einigten sich alle Beteiligten auf eine Wahlkreismitgliederversammlung am 27. September im »Haus der Armee« in der Militärtechnischen Schule »Erich Habersaaht« in Prora/Rügen. Es war, wie sich später herausstellen sollte, eine folgenschwere Entscheidung, denn ohne sie wäre Angela Merkel nicht für den Wahlkreis Stralsund-Rügen-Grimmen in den deutschen Bundestag eingezogen.

Zu dieser Zeit wandte sich Krause an Wolfhard Molkentin in Grimmen, der wie er seit vielen Jahren in der Blockpartei CDU war. »Nimm doch die Merkel«, soll Krause gesagt haben.[89] »Wer ist die Merkel?«, fragte Wolfhard Molkentin zurück. »Die stellvertretende Regierungssprecherin im Kabinett von Lothar de Maizière«, sagte Krause. Nur einen Tag darauf meldete sich die Pressestelle der DDR-Regierung bei Molkentin. Am Telefon will er »eine schüchterne Stimme« gehört haben: diejenige Angela Merkels. Die beiden verabredeten sich. »Man konnte mit ihr reden. Sie hat zugehört, sie hat verstanden. Und sie wollte in den Bundestag«, sagt Molkentin.[90]

Krause beließ es aber nicht bei seinem Vorstoß beim ehemaligen Unionsfreund Molkentin. Er meldete sich auch beim Rügener CDU-Kreisvorsitzenden Friedhelm Wagner. Der wiederum rief nun – völlig außer sich – bei Zemke an. »Er sagte: Der Krause will, dass wir eine Frau Merkel nehmen. Das sei der ausdrückliche Wunsch von Lothar de Maizière«, erinnert sich Zemke.[91] »Außerdem habe Krause sie bereits bei Helmut Kohl bekannt gemacht.« Und dann soll Krause noch gesagt haben, er habe sich in Oldenburg nach einem Herrn Zemke erkundigt, der sei der dortigen CDU aber gar nicht bekannt. »Er hatte in Oldenburg in Schleswig-Holstein nachgefragt«, sagt Zemke. Beim Rügener CDU-Kreisvorsitzenden verfing Krauses Weisung aus Ost-Berlin nicht. »Der Kreisvorstand wollte nicht irgendeine Frau Merkel, die sie gar nicht kannten«, sagt Zemke.

Doch die hatte starke Verbündete. Und Krause besaß ein dickes Telefonbuch. Nun rief er Udo Timm auf Rügen an, einen Bauingenieur, der mit dem Demokratischen Aufbruch im August in der CDU eine neue politische Heimat gefunden hatte. Timm hätte gern selbst kandidiert, hatte aber in der CDU auf Rügen nicht genug Unterstützer gefunden. »Ihm wurde eine Stasivergangenheit nachgesagt«, erinnert sich Zemke. Timm jedenfalls muss ganz anders als Wagner reagiert haben. Denn am Abend vor der geplanten Kandidatenkür saß er mit seiner Parteikollegin Andrea Köster, die einst der »Bauernpartei« angehört hatte, einem halben Dutzend weiterer Verbündeter und Angela Merkel in seinem Hobbykeller. Merkel stellte sich der Runde kurz vor. »Sie kam aus dem Osten. Genau wie wir«, sagt Köster auf die Fragen nach dem Warum. Und dann heckten sie gemeinsam aus, wie sie Merkel durchbringen könnten.[92] In Grimmen organisierte Molkentin derweil zwei Busse und machte beim Parteivolk Stimmung gegen die »Wessis« Zemke und Herrmann. Zemke fiel auf, dass die Leute »ordentlich Geld in den Wahlkampf« steckten. »Woher das kam, ist mir bis heute ein Rätsel«, sagt er.

Dann kam der 27. September. Alles war wohl vorbereitet. Sogar ein Ersatz-Wahlkreis war noch beschafft worden[93], wenn schiefgehen würde, was nun anlief: Molkentin verfrachtete 90 CDU-Mitglieder in die Busse und fuhr mit ihnen hinauf nach Prora, wo am frühen Abend die Wahlkreismitgliederversammlung begann. Mit so vielen Leuten aus Grimmen hatte niemand gerechnet. Verglichen mit dem, was Zemke zuvor bei Vorstellungsrunden im Wahlkreis gesehen hatte, war die Versammlung auch technisch perfekt vorbereitet. »Das Betreuungspersonal überstieg alle Erwartungen, insbesondere die geringen materiellen Möglichkeiten der CDU Rügens«, erinnert er sich. Angela Merkel erschien um viertel vor sechs. Es war das erste Mal, dass Zemke ihr begegnete. Die Vorstellungsrunden im Wahlkreis hatten er und Herrmann allein bestritten. Sie war den Mitgliedern also immer noch nicht bekannt. Versammlungsleiter war übrigens genau jener Udo Timm, mit dem Krause die Merkel-Wahl verabredet und der ziemlich genau 24 Stunden zuvor mit ihr bei einem konspirativen Treffen in seinem Hobbykeller alles Weitere besprochen hatte. Während Timm die Versammlung leitete, wollten die übrigen Merkel-Unterstützer durch die Reihen gehen und die Delegierten gegen den Kandidaten des Kreisvorstands aufbringen.

Im ersten Wahlgang erhielt der Mann aus Oldenburg 140 von 312 möglichen Stimmen (45,9 Prozent), Angela Merkel kam auf 96 (31,5 Prozent), und Herrmann lag mit 69 Stimmen weit abgeschlagen hinten. Das war gegen 23 Uhr. Die Anwesenden applaudierten dem vermeintlichen Wahlsieger. Dann geschah etwas Merkwürdiges: 35 Rüganer CDU-Mitglieder – also potenzielle Zemke-Wähler – verließen den Versammlungssaal. Offenbar nahmen sie an, dass ihr Mann gewonnen habe. Ob jemand im Saal diese falsche Nachricht verbreitete, ist heute nicht mehr rekonstruierbar. Jedenfalls erforderte das Ergebnis eine Stichwahl. Und die gewann um 0:10 Uhr Angela Merkel, denn Molkentins auf Merkel eingeschworene Delegierte waren noch da. Dafür hatten allein die Busfahrer gesorgt, die nicht abgefahren waren. Diesmal erhielt Merkel 141 Stimmen (51,8 Prozent), Zemke 131 Stimmen (48,2 Prozent). »Zemke war also streng genommen Merkels erstes politisches ›Opfer‹«, resümiert ihr Biograf Gerd Langguth.[94]

Angela Merkel schreibt über die Umstände, unter denen sie zu ihrem Bundestagsmandat gekommen ist, Folgendes: »Krause schlug mir (...) vor, mich für den Kreisverband Grimmen um eine Kandidatur im Wahlkreis Stralsund/Rügen/Grimmen – mit drei am Anfang reichlich zerstrittenen Kreisverbänden –

Eine Manipulation mochte sich der Bankdirektor nicht vorstellen.
Hans-Günther Zemke und Angela Merkel

zu bewerben. Das ist mir dann auch trotz der widrigen Be-
dingungen gelungen. Nach einer abenteuerlichen nächtlichen
Debatte, die an der Offiziersschule im Ostseebad Prora statt-
fand (...), konnte ich die Stichwahl letztendlich für mich
entscheiden.«[95] *Und Krause äußerte: »Ich gebe zu, dass ein*
anderer Kandidat eigentlich vorgesehen war, ich aber mit der
heutigen Bundeskanzlerin richtig gelegen habe.«[96]

Der rechtschaffene Bankdirektor aus Oldenburg mochte sich eine Manipulation nicht vorstellen und war ein fairer Verlierer. Er gratulierte Angela Merkel und bot ihr sogar Hilfe im Wahlkampf an. Außerdem lud er sie zu Vorträgen ein, die sie später in Oldenburg hielt. Fragen zum Ablauf jenes Abends im ehemaligen viereinhalb Kilometer langen Monumentalbau, in dem zu Hitlers Zeiten die deutschen Volksgenossen Kraft und Freude tanken sollten, sind ihm jedoch bis heute geblieben. Sowohl Molkentin als auch Udo Timm und Andrea Köster machten anschließend Karriere. Molkentin wurde für 18 Jahre Landrat des Kreises Nordvorpommern. Gegen heftige Widerstände innerhalb der eigenen Partei zog der inzwischen verstorbene Udo Timm in den Schweriner Landtag ein. Andrea Köster ist seit vielen Jahren Bürgermeisterin auf Rügen. Angela Merkel pflegt zu allen einen engen Kontakt.

Obwohl ihr der Sitz im Bundestag durch Platz sechs der Landesliste von Mecklenburg-Vorpommern relativ sicher war, traute Angela Merkel dem Braten nicht. Jedenfalls fuhr sie unmittelbar vor der Wahl nach Bonn, um sich ihren Posten im Rang einer Ministerialrätin im Bundespresse- und Informationsamt noch einmal schriftlich bestätigen zu lassen. Krause hatte noch zu DDR-Zeiten ausgehandelt, dass Gehler, Angela Merkel und andere dort übernommen wurden. Er selbst gehörte neben Lothar de Maizière, der ehemaligen Volkskammerpräsidentin Sabine Bergmann-Pohl (CDU), Rainer Ortleb (FDP) und Hansjoachim Walther (DSU) zu den fünf Ostdeutschen, die mit dem 3. Oktober 1990 als Minister ohne Geschäftsbereich dem Bundeskabinett angehörten, damit sie die Interessen der Menschen zwischen Magdeburger Börde und Oderbruch, zwischen Ostsee und Thüringer Wald vertraten. »Ich wollte, dass sie in der künftigen Regierung für mich wieder die Pressearbeit macht«, sagt Krause.[97] Aber Angela Merkel und auch ihr Förderer Lothar de Maizière hatten andere Pläne.

Helmut Kohl ging am 2. Dezember 1990 als Sieger aus der ersten gesamtdeutschen Bundestagswahl hervor. Er konnte zwar nur 43,8 Prozent der Stimmen auf sich vereinigen, was aber angesichts des guten Abschneidens der FDP für eine satte Parlamentsmehrheit reichte. Und auch Angela Merkel holte mit 48,6 Prozent den Wahlkreis 267 Stralsund-Rügen-Grimmen für die CDU. Der Einheitskanzler und seine Partei hatten zwar damals noch einen riesigen Bonus in den neuen Ländern, aber dennoch war der direkt gewonnene Wahlkreis im »roten« Norden eine Empfehlung für die Nachwuchspolitikerin Angela Merkel. So konnte zum Beispiel die CDU-Jugendministerin aus dem Kabinett de Maizière, Cordula Schubert, im »schwarzen« Süden des Beitrittsgebiets kein Bundestagsmandat gewinnen, was ihre Aussichten, auch in Bonn Ministerin zu werden, zunichtemachte.

Angela Merkel war damit der Sprung in die Bonner Politik geglückt. Doch nicht nur das: Kurz nachdem sie am 20. Dezember mit der konstituierenden Sitzung des neuen Bundestags, die im Berliner Reichstagsgebäude stattfand, auch offiziell MdB geworden war, wusste sie bereits, dass sie dem neuen Bundeskabinett angehören würde. Zu dieser Zeit vertraute sie nämlich dem *Welt*-Journalisten Detlev Ahlers an, dass sie für eine Aufgabe in der neuen Bundesregierung in Betracht gezogen wurde. Sie wisse nicht, für welche, sagte sie und merkte noch an, dass sie an Themen wie Jugend und Familie nicht interessiert sei.[98] Wie kam es also dazu, dass Helmut Kohl sie dennoch als künftige Jugend- und Familienministerin auf seiner Agenda hatte?

Der Bundeskanzler war im Gefühl des sicheren Wahlsiegs schon früh damit beschäftigt, wie er die Ministerien aufteilen wollte. Vor allem stellte sich ihm die Frage, welche Ostdeutschen er in sein Kabinett nehmen würde. Eine Frau aus den neuen Ländern für ein »weiches Ressort« schien ihm das Richtige zu sein. Zunächst hatte er die ehemalige Volkskammerpräsidentin und Ministerin ohne Geschäftsbereich Sabine Bergmann-Pohl im Blick. Lothar de Maizière jedoch riet ihm »eindringlich« von einer Nominierung ab[99] und empfahl ihm stattdessen Angela Merkel. Er schreibt darüber in seinen Erinnerungen: »Ich schlug ihm (...) Angela Merkel vor und sagte, sie wäre außerordentlich gescheit und von daher geeignet. Kohl amüsierte sich über mein Wort ›gescheit‹ und meinte, dass dieses Wort ziemlich altmodisch sei und im Westen kaum noch im Sprachgebrauch.«[100] Offenbar erinnerte er sich an die 36-Jährige, die er am Vorabend des Hamburger Vereinigungsparteitags kennengelernt hatte. Ende November lud Kohl Angela Merkel ins Bonner Kanzleramt ein. Sie selbst sagt über die Begegnung: »Ich weiß noch, dass ich (...) in seinem Vorzimmer bei Juliane Weber gewartet habe, bis ich empfangen wurde, und dass er mir dann die bemerkenswerte Frage gestellt hat, wie ich mich mit Frauen verstehen würde. Gut, was sonst? Wir haben dann noch ein bisschen über den Wahlkampf geplaudert, und Helmut Kohl war offenbar zufrieden mit dem Gespräch.«[101]

Empfohlen worden war Angela Merkel auch von Krause. Mit ihm hatte sie zuvor noch ein Gespräch über ihre Tätigkeit bei der FDJ an der Akademie geführt. Krause sagt: »Aber ich habe trotzdem Frau Merkel seinerzeit Helmut Kohl vorgeschlagen.«[102] Und auf den Ratschlag des Mannes, der mit Schäuble so zupackend den Einigungsvertrag ausgehandelt hatte, gab der Bundeskanzler mehr als auf denjenigen de Maizières. Helmut Kohl entschied sich schließlich für Angela Merkel. Er wusste recht wenig über sie, nur dass sie aus einem Pfarrhaus stammte. Dies war für Kohl Anlass, der jungen Frau, deren Geburtsname zu diesem Zeitpunkt in der deutschen Öffentlichkeit nicht bekannt war[103], ein gewisses Vertrauen entgegenzubringen, auch wenn er der evangelischen Kirche wegen ihrer linken gesellschaftspolitischen Tendenzen distanziert gegenüberstand. Mit ihrem Engagement beim Demokratischen Aufbruch, der früh für die Einheit der Nation eingetreten war, hatte sie aus Sicht des Bundeskanzlers auch ein gewisses Maß an gesamtdeutschem Patriotismus an den Tag gelegt. Wichtig war für Kohl auch Angela Merkels jugendliches Alter. Dies implizierte für ihn eine gewisse Harmlosigkeit und Lernfähigkeit. Auch wenn sie es als »völligen Unsinn« bezeichnet[104], dass der Kanzler sie am Ende ihres Treffens in den Arm genommen habe, so war sie doch »Kohls Mädchen« – auch für die deutsche Öffentlichkeit. Lothar de Maizière war es, der nach Kohls Willen Angela Merkel schon einmal vorsichtig darauf vorbereiten sollte, dass ihr das Ministerium für Jugend und Familie angeboten werden würde.

Zu diesem Zeitpunkt hatte den Vize-Vorsitzenden der CDU wieder einmal seine Vergangenheit eingeholt. Am 10. Dezember 1990 berichtete der *Spiegel* unter der Überschrift »Ehrlich, treu, zuverlässig«, Lothar de Maizière habe über viele Jahre hinweg für den DDR-Staatssicherheitsdienst gearbeitet. Dies war für Kohl, der wenig über die Wende in der DDR oder gar über die Rolle des Geheimdienstes wusste, nur eine neue Runde in einem alten Spiel. Entsprechend skeptisch stand er den Anschuldigungen, die gegen de Maizière vorgebracht wurden, gegenüber. Dennoch wandte sich Kanzleramtsminister Rudolf Seiters nun in seinem Auftrag mit der Bitte an Bundesinnenminister Schäuble, er möge »jedem Hinweis« nachgehen. Noch im Dezember wurde die neu entstehende Bundesbehörde für die Unterlagen des ehemaligen Staatssicherheitsdienstes der DDR von Schäuble beauftragt, Klarheit im Fall des inzwischen von seinem Posten als einzigem Kohl-Stellvertreter zurückgetretenen Lothar de Maizière zu schaffen. Eine fünfköpfige Arbeitsgruppe begann Anfang Januar 1991 mit ihrer Untersuchung. Diese gestaltete sich schwierig, denn die MfS-Akten zu de Maizière, genauer gesagt die vierbändige Arbeitsakte »Czerny«, war im Herbst 1989 vernichtet worden. Es existierten nur noch die Aktendeckel, die wegen ihrer Metallteile nicht in den Reißwolf hatten gegeben werden können. Es musste also auf Karteikarten, Aufzeichnungen der Führungsoffiziere und Maßnahmenpläne zu »Czerny« beziehungsweise »Czerni« zurückgegriffen werden.

Angela Merkels Vereidigung als Bundesministerin für Jugend und Familie lag schon fast einen Monat zurück, als Joachim Gauck, der Sonderbeauftragte der Bundesregierung für die personenbezogenen Unterlagen des ehemaligen Staatssicherheitsdienstes, am 15. Februar 1991 seinen abschließenden Bericht vorlegte, der eindeutiger nicht hätte ausfallen können.[105] »Nur die Person de Maizière könne mit ›Czerni‹ identisch sein«, heißt es in dem 19 Seiten langen Schriftstück. Und weiter wird über den seit 1981 beim MfS registrierten de Maizière festgestellt, die von seinem Führungsoffizier verfassten Informationen, zum Beispiel über Tagungen der Synode, »lassen keinen Zweifel zu, daß ›Czerni‹ im Rahmen seiner inoffiziellen Zusammenarbeit mit dem MfS wichtige und aktuelle Materialien über innere

»Kohls (unterschätztes) Mädchen«. Angela Merkel (3. v. links) als
Ministerin für Jugend und Familie im Kabinett Kohl im Januar 1991

Vorgänge in der evangelischen Kirche sowie über einflußreiche kirchenleitende Kräfte erarbeitet haben dürfte« – die
Rede ist in diesem Zusammenhang von »sehr viel Material«.
Ferner wird in dem Abschlussbericht hervorgehoben, dass
im Jahr 1989 das Einsatzgebiet »Czernis« auf die »Siche-
rung« beziehungsweise »Bearbeitung« ausländischer Diplomaten und Korrespondenten erweitert worden sei.

Dieser Bericht blieb unter Verschluss. Stattdessen wartete Bundesinnenminister Schäuble, der mit de Maizière den
Zusammenschluss von Ost- und West-CDU auf den Weg
gebracht hatte, am 22. Februar mit einer fünfseitigen »Zu-
sammenfassung« des Gauck-Berichts auf, die dessen Ergebnis grob verfälschte. Danach gebe es in den Akten »einzelne
Hinweise dafür, daß es sich bei der unter dem Namen Czerni bezeichneten Person um Lothar de Maizière handeln

könnte«.[106] Die Hinweise seien allerdings nicht so klar und deutlich, dass von einem Beweis gesprochen werden könne. Es sei vielmehr nicht auszuschließen – so der Schäuble-Bericht weiter –, dass de Maizière, wenn er denn Kontakt mit dem Staatssicherheitsdienst gehabt habe, davon ausgegangen sei, »bei diesen Gesprächen die Position der evangelischen Kirche zu vertreten und nicht für das MfS tätig zu sein und daß er auch nicht damit rechnete, als informeller (!) Mitarbeiter eingestuft zu sein«. Die »Entlastung« komplett machte die Feststellung, dass sich keinerlei Anhaltspunkte ergeben hätten, dass de Maizière »jemandem geschadet hat«, sich zur Mitarbeit verpflichtet und Geld genommen habe. Schäuble sagte, an seiner positiven Einschätzung von de Maizière habe sich nichts geändert. Und auch Letzterer wähnte sich »bestätigt, daß ich mir kein ehrenrühriges Verhalten vorzuwerfen habe«. Für ihn sei das Thema abgeschlossen, sagte de Maizière[107], der den Posten des CDU-Vize sogleich wieder aufnahm. Kurz darauf wurde ihm von Kohl zusätzlich die Leitung der Grundsatzkommission der CDU übertragen.

Zur Behandlung des Falls de Maizière durch Schäuble wollten zwei Mitarbeiter der Gauck-Behörde nicht schweigen. Stefan Wolle erklärte gegenüber dem Bayerischen Fernsehen, »nach der Aktenlage war ›Czerny‹ kein kleiner Spitzel, sondern ein Top-Agent, ein Spitzen-IM, dessen Aufgabe nicht die Observation irgendwelcher Oppositioneller war, sondern die Einflußnahme auf die Bundessynode« der evangelischen Kirchen in der DDR. Wolle fuhr damals fort, dass es ihm nach der Lektüre des Berichts des Sonderbeauftragten der Bundesregierung »völlig unbegreiflich« sei, wie man an der Tätigkeit von Lothar de Maizière für das MfS zweifeln könne.[108] Wolle und Armin Mitter, wie sein

Kollege hieß, wurden als Mitarbeiter der Bundesbehörde fristlos entlassen.

Der Gauck-Bericht wurde weggepackt und gelangt erst hier an die Öffentlichkeit, nachdem er von dem *Welt*-Redakteur Uwe Müller unter Berufung auf das Informationsfreiheitsgesetz herausgeklagt und den Autoren dieses Buchs zur Verfügung gestellt wurde. Später, als er längst nicht mehr Bundesbeauftragter und noch kein Bundespräsident war, wollte auch Joachim Gauck die Causa de Maizière nicht auf sich beruhen lassen. In seinen 2009 erschienenen *Erinnerungen* bedauerte er die Entlassung der beiden Historiker. Er sei als Behördenleiter damals dazu verpflichtet gewesen, schreibt Gauck. Er schreibt aber auch: »Die Parteispitze der CDU wollte ihren stellvertretenden Vorsitzenden offenbar schützen.«[109]

Im Frühjahr 1991 rissen die Veröffentlichungen in den Medien über de Maizière und den Staatssicherheitsdienst nicht ab. Allmählich schwand die Widerstandskraft des CDU-Vize, auch wenn Schäuble, der die Vernichtung der MfS-Unterlagen forderte, ihm zur Seite stand und von »ungerechtfertigten und gezielt gestreuten Verdächtigungen« sprach.[110] Denn Schäuble vertrat mit seinen Äußerungen nur einen Teil der CDU. Die Gruppe um Rühe hörte nicht auf, ihren Unmut über de Maizière zum Ausdruck zu bringen. Ende August eskalierten die Dinge. Nach einer Vorstandssitzung gab de Maizière ohne jede Vorankündigung eine Erklärung ab, die gewaltige Wirkungen hatte und die CDU in eine schwierige Lage brachte. Im Gegenzug zu den gegen ihn vorgetragenen Beschuldigungen behauptete er nämlich, die Bundeszentrale der Partei habe sich aus dem Vermögen der früheren Ost-CDU mit 26 Millionen Mark bereichert. Am 11. September 1991 trat Lothar de Maizière von allen politischen Ämtern zurück, kurz darauf legte er auch sein Bundestagsmandat nieder. Schließlich erklärte er, es sei ein Fehler gewesen, dass er nicht seiner inneren Überzeugung gefolgt sei und mit dem Tag der Einheit seine politische Betätigung beendet habe.[111]

Lothar de Maizière war sich im Klaren, dass er mit seinem Rücktritt für Angela Merkel den Weg zur einzigen Stellvertreterin des CDU-Vorsitzenden Helmut Kohl freimachen würde, denn sie war Kohls Favoritin unter den drei Ministern aus den neuen Ländern. Am 30. September wurde sie vom Bundeskanzler dann tatsächlich vorgeschlagen und auf dem Dresdener Parteitag Mitte Dezember 1991 als stellvertretende Parteivorsitzende bestätigt. Die Voraussetzung für Angela Merkels weiteren Aufstieg war damit geschaffen, umso mehr, da sie niemand als Faktor im innerparteilichen Kräftespiel wahrnahm.

Ohne Macht gibt es Chaos
Fazit

Gut zwei Jahre nach ihren Anfängen beim Demokratischen Aufbruch im Oktober/November 1989 war Angela Merkel Stellvertreterin des CDU-Bundesvorsitzenden Helmut Kohl. Es war dies nicht die Blitzkarriere einer Seiteneinsteigerin in die Politik. Denn Angela Merkel war in ihrem ersten Leben nicht fern von Politik. Sie war vielmehr von Jugend an durch ihren sozialistischen Vater politisch geprägt und von Schulzeiten an in die politischen Organisationen des SED-Staates eingebunden – und dies nicht als Mitläuferin, sondern als Funktionärin, ob in der Freien Deutschen Jugend oder in der Betriebsgewerkschaft. Unter dem Eindruck der sowjetischen Reformpolitik trat sie dann für den demokratischen Sozialismus in einer eigenständigen DDR ein. Sie schloss sich dem Demokratischen Aufbruch zu einem Zeitpunkt an, als er noch für dieses Ziel stand. Als die Mauer gefallen war und der Ruf nach dem wiedervereinigten Vaterland alles zu beherrschen begann, wurden die Reformkommunisten und damit auch Angela Merkel schließlich von der neuen Wirklichkeit eingeholt. Und erst als sich der Kreml dieser neuen Wirklichkeit beugte und die Reformparteien im Dezember 1989 einschwenken ließ, wurde auch Angela Merkel zu einer Befürworterin von Einheit und Marktwirtschaft.

Als Angela Merkel in der Politik des wiedervereinigten Deutschland aufstieg und die Öffentlichkeit sich für sie zu interessieren begann, wurde ihr erstes Leben von ihr selbst und auch von anderen mit den Vorstellungen der westlichen CDU-Anhängerschaft von Leben und Rolle einer Pfarrerstochter in der DDR in Einklang gebracht. Sie sei immer gegen den Sozialismus gewesen, gegen den realen ebenso wie gegen den angestrebten demokratischen. Sie habe schon seit ihrer Jugend staatliche Einheit und soziale Marktwirtschaft im Blick gehabt. Und die DDR sei nie ihr Staat gewesen, sie habe ihn innerlich mit »Entschiedenheit«[1] abgelehnt, stand jetzt über die Stellvertreterin des CDU-Parteivorsitzenden Helmut Kohl zu lesen. Und es gelang Angela Merkel tatsächlich – begünstigt durch die Unkenntnis und Gleichgültigkeit im Westen gegenüber den tatsächlichen Verhältnissen in der DDR –, eine Legende in die Welt zu setzen, die Legende von der patriotischen Pfarrerstochter, die in der Wende auszog, um mitzuhelfen, die gespaltene Nation zusammenzufügen.

Schon der Blick auf die Angela Merkel prägende Gestalt, auf ihren Vater, zeigt, wie wenig dies alles mit der Wirklichkeit zu tun hat. Horst Kasner, der »rote Pastor« aus Templin, hatte in den frühen Jahren eng mit dem SED-Regime zusammengearbeitet. Später wurde er zum Anhänger der sowjetischen Reformpolitik. Was er partout nicht wollte, war ein freiheitlich-demokratisches Gesamt-Deutschland nach dem Vorbild der Bundesrepublik. Selbst nach der Wende konnte er seine Abneigung gegen dieses Deutschland nicht verbergen, in dem seine Tochter inzwischen zu einer führenden Repräsentantin aufgestiegen war.

Horst Kasners Name war eine Empfehlung für die beiden Männer, die Angela Merkels Karriere förderten und ihr den Weg in die Politik bahnten. Der eine ist Wolfgang Schnur. Er machte sie zur Pressesprecherin des Demokratischen Aufbruchs. Der zweite heißt Lothar de Maizière. Er wählte sie als seine stellvertretende Regierungssprecherin aus. Dass sowohl Schnur als auch de Maizière, dem sich Angela Merkel noch heute eng verbunden fühlt, über viele Jahre beim Staatssicherheitsdienst als Inoffizielle Mitarbeiter geführt wurden und gleichzeitig als Christen und Kirchenfunktionäre auftraten, gehörte zum Wesen des SED-Staates, der sich die Institutionen der Kirche und viele ihrer Funktionäre dienstbar gemacht hatte. Wichtiger für das Verständnis der politischen Positionierung der Angela Merkel ist es aber, dass Schnur sowie de Maizière reformkommunistische Apparatschiks waren – in einer Wende, die anfangs inszeniert worden war, ehe die Dinge durch den Selbstbehauptungswillen des Volkes nicht mehr steuerbar wurden und sich die geplante Umgestaltung von oben zu einer friedlichen Revolution von unten wandelte.

Es gehört wohl zu dem politischen Urerlebnis der Angela Merkel, dass im Zuge dieser friedlichen Revolution innerhalb kürzester Zeit nichts mehr galt, was bislang gegolten hatte. Alles, für das sie und viele andere Reformkommunisten aus den Reihen der Intelligenzija einmal gestanden und für das sie sich engagiert hatten, war nicht nur obsolet, sondern ins genaue Gegenteil verkehrt worden. Statt demokratischem Sozialismus war nun Kapitalismus angesagt. Statt Zweistaatlichkeit nationale Einheit. Statt Mitgliedschaft in RGW und Warschauer Pakt Zugehörigkeit zu EU und NATO. Wer eine solche Wendung mitmacht – für den können politische Inhalte nicht im Mittelpunkt stehen. Für den geht es um Karriere und Macht. Für den ist Macht Selbstzweck.

Das ist das Spezifikum des Politikverständnisses der Angela Merkel, das bereits ihren Aufstieg in der gesamtdeutschen CDU markierte. Für Paternalistisches à la Helmut Kohl oder für Verbundenheit etwa durch gemeinsame politische Ziele war da kein Platz. Der sich selbst in Skandale verstrickende Günther Krause war da nicht mehr der Karrierehelfer von ehedem, sondern bot durch seinen Fall die Chance des Zugriffs auf den mecklenburg-vorpommerischen CDU-Landesvorsitz. Der Staatssekretär im Ministerium für Umwelt, Naturschutz und Reaktorsicherheit, Clemens Stroetmann, war da nicht mehr der unentbehrliche Experte, sondern musste gehen, weil er sich zu sehr der Sache verschrieben hatte. Am Ende war es der Kanzler der Einheit selbst, der im Jahr nach seiner Wahlniederlage und seinem Rücktritt als Bundesvorsitzender im Zuge der Parteispendenaffäre von »seinem Mädchen« vom Denkmalssockel gestoßen wurde. Diese Maßnahme gegen den Mann, dem sie ihren steilen Aufstieg in der CDU verdankte, suchte an Abgebrühtheit ihresgleichen. Fast könnte man glauben, hier wirkte bei Angela Merkel ein tief aus ihrem Inneren kommender Reflex nach, denn sie hatte die deutsche Einheit, für die der Name Helmut Kohl steht, ursprünglich ja gar nicht gewollt.

Es war intelligent, wie Angela Merkel die Parteispendenaffäre für ihre Zwecke instrumentalisierte, um Kohl die Rolle des Übervaters zu nehmen und gleichzeitig den CDU-Parteivorsitzenden Schäuble zu demontieren. Kalt nutzte sie das Vakuum, das allein das Ausscheiden Kohls als Parteivorsitzender hinterlassen hatte und zu dem nun durch die Parteispendenaffäre noch Orientierungslosigkeit und Ratlosigkeit traten. Bereits am 10. April 2000 – Kohl hatte seinen Ehrenvorsitz inzwischen niedergelegt – wählte der

Bundesparteitag in Essen Angela Merkel mit 897 von 935 gültigen Stimmen zur neuen Parteivorsitzenden.

Angela Merkel hatte in dem bekannten Beitrag in der *Frankfurter Allgemeinen Zeitung*, mit dem der Denkmalssturz Kohls eingeleitet wurde, geschrieben, die Partei müsse laufen lernen. »Sie muss sich wie jemand in der Pubertät von zu Hause lösen, eigene Wege gehen.«[2] Doch beschritt sie diese eigenen Wege unter der Vorsitzenden Angela Merkel? Ihre Kritiker sagen, die Sachauseinandersetzung in der CDU sei verkümmert. Wer gar nach politisch-weltanschaulicher Gründung in der Partei suche, sei auf dem Holzweg. Politische Opportunität und Ausbau ihrer Macht seien alles. Viele ihrer politischen Konkurrenten sind auf der Strecke geblieben. Man sprach einmal von einem »System Kohl«, mit dem die interne Machtausübung des Kanzlers beschrieben wurde. Das »System Merkel« soll um ein Vielfaches rigoroser sein. Die CDU ist Angela Merkel. Und Angela Merkel ist die CDU. Und dabei scheint sich die Partei als Kanzlerinnen-Wahlverein, wie sie manche bezeichnen, wohlzufühlen. Es gilt als Ausdruck von Harmonie, auch wenn die Ergebnisse der Vorsitzenden bei den Abstimmungen inzwischen an diejenigen aus den Zeiten des real-existierenden Sozialismus erinnern. Lothar de Maizière stellt dann auch selbstzufrieden über Angela Merkel fest: »Sie hat diese sehr westdeutsche Partei zu einer gesamtdeutschen Partei weiterentwickelt.«[3]

Seit Herbst 2005 ist Angela Merkel Bundeskanzlerin. Der amerikanische Friedensnobelpreisträger Henry Kissinger sagte nach einem Gespräch über sie – ganz im Stil des Diplomaten: »Wir beobachten eine neue Leaderfigur, die auf ihrem Weg nach oben systematisch unterschätzt wurde und plötzlich als der perfekte Ausdruck ihrer Zeit erscheint.«[4] Zeitgeist als oberste Maxime von Politik, weil dies Macht sichert? Noch nie zuvor hat ein Regierungschef im demokratischen Deutschland so konsequent dem Zeitgeist Rechnung getragen und dafür sogar eigene politische Entscheidungen ins Gegenteil verkehrt, wie dies bei Angela Merkel der Fall ist. Helmut Schmidt hatte die NATO-Nachrüstung gegen den Zeitgeist in Angriff genommen und mit seinem politischen Schicksal verknüpft. Helmut Kohl hatte die unpopuläre Nachrüstung verwirklicht und 1989/90 gegen vielfache Widerstände die Einheit der Nation im westlichen Bündnis durchgesetzt. Gerhard Schröder war von der Richtigkeit der Agenda 2010 beherrscht, obgleich sie den Prinzipien der traditionellen Sozialdemokratie zuwiderlief und sie ihn das Amt kostete. Und Angela Merkel? Sie sucht um der Macht willen den Konsens mit jedermann. Die Parteien drohen zu »Abnickvereinen« für die »alternativlosen Entscheidungen« des Staates zu werden. Und ein großer Teil der Gesellschaft mit seinem ausgeprägten Harmoniebedürfnis scheint sich dabei wohlzufühlen.

Mit der Regierungszeit Angela Merkels wandelt sich nicht nur der Politikstil, sondern auch Deutschland selbst. Der Historiker Michael Stürmer schreibt darüber: »Die Kanzlerin ist nicht zu beneiden um die Aufgabe, das Staatsschiff durch Strömungen und Gegenströmungen durchzusteuern, die jeder Idee von Normalität spotten. Merkwürdig bleibt, wie sie zugleich die Traditionsbestandteile, die die Bonner Republik bestimmten und stabilisierten, bachab treiben lässt. (...) Es entstehen Umrisse einer anderen Republik. Die Wehrpflicht wurde suspendiert, das dreigliedrige Schulsystem aufgegeben, die Kernenergie verdammt. (...) Änderungen im Familienrecht normieren eine neue Wirklichkeit (...). Das Wertgefüge, das selbst noch den Krisen und Katastrophen des 20. Jahrhunderts trotzte, geht in den Schlussverkauf. Dass alles nur Taktik ist, möchte man nicht annehmen; dass es Vision sei, möchte man nicht glauben. Der Horizont der Normalität ist ins Wanken und Schwanken geraten und es wird schwer sein, (…) wieder Gleichgewicht zu finden.«[5]

Dank der Autoren

Unser Dank gilt vor allem den Zeitzeugen, die uns bereitwillig Auskunft über das erste Leben der Angela Merkel gaben. Bedanken möchten wir uns aber auch bei denen, deren Beruf es ist, die dokumentarische Hinterlassenschaft aus DDR-Zeiten zu hüten – also bei den Mitarbeitern des Bundesarchivs, des Archivs der Akademie der Wissenschaften, der Robert-Havemann-Gesellschaft sowie der Bundesbehörde für die Unterlagen des ehemaligen Staatssicherheitsdienstes der DDR.

Wenn es darum geht, Dankeschön zu sagen, müssen einige unter den vielen hilfreichen Köpfen namentlich erwähnt werden: Uwe Müller von der *Welt* überließ uns Unterlagen zu Lothar de Maizière, die ihm nach erfolgreicher Klage auf der Grundlage des Informationsfreiheitsgesetzes vom Bundesinnenministerium ausgehändigt werden mussten. Hans-Wilhelm Saure, Geheimdienstexperte der *Bild*-Zeitung, stand uns stets mit Rat und Tat zur Seite, wenn es um Belange des DDR-Staatssicherheitsdienstes ging. Dennis Yenmez unterstützte uns bei der schwierigen Bildrecherche. Prof. Dr. Henning Köhler brachte auch bei diesem Buch sein breites zeitgeschichtliches Wissen mit ein.

Last but not least möchten wir den Mitarbeitern des Piper Verlags danken: Nele Mengler betreute und unterstützte die Autoren ebenso engagiert und professionell wie Ulrich Wank, der seit mehr als 25 Jahren einen der beiden Autoren dieses Buches begleitet.

Ralf Georg Reuth, Günther Lachmann
Berlin, im Frühjahr 2013

Anmerkungen

Man weiß ... über 35 Jahre meines Lebens kaum etwas
Einleitung

1 Video-Aufzeichnung des Weißen Hauses von der Verleihung der Freiheitsmedaille an Bundeskanzlerin Angela Merkel am 7. Juni 2011; http://www.youtube.com/watch?v=yfDSfKBHgj8&feature=endscreen&NR=1.
2 http://en.wikisource.org/wiki/Executive_Order_11085.
3 Rede des US-Präsidenten Barack Obama anlässlich der Verleihung der Presidential Medal of Freedom am 7. Juni 2011 an Bundeskanzlerin Angela Merkel; http://www.whitehouse.gov/the-press-office/2011/06/07/remarks-president-obama-and-chancellor-merkel-exchange-toasts.
4 *BZ* vom 2.11.2004.
5 *Berliner Zeitung* vom 26.11.1998.
6 *Frankfurter Allgemeine Zeitung* vom 4.12.2004.
7 A.a.O., 25.2.2000.
8 Herlinde Koelbl: *Spuren der Macht. Die Verwandlung des Menschen durch das Amt. Eine Langzeitstudie,* Berlin 1999 (weiterhin zitiert als Koelbl, *Macht*), S.52.
9 Koelbl, *Macht,* S.49.
10 *Stern* vom 20.7.2000.
11 Langguth, Gerd: *Angela Merkel,* München 2005 (weiterhin zitiert als Langguth, *Merkel*), S.7.
12 *Focus* vom 25.7.2004.

13 Ebd.

14 Ebd.

15 Koelbl, *Macht*, S. 49.

16 Krauß, Matthias: *Das Mädchen für alles – Angela Merkel,* Anderbeck 2005.

17 Boysen, Jaqueline: *Angela Merkel, eine deutsch-deutsche Biographie,* München 2001 (weiterhin zitiert als Boysen, *Merkel*), S. 270.

18 Langguth, *Merkel,* S. 7.

19 Magazin der *Frankfurter Allgemeinen Zeitung* vom 27. 3. 1992.

20 *Berliner Morgenpost* vom 18. 10. 2005. Zu Joachim Sauer heißt es in der *taz* vom 30. 5. 2005: »Sauers Lebenslauf (...) auf der Homepage der Humboldt-Universität ist für einen international renommierten Forscher dürftig. Persönliche Daten, selbst das Geburtsdatum und der Geburtsort, fehlen. Nur das Jahr wird genannt, 1949. Irgendwann ist irgendwo mal durchgesickert, dass er aus Sachsen stammt.«

21 *Stern* vom 18. 11. 2004.

22 Steffen Seibert am 26. 2. 2013 an die Autoren. Wörtlich heißt es in der Mitteilung des Regierungssprechers:
»Sehr geehrter Herr Reuth, sehr geehrter Herr Lachmann,
im Namen der Bundeskanzlerin danke ich Ihnen sehr für Ihr Schreiben und die damit verbundene Anfrage. Sie freut sich über Ihr Interesse an ihrem Werdegang, sieht sich jedoch schon aus zeitlichen Gründen nicht in der Lage, Ihren sehr umfangreichen Fragenkatalog in der nötigen Ausführlichkeit zu beantworten. Die Bundeskanzlerin bittet Sie daher um Verständnis, dass sie Ihre Anfrage absagen muss. Vielleicht ist ein Blick in Hugo Müller-Voggs Buch *Angela Merkel – Mein Weg* aus dem Jahr 2005 für Sie hilfreich. Die damalige CDU-Parteivorsitzende hat darin eingehend aus ihrem Leben vor dem Einstieg in die Politik berichtet.
Mit freundlichen Grüßen, Steffen Seibert.«

23 Roll, Evelyn: *Die Kanzlerin,* Berlin 2009 (weiterhin zitiert als Roll, *Kanzlerin*).

24 Boysen, *Merkel.*

25 Stock, Wolfgang: *Angela Merkel. Eine politische Biografie,*
München 2005 (weiterhin zitiert als Stock, *Merkel*).

26 Langguth, *Merkel.*

27 Kornelius, Stefan: *Angela Merkel. Die Kanzlerin und ihre Welt,*
Hamburg 2013 (weiterhin zitiert als Kornelius, *Merkel*).

1 Ein Mensch wird nicht dadurch gläubig, dass er im Pfarrhaus aufwächst
(1954 bis 1973)

1 Langguth, *Merkel,* S. 10.

2 Pastor Kasner, Horst, geb. am: 6. 8. 1926, wohnh. in Templin,
ohne Datum, IM-Vorlaufakte »Waldhof«, BStU.

3 Kornelius, *Merkel,* S. 18.

4 *New York Times* vom 6. 9. 2005.

5 Boysen, *Merkel,* S. 12.

6 Koelbl, *Macht,* S. 48.

7 Langguth, *Merkel,* S. 36.

8 Schönherr, Albrecht: *... aber die Zeit war nicht verloren. Erinne-
rungen eines Altbischofs,* Berlin 1994 (weiterhin zitiert als Schön-
herr, *Erinnerungen*). Zur Biografie Schönherrs siehe auch Mayer,
Ingeborg: »Das Zeugnis der Kirche als Dienst an der Welt«, in:
Kirche im Sozialismus. Materialien zu Entwicklungen in der DDR,
Sonderheft Nr. 4a/81, 11. 9. 1981, S. 19 ff.

9 A. a. O., S. 194.

10 Langguth, *Merkel,* S. 18.

11 Betr.: Pfarrer Horst Kasner, Waldhof Templin, 8. 10. 1962,
IM-Vorlaufakte »Waldhof«, BStU.

12 Zur Geschichte der evangelischen Kirchen in der DDR siehe
hier und im Folgenden Goeckel, Robert F.: *The Lutheran Church
in the East German State. Political Conflict and Change under
Ulbricht and Honecker,* Ithaka/London 1990 (weiterhin zitiert als
Goeckel, *Church*).

13 Naasner, Walter: »Die Kirchenpolitik der SED. Der Staatssekretär für Kirchenfragen. Organisation, politische Funktion, Quellen-überlieferung«, in: *Deutschlandarchiv* 1/2010 (weiterhin zitiert als Naasner, »SED-Kirchenpolitik«), S. 99 ff.

14 Siehe dazu die Vorlaufakte Zentrum, III 999/62, Kreisdienststelle Templin, BStU.

15 *Spiegel* vom 25. 8. 1962.

16 A. a. O., 26. 7. 1993.

17 Vergleiche dazu Mäkinen, Aulikki: »Der Mann der Einheit. Bischof Friedrich Wilhelm Krummacher als kirchliche Persön-lichkeit in der DDR in den Jahren 1955–1969«, in: *Greifswal-der theologische Forschungen,* Bd. 5, Frankfurt a. M. u. a. 2002 (weiterhin zitiert als Mäkinen, »Krummacher«).

18 Naasner, »SED-Kirchenpolitik«, S. 100.

19 Die Christliche Friedenskonferenz, 24. 3. 1975, H A XX/4, 2622, BStU.

20 Vollnhals, Clemens: »Die kirchenpolitische Abteilung des Ministe-riums für Staatssicherheit«, in: *Die Kirchenpolitik von SED und Staatssicherheit. Eine Zwischenbilanz,* hrsg. von Clemens Vollnhals, 2. Aufl., Berlin 1997 (weiterhin zitiert als Vollnhals, »Kirchenpoli-tische Abteilung«), S. 79 ff., hier S. 114.

21 Lepp, Christa: *Tabu der Einheit? Die Ost-West-Gemeinschaft der evangelischen Christen und die deutsche Teilung (1945–1969),* Göttingen 2005, S. 470.

22 *Kommunistische Frontorganisationen im ideologischen Klassen-kampf. Über die Tätigkeit internationaler sowjetkommunistischer Propagandaorganisationen und ihrer Partner in der Bundes-republik Deutschland. Texte zur inneren Sicherheit,* Hrsg. Bundes-ministerium des Inneren, Bonn 1984, S. 52 ff.

23 Auskunftsbericht Schönherr Albrecht, 10. 1. 1967, MfS A P 21369/92, BStU. Siehe dazu auch Biografische Datenbanken: Schönherr, Albrecht, www.stiftung-aufarbeitung.de, wer-war-wer-in-der-ddr.

24 Karteikarten zum IM-Vorgang »Hans Meier« (Hanfried Müller), BStU.

25 Die zahlreichen Auszeichnungsvorschläge für den IM »Hans Meier« finden sich in: A IM, 24 851/91, Bd. 4, BStU.

26 Müller-Enbergs, Helmut/Wielgohs, Jan/Hoffmann, Dieter (Hrsg.):
    Wer war wer in der DDR. Ein biographisches Lexikon, Berlin 2000
    (weiterhin zitiert als *Biographisches Lexikon*).

27 Betr.: Pfarrer Kasner – Waldhof Templin, 28.10.1966, IM-Vorlauf-
    akte »Waldhof«, BStU.

28 Vollnhals, »Kirchenpolitische Abteilung«, S. 115.

29 Zu Carl Ordnung und zur Rolle der CDU bei der Unterwerfung
    der evangelischen Kirche unter die Interessen der Staatsmacht
    vgl. Besier, Gerhard: *Die Ost-CDU, ihre Religionspolitik und
    das MfS.* Es handelt sich um eine Veröffentlichung der Konrad-
    Adenauer-Stiftung (www.kas.de/upload/ACDP/HPM/
    HPM_03_96_6.pdf).

30 *Spiegel* vom 23.9.1991.

31 Koelbl, *Macht,* S. 48.

32 *Stern* vom 20.7.2000.

33 Koelbl, *Macht,* S. 49.

34 Merkel, Angela: *Mein Weg, Angela Merkel im Gespräch mit
    Hugo Müller-Vogg,* Hamburg 2004 (weiterhin zitiert als Merkel,
    Mein Weg), S. 43 f.

35 Video-Aufzeichnung des Weißen Hauses von der Verleihung
    der Freiheitsmedaille an Bundeskanzlerin Angela Merkel
    am 7. Juni 2011; http://www.youtube.com/watch?v=yfDSfKBHgj8
    &feature=endscreen&NR=1.

36 Merkel, *Mein Weg,* S. 47.

37 Zitiert nach Besier, Gerhard: *Der SED-Staat und die Kirchen.
    Der Weg in die Anpassung,* München 1993 (weiterhin zitiert als
    Besier, *Der SED-Staat*), S. 319.

38 Dibelius, Otto: *Obrigkeit,* Stuttgart 1963, S. 136.

39 *Kirchliches Jahrbuch 1963,* Gütersloh 1965, S. 181 ff. Vergleiche
    dazu auch Langguth, *Merkel,* S. 24.

40 Betr.: Pfarrer Kasner – Waldhof Templin, 18.9.1962, IM-Vorlauf-
    akte »Waldhof«, BStU. Dort heißt es über Kasner: »Er ist Glied
    des Leitungsgremiums des sog. Weißenseer Arbeitskreises, in
    dem sich junge Theologen unkonfessioneller (!) und moderner
    Denkart zusammengeschlossen haben.« Auch im darauffolgenden
    Jahr wurde Kasner in das Gremium gewählt, wie aus einem

Bericht des IM »Hans Meier« hervorgeht. Treffbericht, 21.3.1964, HA XX/4, MfS A 387/85, Bd. 3.

41 Neubert, Ehrhart: *Geschichte der Opposition in der DDR 1949–1989*, Berlin 1998 (weiterhin zitiert als Neubert, *Opposition*), S. 174.

42 *Kirchliches Jahrbuch 1963*, Gütersloh 1965, S. 194 ff., S. 181 ff.

43 Dies soll Horst Kasner laut *Frankfurter Allgemeine Sonntagszeitung* vom 11.3.2012 zu Rainer Eppelmann gesagt haben.

44 Einschätzung Pastor Kasner, Horst, Templin, 4.8.1970, IM-Vorlaufakte »Waldhof«, BStU.

45 *Spiegel* vom 1.3.2000.

46 Roll, *Kanzlerin*, S. 35.

47 Merkel, *Mein Weg*, S. 52.

48 Friedrich-Ebert-Stiftung (Hrsg.): *Freie Deutsche Jugend und Pionierorganisation Ernst Thälmann in der DDR*, Bonn 1984.

49 Walter Ulbricht, in einer Kritik am mangelnden Interesse für die »Freie Deutsche Jugend« (FDJ): »Von 60 000 Mitgliedern in Dresden kommen nur 200 zu den Veranstaltungen, alle andern sind Karteileichen, die wir zu neuem Leben erwecken müssen.« Zitat unter: http://www.spiegel.de/spiegel/print/d-42625841.html.

50 Ebd.

51 Mitteilung Charly Horn vom 24.1.2013.

52 *Stern* vom 20.7.2000.

53 Manuskript der Rede der CDU-Vorsitzenden zum Bundesparteitag 2004, S. 23.

54 Koelbl, *Macht*, S. 48

55 Siehe dazu den bemerkenswerten Essay von Uwe Müller über die Familie de Maizière, *Welt am Sonntag* vom 6.3.2011.

56 Vorlage zur Dienstbesprechung. Einschätzung der Synode Berlin-Brandenburg, Frühjahr 1970, 18.3.1970, 0–4, 382, BA.

57 Langguth, *Merkel*, S. 61.

58 Betr.: Pfarrer Kasner – Waldhof Templin, 20.10.1966, IM-Vorlaufakte »Waldhof«, BStU.

59 Bericht, 14.1.1967, AIM, 5647/88, Bd. II, BStU. Danach leitete Kasner die Sitzung des WAK.

60 Operativplan zur Provinzialsynode der ev. Landeskirche
Berlin-Brandenburg, HA XX/4, 11.1.1967, MfS AP 21369/92,
BStU.

61 Bericht über die Arbeit des Regionalausschusses in der DDR
(1966–1969), Arbeitsausschuss DDR, Oktober 1969, HA XX/4,
2946, BStU.

62 Betr.: Pfarrer Kasner – Waldhof Templin, 28.10.1966,
IM-Vorlaufakte »Waldhof«, BStU.

63 Vergleiche dazu Mäkinen, »Krummacher«.

64 Besier, *Der SED-Staat*, S. 631.

65 A. a. O., S. 638.

66 Neubert, *Opposition*, S. 173.

67 Goeckel, *Church*; S. 93 ff.

68 Ebd.

69 *Bild am Sonntag* vom 3.10.2010. Dem Boulevardblatt gab
die Bundeskanzlerin Angela Merkel ein mehrseitiges Exklusiv-
Interview unter der folgenden Überschrift: »Mein Leben
in der DDR«.

70 Bericht (Gespräch mit Kasner und Prätorius), 31.1.1963,
IM-Vorlaufakte »Waldhof«, BStU. Dort heißt es: »Die Wahl
Schönherrs erfolgte mit knapper Mehrheit, da mehrere Pastoren
(…) ihm zum Vorwurf machten, er und der Weißenseer Arbeits-
kreis wollen die Kirche den Kommunisten in die Hände spielen.
Kasner hat sich sehr aktiv für die Wahl Schönherrs eingesetzt.
(…) Er bestätigte, dass Kasner dauernd für Schönherr agitierte
(…)«

71 Bericht Pfarrer Kasner, Waldhof Templin, Mitte April 1969,
IM-Vorlaufakte »Waldhof«, BStU.

72 Auskunftsbericht Horst Kasner …, 5.12.1972, IM-Vorlaufakte
»Waldhof«, BStU.

73 Zur Jugendweihe siehe Morche, Torsten: *Weltall ohne Gott, Erde
ohne Kirche, Mensch ohne Glaube: zur Darstellung von Religion,
Kirche und »wissenschaftlicher Weltanschauung« in Weltall, Erde,
Mensch zwischen 1954 und 1974 in Relation zum Staat-Kirche-
Verhältnis und der Entwicklung der Jugendweihe in der DDR*,
Leipzig/Berlin 2006.

74 Stellungnahme (ohne Datum), Waldhof-Akten, Landeskirchen-
   archiv Berlin. In drei kleinen Kartons lagern dort die Über-
   bleibsel von über 30 Jahren Waldhof-Geschichte. Der Rest ist
   verschwunden.

75 Langguth, *Merkel*, S. 40.

76 Mitteilung Matthias Rau vom 25. 1. 2013.

77 *Deutsches Allgemeines Sonntagsblatt* vom 7. 4. 2000.

78 Koelbl, *Macht*, S. 49.

79 Mitteilung Matthias Rau vom 25. 1. 2013.

80 *Stern* vom 20. 7. 2000.

81 Roll, *Kanzlerin*, S. 55.

82 Ebd.

83 Bericht Pfarrer Kasner, Waldhof Templin, Mitte April 1969,
   IM-Vorlaufakte »Waldhof«, BStU.

84 Schönherr, *Erinnerungen*, S. 208. Die Haltung gegenüber der
   Militäraktion gegen den Prager Frühling führte innerhalb
   der internationalen CFK-Führung zu schweren Verwerfungen
   und einer Vielzahl von Austritten. Schönherr blieb jedoch in
   seiner Leitungsfunktion im DDR-Regionalausschuss.

85 Information, 10. 2. 1962, IM-Vorlaufakte »Waldhof«, BStU.

86 *Bild am Sonntag* vom 3. 10. 2010.

87 Langguth, *Merkel*, S. 41.

88 A. a. O., S. 43.

89 *Bild am Sonntag* vom 10. 6. 2001.

90 Ebd.

91 Merkel, *Mein Weg*, S. 46.

92 Langguth, *Merkel*, S. 50.

93 A. a. O., S. 47.

94 A. a. O., S. 46.

95 »Zur Person«, Günter Gaus im Gespräch mit Angela Merkel,
   28. 10. 1991, ARD.

96 *Bild am Sonntag* vom 3. 10. 2010.

97 Mitteilung Peter Bliss vom 28. 1. 2013.

98 Mitteilung Charly Horn vom 24. 1. 2013.

99 *Bild am Sonntag* vom 10. 6. 2001.

100 Langguth, *Merkel*, S. 38.

101 Boysen, *Merkel,* S. 18.

102 Langguth, *Merkel,* S. 34.

103 Bericht Pfarrer Kasner, Waldhof Templin, Mitte April 1969, IM-Vorlaufakte »Waldhof«, BStU.

104 Forck, Gottfried/Henkys, Jürgen (Hrsg.): *Brüderliche Kirche – Menschliche Welt. Festgabe für Abrecht Schönherr,* Berlin 1971, S. 11.

105 Schönherr, *Erinnerungen,* S. 256.

106 Henkys, Reinhard: »Ein glaubwürdiger Vermittler«, in: *Kirche im Sozialismus. Materialien zu Entwicklungen in der DDR,* Sonderheft Nr. 4a/81, 11. 9. 1981, S. 27.

107 *Focus* vom 9. 9. 1996.

108 Über das Verhältnis des Bischofs Braecklein gibt ein »Protokoll« des MfS vom 17. Juni 1977 (HA XX/AKG, 5904, BStU) Auskunft. Darin heißt es: »Bischof Braecklein, Eisenach: Seit dem Fall Guillaume haben wir unbegrenztes Zutrauen in den Staatssicherheitsdienst. Man sagt, er sei der beste der Welt.«

109 Siehe dazu Reuth, Ralf Georg: *IM Sekretär. Die »Gauck-Recherche« und die Dokumente zum »Fall Stolpe«,* Berlin 1992 (weiterhin zitiert als: Reuth, *IM Sekretär*).

110 *Spiegel* vom 26. 7. 1993.

111 Stolpe, Manfred: *Das Verhältnis von Staat und Kirche in der Deutschen Demokratischen Republik,* Berlin 1962; siehe dazu auch Reuth, *IM Sekretär,* S. 55 und S. 97, Anm. 8.

112 Zitiert nach *Frankfurter Allgemeine Zeitung* vom 4. 2. 1992.

113 Rechercheergebnisse zum IM Sekretär, Reg.-Nr. I V/1192/64 (Stand: 31. 03. 1992); der Bericht der Bundesbehörde für die Unterlagen des ehemaligen Staatssicherheitsdienstes der DDR ist abgedruckt bei Reuth, *IM Sekretär,* S. 145 ff.

114 Bearbeitungskonzeption zur weiteren politisch-operativen Bearbeitung klerikaler Kräfte in der DDR im Zeitraum 1975–1980 für den Sicherungsbereich der Linie 20/4, 11. 11. 1974, MfS AP 21369/92, BStU. Für die obskure Behauptung, die Gründung des DDR-Kirchenbundes sei eine Maßnahme der Selbstbehauptung der evangelischen Kirche gewesen, wird häufig folgende Aussage des für die Kirchenpolitik der SED zuständigen ZK-Sekretärs

Paul Verner angeführt. Dieser erklärte, dass es den Kirchenoberen bei der BEK-Gründung darum gegangen sei, »die Möglichkeiten des Taktierens mit den Kirchen Westdeutschlands zu erhalten, als Bund den staatlichen Organen in größerer Geschlossenheit entgegenzutreten, die fortschrittlichen Kräfte in den Kirchen der DDR durch den Bund zu bremsen und zu fesseln, und schließlich darum, zu gegebener Zeit als Bund zu vorteilhaften Vereinbarungen mit dem Staat (…) zu kommen« (zitiert nach Schönherr, *Erinnerungen*, S. 258). Tatsächlich wollte Verner damit nichts anderes, als die Operation der Staatsorgane verschleiern, zumal diese noch nicht abgeschlossen war.

115 Bericht Pfarrer Kasner, Waldhof Templin, Mitte April 1969, IM-Vorlaufakte »Waldhof«, BStU. Dort ist zu lesen: Kasner habe erklärt, »daß er auch selbst derjenige sei, der bisher dafür eingetreten ist, daß (…) Schönherr nicht nur als Verwalter des Bischofsamtes fungieren solle, sondern daß er auch die Bezeichnung Bischof erhält.«

116 *Focus* vom 1. 7. 1996.

117 Gemeint ist Rolf-Dieter Günther. Der Pfarrer war seit 1983 Pressesprecher des BEK und wurde unter dem Decknamen »Wilhelm« vom MfS als Inoffizieller Mitarbeiter geführt. Vergleiche dazu *Focus* vom 9. 9. 1996.

118 Vorlage zur Dienstbesprechung. Einschätzung der Synode Berlin-Brandenburg, Frühjahr 1970, 18. 3. 1970, 0–4, 382, BA.

119 Merkel, *Mein Weg*, S. 45.

120 Bearbeitungskonzeption zur weiteren politisch-operativen Bearbeitung klerikaler Kräfte in der DDR im Zeitraum 1975–1980 für den Sicherungsbereich der Linie 20/4, 11. 11. 1974, AP 21369/92, BStU.

121 Langguth, *Merkel*, S. 37.

122 Vortrag des Pfarrer Kasner, Templin, Waldhof, über seine Italienreisen 1974 und 1975 mit Dia-Bildern, 12. 1. 1975, MfS AP, 22375/92, BStU.

123 Mitteilung Charly Horn vom 24. 1. 2013.

124 Koelbl, *Macht*, S. 49.

125 *Welt am Sonntag* vom 19. 6. 2005.

126 Langguth, *Merkel*, S. 48.

127 *Stern* vom 20. 7. 2000.

128 Langguth, *Merkel*, S. 49.

129 Roll, *Kanzlerin*, S. 20.

130 Langguth, *Merkel*, S. 43 f.

131 Boysen, *Merkel*, S. 25.

132 Langguth, *Merkel*, S. 51.

133 Merkel, *Mein Weg*, S. 53.

134 Roll, *Kanzlerin*, S. 40.

135 Morgenstern, Christian: *Alle Galgenlieder*, Göttingen 2011,
S. 148.

136 Roll, *Merkel*, S. 38.

137 Langguth, *Merkel*, S. 53.

138 A. a. O., S. 54.

139 Mitteilung Peter Bliss, 28. 1. 2013.

140 Mitteilung Matthias Rau vom 25. 1. 2013.

141 Langguth, *Merkel*, S. 36.

142 Ebd.

143 Vollnhals: »Kirchenpolitische Abteilung«, S. 91.

144 Einschätzung Pastor Kasner, Horst, Templin, 4. 8. 1970,
IM-Vorlaufakte »Waldhof«, BStU.

145 Abschlussbericht zum OVA III/442/70 »Philister«, 25. 3. 1971,
IM-Vorlaufakte »Waldhof«, BStU.

146 Siehe dazu das Interview mit Horst Kasner in der *International
Herald Tribune* vom 15. 9. 2005.

147 Ebd.

148 Abschlussbericht zum IM-Vorlauf »Waldhof«, Reg. Nr. XV 3257/72,
IM-Vorlaufakte »Waldhof«, BStU.

149 Ebd.

150 Ebd.

151 Schönherr, *Erinnerungen*, S. 276.

152 Eppelmann, Rainer: *Fremd im eigenen Haus. Mein Leben
im anderen Deutschland*, Köln 1993, S. 105.

153 Roll, *Kanzlerin*, S. 22 f.

154 Boysen, *Merkel*, S. 14.

155 Langguth, *Merkel*, S. 59 f.

156 Betr.: Pfarrer Horst Kasner, Waldhof Templin, 8.10.1962, IM-Vorlaufakte »Waldhof«, BStU.

157 Neustrelitz, 2. November 1970, IM-Vorlaufakte »Waldhof«, BStU.

158 Langguth, *Merkel*, S. 335.

159 Ebd.

160 Mitteilung Matthias Rau vom 25.1.2013.

2 Bahros Alternativen aber waren eine romantisch-sozialistische Utopie
(1973 bis 1986)

1 Merkel, *Mein Weg*, S. 50.

2 Mitteilung Matthias Rau vom 25.1.2013.

3 Merkel, *Mein Weg*, S. 41.

4 A.a.O., S. 47.

5 Von Münch, Ingo: *Dokumente des geteilten Deutschland*, Stuttgart 1976, S. 425.

6 *Die Zeit* vom 11.10.1974.

7 Ebd.

8 Videodokument YouTube, http://www.youtube.com/watch?v=XKGPwDiUBeY.

9 »Humboldt-Universität. Sozialistische Erziehung der Studenten«, *Schriftenreihe der Universitätsbibliothek Berlin*, Nr. 22 (ohne Datum), Ost-Berlin, S. 42.

10 *Studienführer Universität Leipzig 1972/73*, S. 110, Universitätsarchiv Leipzig.

11 Ebd.

12 Krause, Konrad: *Alma mater Lipsiensis*, Leipzig 2003, S. 324.

13 *Spiegel* vom 17.3.1969.

14 Ebd.

15 Langguth, *Merkel*, S. 74.

16 A.a.O., S. 331.

17 *Leipziger Volkszeitung* vom 18.5.1993.

18 Merkel, *Mein Weg*, S. 55.

19 *Focus* vom 5. 7. 2004.

20 *Spiegel reporter* vom 1. 3. 2000.

21 Ebd.

22 Langguth, *Merkel*, S. 41.

23 A. a. O., S. 85.

24 Boysen, *Merkel*, S. 31.

25 *Bild* vom 16. 7. 2004.

26 Langguth, *Merkel*, S. 86.

27 *Die Welt* vom 14. 8. 2009.

28 *Cicero* vom 26. 10. 2005.

29 *Bild am Sonntag* vom 28. 12. 2008.

30 Ebd.

31 Koelbl, *Macht*, S. 49.

32 Merkel, *Mein Weg*, S. 56.

33 *Focus* vom 5. 7. 2004.

34 Merkel, *Mein Weg*, S. 59.

35 *Leipziger Volkszeitung* vom 18. 5. 1993.

36 Boysen, *Merkel*, S. 29.

37 Langguth, *Merkel*, S. 85.

38 *Focus* vom 5. 7. 2004.

39 *Spiegel reporter* vom 1. 3. 2000.

40 Roll, *Kanzlerin*, S. 72.

41 A. a. O., S. 73.

42 Langguth, *Merkel*, S. 91.

43 A. a. O., S. 92.

44 Ebd.

45 *Spiegel* vom 2. 1. 1978.

46 Ebd.

47 Mitteilung Gunter Walther vom 23. 1. 2013.

48 Stock, *Merkel*, S. 49.

49 Beurteilung zum Vorkurs für junge Facharbeiter an der Ingenieur-
    schule Zwickau vom 13. Juli 1988, Archiv der Autoren. Nach
    der Wende schafften die ostdeutschen Schulen übrigens auch die
    Kopfnoten ab. Doch ausgerechnet Angela Merkel, die sich so
    über ihr Einstellungsgespräch in Ilmenau und die dabei aus ihrer

Kaderakte hervorgehenden Details erregt hatte, wollte sie wieder einführen. Das war im März 2000, und sie stand inzwischen an der Spitze der CDU. »Fleiß ist eine Voraussetzung, um in einer Leistungsgesellschaft, in der Werte geschaffen werden, bestehen zu können. Deshalb bin ich auch dafür, im Schulzeugnis wieder sogenannte Kopfnoten zu vergeben«, sagte sie. Zitiert nach *Bild*-Zeitung vom 24.3.2000.

50 Stock, *Merkel*, S. 49.

51 Boysen, *Merkel*, S. 33.

52 Stock, *Merkel*, S. 49.

53 Boysen, *Merkel*, S. 35.

54 Roll, *Kanzlerin*, S. 83.

55 A. a. O., S. 83.

56 Schindhelm, Michael: *Roberts Reise,* Stuttgart/München 2000, S. 286.

57 A. a. O., S. 285 f.

58 Boysen, *Merkel*, S. 38.

59 A. a. O., S. 39.

60 Roll, *Kanzlerin*, S. 63.

61 Boysen, *Merkel*, S. 44.

62 Roll, *Kanzlerin*, S. 63.

63 A. a. O., S. 84.

64 Boysen, *Merkel*, S. 44.

65 Ebd.

66 Merkel, *Mein Weg,* S. 59.

67 Mitteilung Gunter Walther vom 23.1.2013.

68 Bahro, Rudolf: *Die Alternative. Zur Kritik des real existierenden Sozialismus,* Köln/Frankfurt a. M. 1977.

69 A. a. O., S. 7.

70 A. a. O., S. 7 f.

71 Langguth, *Merkel*, S. 334.

72 Mitteilung Gunter Walther vom 23.1.2013.

73 Boysen, *Merkel*, S. 45.

74 Treffbericht IM »Bachmann« vom 12.2.1980, Bachmann, Bd. 1, 7368/91, BStU.

75 Roll, *Kanzlerin*, S. 96.

76 Mitteilung von Bernhard Marquardt vom 21.11.2012.

77 Helmut Kohl schrieb dazu: »Ich weiß aus den Gesprächen mit Michail Gorbatschow, welch fundamentale Bedeutung diesem Thema in der Sowjetunion beigemessen wurde. Er hatte damals erkannt, dass es ein aussichtsloses Unterfangen war, den Rüstungswettlauf forcieren zu wollen, das westliche Bündnis zu spalten und Deutschland aus der westlichen Solidarität herauszulösen.« Aus Diekmann, Kai/Reuth, Ralf Georg: *Helmut Kohl. Ich wollte Deutschlands Einheit*, Berlin 1996 (weiterhin zitiert als Diekmann/Reuth, *Einheit*), S.26.

78 Langguth, *Merkel*, S.336.

79 Treffbericht IM »Bachmann« vom 12.2.1980, Bachmann, Bd.1, 7368/91, BStU.

80 Mitteilung Gunter Walther vom 23.1.2013.

81 Roll, *Kanzlerin*, S.96.

82 *Junge Welt* vom 18.9.1980.

83 Rechenschaftsbericht an die Kreisdelegiertenkonferenz der SED an der Akademie der Wissenschaften der DDR am 14.Januar 1984, B293, AdW 1996, S.60f.

84 Merkel, *Mein Weg*, S.60f.

85 Roll, *Kanzlerin*, S.95.

86 *Märkische Oderzeitung* vom 13.1.2004.

87 Roll, *Kanzlerin*, S.99.

88 Ebd.

89 Ebd.

90 Boysen, *Merkel*, S.20.

91 *Neues Deutschland* vom 22.9.1994.

92 Roll, *Kanzlerin*, S.98.

93 Zum Referat der Mitgliederversammlung, (ohne Datum) 1980, A5895, AdW.

94 Protokoll der Sitzung vom 14.10.1982, ZIPC – BGL, 15.10.1982, A 5895, AdW.

95 Protokoll der Sitzung vom 8.6.1983, ZIPC – BGL, 28.6.1983, A 5895, AdW.

96 Protokoll der Sitzung vom 11.11.1982, ZIPC – BGL, 12.11.1982, A 5895, AdW.

97 Brief von SED-Generalsekretär Erich Honecker an KPdSU-Generalsekretär Leonid Breschnew, 26. November 1980; http://www.chronik-der-mauer.de/index.php/de/Common/ Document/field/file/id/573444.

98 Ebd.

99 Protokoll der Sitzung vom 26.11.1981, ZIPC – BGL, 27.11.1981, A 5895, AdW.

100 Mitteilung Gunter Walther vom 23.1.2013.

101 Mitteilung Christofer Frey vom 22.2.2013.

102 Ebd.

103 Mitteilung Gunter Walther vom 23.1.2013.

104 Ebd.

105 Mitteilung Matthias Rau vom 25.1.2013.

106 Sofortmeldung, 12.8.1981, Op. Stab Frankfurt/Oder, BStU. Die Meldung wurde freundlicherweise von Herrn Gunter Walther zur Verfügung gestellt. Archiv der Autoren.

107 Mündlicher Bericht des IM »Bachmann« vom 9.9.1981, Bachmann, Bd.1, 7368/91, BStU.

108 Mitteilung Stefan Dachsel vom 18.1.2013.

109 Mitteilung Gunter Walther vom 23.1.2013.

110 Ebd.

111 Roll, *Kanzlerin,* S.63.

112 A.a.O., S.97.

113 Boysen, *Merkel,* S.55.

114 Langguth, *Merkel,* S.105.

115 Boysen, *Merkel,* S.52.

116 Langguth, *Merkel,* S.335.

117 *Spiegel* vom 1.10.2005.

118 Ebd.

119 Einschätzung des IM »Bachmann«, 2.1.1981, Bachmann, Bd.3, 51170/92, BStU.

120 Betr.: Merkel, Angela, wiss. Mitarbeiterin in der Abt. TC im ZIPC, 30.8.1983, Bachmann, Bd.1, 7368/91, BStU. Siehe auch: *Angela Merkel. Die Frau, die aus der Kälte kam, stern, mobil.de* vom 17.8.2011.

121 Mündlicher Bericht des IM »Bachmann« vom 16. und 20. 4. 1982, Bachmann, Bd. 1, 7368/91, BStU.

122 Mündlicher Bericht des IM »Bachmann« vom 16. und 22. 4. 1982, Bachmann, Bd. 1, 7368/91, BStU.

123 Ebd.

124 Am 20. 9. 83 besuchte mich ..., 22. 9. 1983, Bachmann, Bd. 1, 7368/91 BStU.

125 Stock, *Merkel*, S. 55 f.

126 »Am 20. 9. 83 besuchte mich ...«, 22. 9. 1983, Bachmann, Bd. 1, 7368/91 BStU.

127 Stock, *Merkel*, S. 56.

128 Roll, *Kanzlerin*, S. 96.

129 Protokoll der Sitzung vom 11. 1. 1985, ZIPC – BGL, Jugendförderplan des ZIPC, Planteil 1985, A 6004, AdW.

130 Fragment, pag. 269, Bachmann, Bd. 1, 7368/91, BStU.

131 Ebd.

132 NÁVRH zavedení spisu po s krycím názvem »BENDA«, 13. 2. 1986, Akte Friedrich, Bretislav, Archiv der Sicherheitsdienste Prag.

133 Boysen, *Merkel*, S. 55.

134 Fragment, pag. 257, Bachmann, Bd. 1, 7368/91, BStU.

135 *taz* vom 30. 5. 2005.

136 Boysen, *Merkel*, S. 70.

137 Bericht der Enquete-Kommission des Deutschen Bundestages »Aufarbeitung von Geschichte und Folgen der SED-Diktatur in Deutschland« vom 31. 5. 1994«, Drucksache 12/7820, S. 223.

138 Wolf, Markus: *Spionagechef im geheimen Krieg. Erinnerungen*, Berlin 1998, S. 302 f.

139 Bürger des Nichtsozialistischen Wirtschaftsgebiets.

140 Auftrag, 19. 3. 1981, Bachmann, XV 3049/79, MfS 7368/91, BStU. Der IM berichtete nach seiner Rückkehr dem MfS ausführlich. Mündlicher Bericht des IM »Bachmann« vom 22. und 27. 4. 1981 über seine Teilnahme an der Europäischen Konferenz für Atomphysik vom 6. bis 10. 4. 1981 in Heidelberg, Bachmann, XV 3049/79, MfS 7368/91, BStU.

141 Langguth, *Merkel*, S. 339.

142 Gerhard Öhlmann an C. Grote, den Generalsekretär der
Akademie der Wissenschaften, 6. 7. 1989, A 6004, AdW.

143 Merkel, *Mein Weg,* S. 68.

144 Stock, *Merkel,* S. 56 f., und Langguth, *Merkel,* S. 339.

145 Protokoll der Sitzung vom 11. 1. 1985, ZIPC – BGL, Jugendförderplan des ZIPC, Planteil 1985, A 6004, AdW. Die Arbeit liegt
in drei Exemplaren in der Bibliothek der Akademie vor.

146 Merkel, *Mein Weg,* S. 62.

147 *Spiegel* vom 1. 2. 2010.

3 Wenn wir die DDR reformieren, dann nicht im bundesrepublikanischen Sinne
(1985 bis November 1989)

1 Dazu heißt es in einem Bericht der SED-Kreisleitung der Akademie der Wissenschaften: »Im Zusammenhang mit der weiteren
Gestaltung des Sozialismus in der DDR nehmen in der politisch-
ideologischen Arbeit Fragen unserer Verhältnisses zur Sowjetunion und den sich in der UdSSR vollziehenden Gestaltungs-
prozessen einen breiten Raum ein ...« Kreisdelegiertenkonferenz
der AdW der DDR der SED, 10. 12. 1988, AdW 1995, B 362, S. 17.

2 *Berliner Morgenpost* vom 8. 3. 2000 (»Zweimal täglich Mokka mit
Angela«).

3 Siehe dazu den Leserbrief von Hans-Jörg Osten in der Tageszeitung
Neues Deutschland vom 22. 9. 1994.

4 Zu den internationalen Wissenschaftsbeziehungen siehe: Rechenschaftsbericht an die Kreisdelegiertenkonferenz der SED an der
Akademie der Wissenschaften der DDR am 14. Januar 1984, AdW
1996, B 293, S. 37. Dort heißt es: »Kernstück dieser Beziehungen
war und bleibt die weitere wachsende sozialistische Forschungskooperation mit der UdSSR ...«

5 *Spiegel* vom 24. 1. 2001.

6 Stock, *Merkel,* S. 54.

7 *taz* vom 24. 6. 2005.

8 Merkel, *Mein Weg*, S. 69 f.
9 Boysen, *Merkel*, S. 75.
10 Langguth, *Merkel*, S. 339.
11 IM-Bericht »Bachmann«, 22. 9. 1983, Akte Bachmann, BStU.
12 Merkel, *Mein Weg*, S. 63.
13 Siehe dazu: Reuth, Ralf Georg/Bönte, Andreas: *Das Komplott.*
   Wie es wirklich zur deutschen Einheit kam, München 1993 (weiterhin zitiert als Reuth/Bönte, *Komplott*).
14 Zu den Operationen der östlichen Geheimdienste siehe Reuth/
   Bönte, *Komplott*, S. 14 f.
15 Langguth, *Merkel*, S. 336.
16 *Stern* vom 9. 4. 1987.
17 *Berliner Zeitung* vom 12. 10. 1989.
18 *Neues Deutschland* vom 19. 11. 1988.
19 Hinweise zu einigen bedeutsamen Aspekten der Reaktion der
   Bevölkerung im Zusammenhang mit der Mitteilung über
   die Streichung der Zeitschrift *Sputnik* von der Postzeitungs-
   vertriebsliste der DDR, 30. 11. 1988, MfS ZAIG 4244, BStU.
20 Kreisdelegiertenkonferenz der AdW der DDR der SED, 10. 12. 1988,
   AdW 1995, B 362, S. 13 ff.
21 Roll, *Kanzlerin*, S. 84 f.
22 Reuth/Bönte, *Komplott*, S. 79 f.
23 Schabowski, Günter: *Wir haben fast alles falsch gemacht,* Berlin
   2009, S. 172.
24 Arnim, Joachim von: *Zeitnot. Moskau, Deutschland und der
   weltpolitische Umbruch.* Mit einem Vorwort von Horst Teltschik,
   Bonn 2012 (weiterhin zitiert als Arnim, *Zeitnot*), S. 488.
25 Wolf, Markus: *Die Troika. Geschichte eines nicht gedrehten Films,*
   Berlin/Weimar 1989.
26 Der Generalbundesanwalt beim Bundesgerichtshof. Anklageschrift gegen Markus Wolf, S. 57 und 301 f. Die Anklage wurde nie
   erhoben. Die Anklageschrift befindet sich im Archiv der Autoren.
27 Siehe dazu Arnim, *Zeitnot*, S. 487 ff.
28 »Notiz über die Besprechung des Genossen Minister mit
   dem Stellvertreter des Vorsitzenden des KfS (Komitee für Staatssicherheit) der UdSSR und Leiter der I. Hauptverwaltung –

Genossen Generalmajor Schebarschin – am 07.04.1989«, ZA, ZAIG 5198, BStU.

29 Von dem Gespräch Mielke/Schebarschin, das in Russisch geführt wurde, existiert auch ein Tonbandmitschnitt. Im Unterschied zum bereinigten Protokoll war das tatsächliche Gespräch weitaus konfrontativer. Band und deutsche Übersetzung befinden sich im Archiv der Autoren.

30 Arnim, *Zeitnot*, S. 487.

31 Zitiert nach Reuth/Bönte, *Komplott*, S. 91; vergleiche dazu Wolf, Markus: *Im eigenen Auftrag. Bekenntnisse und Einsichten*, München 1991 (weiterhin zitiert als Wolf, *Auftrag*), S. 145 ff.

32 Es existiert ein Foto, das Angela Merkel, Sauer und die Ehefrau des Quantenchemikers Bogumil Jeziorski zeigt. Es wurde von Letzterem aufgenommen und AFP zur Verfügung gestellt, Archiv der Autoren.

33 Der Bericht in der *Prawda* vom 15.9.1989 füllte fast eine ganze Seite und war mit einem großen Foto von Wolf versehen. Siehe dazu Arnim, *Zeitnot*, S. 196 f.

34 Reuth/Bönte, *Komplott*, S. 88 f.

35 Zitiert nach: Gysi, Gregor/Falkner, Thomas: *Sturm aufs Große Haus. Der Untergang der SED*, Berlin 1990, S. 14.

36 André Brie war als IMS »Peter Scholz« geführt worden, und sein Bruder Michael diente Wolfs HVA als IM. Siehe dazu »Bestandsaufnahme IMS ›Peter Scholz‹«, Reg.-Nr. XVIII/1734/70, BV Potsdam, BStU, sowie *Tagesspiegel* vom 10.2.1991.

37 Merkel, *Mein Weg*, S. 71.

38 Mitteilung von Christofer Frey vom 23.2.2013. Siehe dazu auch den Beitrag von Alexander Osang, der unter der Überschrift »Die Schläferin« ebenfalls über das Templiner Treffen berichtet, *Spiegel* vom 9.11.2009.

39 Mitteilung von Christofer Frey vom 23.2.2013.

40 Ebd.

41 Information, 11.12.1987, HA XVIII/5, Archiv der Autoren.

42 Boysen, *Merkel*, S. 87.

43 Das berichtet die *Berliner Zeitung* am 20.3.2000. Zur Rolle Kasners in der Wendezeit siehe auch Langguth, *Merkel*, S. 63.

44 »Aufbruch 89 – Neues Forum«, in: *Die ersten Texte des Neuen Forum. Erschienen in der Zeit vom 9. September bis 18. Dezember 1989*, Berlin 1990, S. 2.

45 Roll, *Kanzlerin*, S. 25.

46 Mitteilung Ehrhardt Neubert vom 7. 2. 2013.

47 Mitter, Armin/Wolle, Stefan (Hrsg.): »*Ich liebe Euch doch alle.« Befehle und Lageberichte des MfS Januar – November 1989*, Berlin 1990, S. 165 ff.

48 Mitteilung Christofer Frey 23. 2. 2013.

49 Ebd.

50 *Spiegel* vom 9. 11. 2009.

51 Langguth, *Merkel*, S. 335.

52 *Stern* vom 20. 7. 2000.

53 Mitteilung von Stefan Dachsel vom 17. 1. 2013.

54 Merkel, *Mein Weg*, S. 70 f.

55 Boysen, *Merkel*, S. 88.

56 Ebd.

57 *Frankfurter Allgemeine Zeitung* vom 12. 10. 1992.

58 Zitiert nach: Reuth/Bönte, *Komplott*, S. 77 f.

59 epd, Nr. 177 vom 18. 9. 1989.

60 Maizière, Lothar de: *Ich will, dass meine Kinder nicht mehr lügen müssen. Meine Geschichte der deutschen Einheit*, Freiburg 2010 (weiterhin zitiert als: de Maizière, *Meine Geschichte*), S. 314 f.

61 »Information über ein Gespräch mit Geistlichen des Kreises Templin am 5. 10. 1989 über die Festveranstaltung zum 20jährigen Bestehen des Pastoralkollegs Templin sowie eine Aussprache mit den Teilnehmern des laufenden Lehrgangs an dieser Weiter-bildungseinrichtung«, 10. 10. 1989, Staatssekretariat für Kirchen-fragen, MfS, HA XX/4, BStU.

62 Siehe dazu den Bericht des MDR-Nachrichtenmagazins »Fakt« vom 14. 11. 1994 mit Interviews mit Schebarschin und Laptjiew über die Arbeit der Gruppe »Luch«. Erstmals wurde über die KGB-Gruppe im Jahr 1993 berichtet (Reuth/Bönte, *Komplott*, S. 210 f.; vgl. dazu auch den Bericht über die Gruppe in der *Frankfurter Allgemeinen Zeitung* vom 16. 9. 1993). Die damals ver-

breiteten Informationen gründeten auf ein Geheimpapier des
Bundesamtes für Verfassungsschutz, mit dem im Frühjahr 1992
einige ausgewählte Verantwortungsträger der Bundesrepublik
über die Arbeit von »Luch« informiert worden waren. Das
Dokument liegt den Autoren mit geschwärztem Verteiler und
Datum vor.

63 Ebd.
64 MDR-Nachrichtenmagazin »Fakt« vom 14.11.1994.
65 Henrich, Rolf: *Der vormundschaftliche Staat. Vom Versagen des real
   existierenden Sozialismus,* Hamburg 1989.
66 A.a.O., S.316. Dort heißt es: »Die Vormundschaft der Polit-
   bürokratie kann ohne Handlungen, welche den Machthabern
   als Verrat erscheinen müssen, gar nicht gebrochen werden.«
67 Ebd.
68 Bericht zu den Vorgängen des 01.10.89 in Berlin zur Gründung
   der Initiative »Demokratischer Aufbruch«, 2.10.1989, HA XX.4,
   Robert-Havemann-Gesellschaft, BStU. Siehe dazu: Neubert,
   Ehrhart: *Unsere Revolution. Die Geschichte der Jahre 1989/90,*
   München 2008, S.89.
69 Roll, *Kanzlerin,* S.117.
70 Mitteilung Ehrhart Neubert vom 7.3.2013.
71 Ebd.
72 *taz* vom 3.10.1989.
73 Ebd.
74 Richter, Michael: *Die Friedliche Revolution. Der Aufbruch
   zur Demokratie in Sachsen 1989/90,* Göttingen 2009, S.306.
75 Zu Wolfgang Schnur vergleiche Reuth/Bönte, *Komplott,*
   S.101f.
76 Siehe dazu Roll, *Kanzlerin,* S.117.
77 *Spiegel* vom 12.3.1990.
78 *Tagesspiegel* vom 15.3.1990.
79 Armin, *Zeitnot,* S.217.
80 Mitteilung von Stefan Dachsel vom 17.1.2013.
81 Mitteilung Ehrhart Neubert vom 7.2.2013.
82 *Frankfurter Allgemeine Zeitung* vom 29.9.1989.
83 *Tagesspiegel* vom 26.9.1989.

84 »Statut der SDP – Sozialdemokratische Partei der DDR-SDP vom
7. 10. 1989«, in: *Von der Bürgerbewegung zur Partei. Die Gründung
der Sozialdemokratie in der DDR. Diskussionsforum im Berliner
Reichstag am 7. Oktober 1992*, hrsg. von Dieter Dove, Forschungs-
institut der Friedrich-Ebert-Stiftung, Heft 3, S. 121 ff.

85 Zu Böhme vergleiche *Spiegel* vom 26. 3. 1990 und 10. 12. 1990.
Siehe auch Lahann, Birgit: *Genosse Judas. Die zwei Leben des
Ibrahim Böhme*, Berlin 1992.

86 »Information zum Ablauf des sog. Menschrechtsseminars vom
25. 8. 89 bis 26. 8. 89 in der Golgathakirche«, 27. 8. 1989, MfS,
BV Berlin, Archiv der Autoren. Einer der besten Kenner der
Materie, der damalige Leiter der Politischen Abteilung der
Deutschen Botschaft in Moskau, Joachim von Arnim (Arnim,
Zeitnot, S. 304), sieht nicht zuletzt in der personellen Besetzung
der SDP-Führung und in ihrer Programmatik einen weiteren
Beleg dafür, »dass der Anstoß zur Lawine auch in der DDR
vom Sicherheitsapparat gekommen war, und zwar mit größter
Wahrscheinlichkeit mit Wissen und Billigung der Moskauer
Zentrale des KGB«.

87 »Stenographische Niederschrift des Treffens der Genossen des
Politbüros und des Zentralkomitees der SED mit dem Generalsekretär des ZK der KPdSU, Michail Sergejewitsch Gorbatschow
am Sonnabend, dem 7. Oktober 1989 in Berlin Niederschön-
hausen«, ohne Datum, BA/ZPA IV 2/2035/60.

88 Reuth/Bönte, *Komplott*, S. 108.

89 Es war dabei um den Inhalt eines Koffers gegangen, in dem
Mielke diskreditierendes Material über Honeckers Zeit im
Zuchthaus Brandenburg-Görden aufbewahrt hatte. Danach
soll Honecker mit den Nationalsozialisten kooperiert haben.
Vergleiche dazu *Frankfurter Allgemeine Zeitung* vom
16. 11. 1990.

90 *Der Sonntag* vom 5. 11. 1989 macht die erste Seite mit einem
riesigen Foto von Wolf bei der Veranstaltung vom 20. 10. 1989
auf und berichtete im Inneren des Wochenblatts ausführlich.

91 Merkel, *Mein Weg*, S. 77.

92 Mitteilung von H. H. vom 18. 1. 2013.

93 Boysen, *Merkel,* S. 76.

94 Vorläufige Grundsatzerklärung (beschlossen auf der Delegierten-
    konferenz am 30. 10. 1989), Dok. Nr. 5, Christiane Ziller, CZ 02,
    Robert-Havemann-Gesellschaft.

95 Merkel, *Mein Weg,* S. 80. Dies berichtete Brigitta Kögler, die
    zu den Gründungsmitgliedern des DA gehörte und später
    dessen stellvertretende Vorsitzende wurde, www.youtube.com/
    watch?V=30CN00H3N_S.

96 *Frankfurter Allgemeine Zeitung* vom 20. 10. 1989.

97 Zur Krenz-Ansprache siehe *Neues Deutschland* vom 19. 10. 1989.

98 »Bericht über den Arbeitsbesuch des Generalsekretärs des ZK
    der SED und Vorsitzenden des Staatsrates der DDR, Genossen
    Egon Krenz, vom 31. 10. bis 1. 11. 1989 in der UdSSR«, 7. 11. 1989,
    BA/ZPA J IV/2/2A/3255.

99 »Sonder-Warnliste für die Bevölkerung der Sowjetzone und des
    sowjetischen Sektors von Berlin«, hrsg. vom Untersuchungs-
    ausschuss Freiheitlicher Juristen (UFJ), ohne Datum, Archiv der
    Autoren.

100 Mitteilung Hermann Kalb vom 8. 11. 1991. Der Gegenkandidat
    von de Maizière, der Grafiker Winfried Wolk (IM »Franz«), gab
    in einem Brief an den CDU-Generalsekretär Volker Rühe vom
    23. 8. 1991 zu bedenken: »Eine Frage habe ich immer noch. Wie
    kam Herr de Maizière eigentlich zur Kandidatur für den Partei-
    vorsitz nach Götting? Ist Ihnen das nicht auch merkwürdig
    vorgekommen, da er doch nicht Mitglied der damals amtieren-
    den Parteileitung war? Eigentlich war er gar nicht wählbar,
    wie konnte die Göttingsche Parteileitung auf de Maizière ver-
    fallen?« Die Kopie des Wolk-Briefes befindet sich im Archiv
    der Autoren.

101 De Maizière, *Meine Geschichte,* S. 12.

102 Zur Person Lothar de Maizières und den Umständen seines Auf-
    stiegs zum Vorsitzenden der Blockpartei CDU siehe Reuth/Bönte,
    Komplott, S. 108.

103 Zur Wende in der Nationalliberalen Partei und der Liberal-
    demokratischen Partei siehe Reuth/Bönte, *Komplott,* S. 140 und
    S. 97 f.

104 *Der Morgen* vom 20.9.1989. Zur Person Gerlachs siehe derselbe: *Mitverantwortlich. Als Liberaler im SED-Staat,* Berlin 1991.

105 Protokoll der 1. Sitzung des Vorstandes des Demokratischen Aufbruchs – sozial, ökologisch am 4.11.1989, Dok. Nr. 18, PA Christiane Ziller, CZ 01, Robert-Havemann-Stiftung.

106 Zu Angela Merkels Reise in die Bundesrepublik vergleiche Langguth, *Merkel,* S. 339.

107 Siehe dazu den bemerkenswerten Bericht von Barbara Bollwahn in der *taz* vom 30.5.2005.

108 Ebd.

109 Ebd.

110 Gerhard Öhlmann an C. Grote, den Generalsekretär der Akademie der Wissenschaften, 6.7.1989, AdW A 6004.

111 Boysen, *Merkel,* S. 48 f.

112 Langguth, *Merkel,* S. 339.

113 Abschrift der Redebeiträge der vom Berliner Rundfunk (DDR TV 1) übertragenen Kundgebung vom 4.11.1989, Rias Monitor, Archiv der Autoren.

114 Ebd.

115 Wolf, *Auftrag,* S. 5.

116 Reuth, Ralf Georg: »Das Komplott vor dem Mauerfall«, in *Welt am Sonntag* vom 7.9.2004.

117 *Junge Welt* vom 16.1.2013. In einem Doppel-Interview mit Gysi und Modrow berichtet Letzterer, dass er Gysi bis Anfang Dezember nicht gekannt habe. Beide sind sich darin einig, dass es »möglicherweise« (!) Markus Wolf gewesen sei, der Gysi nach ganz vorne gebracht habe.

118 Markus Wolfs Brief an die Redaktion des *Neuen Deutschland,* 9.11.1989, Archiv der Autoren.

119 Merkel, *Mein Weg,* S. 72 f., Roll, *Kanzlerin,* S. 124.

120 Diekmann, Kai/Reuth, Ralf Georg (Hrsg.): *Die längste Nacht, der größte Tag. Deutschland am 9. November 1989,* München/ Zürich 2009, S. 151.

121 Stock, *Merkel,* S. 18.

122 Merkel, *Mein Weg,* S. 73 f.

123 Langguth, *Merkel,* S. 104.

4 Es mangelt an gangbaren und einsichtigen Zukunftsvisionen zur Zeit

(November 1989 bis März 1990)

1 *Neue Zeit* vom 15.11.1989.
2 Mitteilung Hans-Christian Maaß vom 14.2.2013. Die *Berliner Morgenpost* berichtete am 16.11.1989 über das Gespräch Warnkes beim Demokratischen Aufbruch.
3 Mitteilung Ehrhart Neubert vom 11.2.2013.
4 *Spiegel* vom 9.11.2009
5 Langguth, *Merkel*, S.340; Das Gründungsmitglied des Demokratischen Aufbruchs, Andreas Apelt, der heute unter dem Vorsitzenden Lothar de Maizière Geschäftsführer der Deutschen Gesellschaft ist, schreibt in einem Zeitungsbeitrag, dass Angela Merkel »in der ersten Dezemberwoche« in die Geschäftsstelle hineingeschneit sei und sich erkundigt habe, ob sie hier helfen könne. Daraus folgert er, dass an diesem Tag »wohl die Karriere der Fünfunddreißigjährigen beginnt«. Und er bekräftigt, dass sie zufällig beginnt, wenn er schreibt: Ständig seien Menschen gekommen, die um Rat und Hilfe gebeten oder die versucht hätten, Informationen zu bekommen, oder Büromaterial gebracht hätten. »Jedenfalls hätte das Hilfsangebot der jungen Frau in dem geschäftigen Durcheinander gut untergehen können«, wenn nicht Nooke Bürodienst gehabt hätte, der die Pfarrerstochter – so Apelt – schon einmal »bei einem der Treffen kritischer Geister im Templiner Pastoralkolleg gesehen hatte«, s. dazu *Frankfurter Allgemeine Sonntagszeitung* vom 1.1.2006.
6 Mitteilung Hans-Christian Maaß vom 14.2.2013.
7 Über die Begegnung zwischen Maaß und Angela Merkel berichtete auch Wolfgang Stock, der sie allerdings falsch terminiert. Stock legt die Begegnung auf Ende November. Siehe dazu derselbe, *Merkel*, S.20.
8 Mitteilung Ehrhart Neubert vom 7.2.2013.
9 Reuth/Bönte, *Komplott*, S.164.

10 Tonbandmitschnitt der Rede Manfred von Ardennes während der 11. Sitzung der DDR-Volkskammer vom 13. 11. 1989, TV DDR 1.

11 Tonbandmitschnitt der Rede Erich Mielkes während der 11. Sitzung der Volkskammer vom 13. 11. 1989, TV DDR 1.

12 *Berliner Morgenpost* vom 12. 1. 2003.

13 »Vorschlag für die Neubildung des Ministerrats der DDR«, 16. 11. 1989, BA/ZPA 2/2A/3266.

14 *Neues Deutschland* vom 18./19. 11. 1989.

15 *Frankfurter Allgemeine Zeitung* vom 24. 11. 1989.

16 Die MfS-Akte von Lothar de Maizière wurde einem Bericht der *Neuen Zeit* vom 23. 3. 1993 zufolge Anfang Dezember 1989 gesäubert. Wie Stolpes Führungsoffizier Wiegand aussagte, sei die Akte des IM »Sekretär« im November 1989 vernichtet worden (»Regierungssprecher Erhard Thomas teilt mit«, 14. 2. 1992.) Im Fall Hanfried Müllers fand sich ein auf den 4. Dezember 1989 datierter Löschbefehl (Löschung von Erfassungen zu ausgewählten IM«, HA XX.4, Archiv der Autoren). Vergleiche dazu auch Fischer, Bernd: *Der Große Bruder. Wie die Geheimdienste der DDR und der* UdSSR *zusammenarbeiteten.* Band 7 der Geschichte der HVA, Berlin 2012 (weiterhin zitiert als Fischer, *Großer Bruder*), S. 179 f.

17 Zu Kohls Zehn-Punkte-Plan vergleiche Helmut Kohl: *Ich wollte Deutschlands Einheit.* Dargestellt von Kai Diekmann und Ralf Georg Reuth, Berlin 1996 (weiterhin zitiert als Diekmann/Reuth, *Deutschlands Einheit*), S. 157 ff.

18 *Frankfurter Allgemeine Zeitung* vom 30. 11. 1989.

19 *Neues Deutschland* vom 29. 11. 1989.

20 Zur Vorgeschichte des Aufrufs »Für unser Land« siehe *Sächsische Zeitung* vom 29. 11. 1989.

21 Presseerklärung des DA zum Apell »Für unser Land«, Bestand BW, DA 2, Robert-Havemann-Gesellschaft.

22 Den offenen Brief, an dessen Ende die Namen Angela Merkel und Erika Höntsch stehen, hatte Horst Kasner im Dezember 1989 an den Bochumer Theologen Christofer Frey geschickt und noch handschriftlich vermerkt, dass Angela Merkel seine Tochter sei

und Erika Höntsch deren Freundin. Der offene Brief wurde den Autoren freundlicherweise von Christofer Frey zur Verfügung gestellt.

23 Merkel, *Mein Weg*, S. 68.

24 *Frankfurter Allgemeine Zeitung* vom 25. 11. 1989.

25 *Spiegel* vom 30. 4. 1990.

26 *Bild am Sonntag* vom 17. 12. 1989.

27 *Frankfurter Allgemeine Sonntagszeitung* vom 1. 1. 2006.

28 Ebd.

29 Das Programm findet sich u. a. in: Christiane Ziller, CZ 02, Robert-Havemann-Gesellschaft.

30 Demokratischer Aufbruch – sozial, ökologisch. Vorläufige Grundsatzerklärung (beschlossen auf der Delegiertenkonferenz am 30. 11. 1989, Dok. Nr. 5, Christiane Ziller, CZ 02, Robert-Havemann-Gesellschaft.

31 Zitiert nach Fischer, *Großer Bruder*, S. 182.

32 Arnim, *Zeitnot*, S. 251.

33 MDR-Nachrichtenmagazin »Fakt« vom 14. 11. 1994.

34 Schlusswort de Maizières auf dem CDU-Sonderparteitag am 15./16. 12. 1989, CDU-Texte 1/90, S. 18 ff., hier S. 18.

35 *Frankfurter Allgemeine Zeitung* vom 19. 12. 1989.

36 Ebd.

37 Dies schildert der Berliner Landesvorsitzende des DA, Andreas Apelt, der einen Brief schrieb, in dem er zur Aussöhnung der Flügel aufrief. Siehe derselbe, Gedanken zum Parteitag, 19. 12. 1989, Dok. Nr. 37, PA Christiane Ziller, CZ 01, Robert-Havemann-Gesellschaft.

38 Langguth, *Merkel*, S. 124.

39 *Spiegel* vom 9. 11. 2009.

40 Ebd.

41 *Spiegel* vom 8. 1. 1990.

42 Presseerklärung, ohne Datum, Dok. Nr. 41, Christiane Ziller, CZ 02, Robert-Havemann-Stiftung.

43 Presseerklärung Ziller, 3. 1. 1990, Dok. Nr. 44, Christiane Ziller, CZ 02, Robert-Havemann-Gesellschaft.

44 Roll, *Kanzlerin*, S. 118 f.

45 *Frankfurter Allgemeine Sonntagszeitung* vom 1.1.2006.

46 Stock, *Merkel*, S. 22.

47 *Frankfurter Allgemeine Sonntagszeitung* vom 1.1.2006.

48 Roll, *Kanzlerin*, S. 40.

49 Vergleiche dazu Worst, Anne: *Das Ende eines Geheimdienstes.
    Oder: Wie lebendig ist die Stasi?*, Berlin 1991. Ferner Reuth/Bönte,
    Komplott, S. 202 f.

50 Handschriftliche Erklärung von Christiane Ziller, 14.1.1990,
    Dok. Nr. 51, CZ 02, Robert-Havemann-Gesellschaft.

51 Roll, *Kanzlerin*, S. 126. Eppelmann wurde auf Vorstandsbeschluss
    vom 30.10.1989 »Beauftragter für Medienarbeit«, Dok. Nr. 7,
    Christiane Ziller, CZ 01, Robert-Havemann-Gesellschaft.

52 Roll, *Kanzlerin*, S. 126.

53 Mitteilung Stefan Dachsel vom 17.1.2013.

54 *Frankfurter Allgemeine Sonntagszeitung* vom 1.1.2006.

55 Stock, *Merkel*, S. 21.

56 Langguth, *Merkel*, S. 340.

57 Siehe dazu Diekmann/Reuth, *Deutschlands Einheit*, S. 257.

58 A. a. O., S. 256.

59 A. a. O., S. 258 f.

60 Zitiert nach Kohl, *Erinnerungen*, Bd. 2, S. 1048 ff. Siehe dazu auch
    das Kommuniqué über das Treffen zwischen dem Generalsekretär
    der KPdSU und Vorsitzenden des Präsidiums des Obersten
    Sowjets der UdSSR, Michail Gorbatschow, und dem Vorsitzenden
    des Ministerrats der Deutschen Demokratischen Republik, Hans
    Modrow, in Moskau am 30. Januar 1990, in: Thies, Jochen/Wagner,
    Wolfgang (Hrsg.): *Das Ende der Teilung. Der Wandel in Deutsch-
    land und Osteuropa. In Beiträgen und Dokumenten aus dem
    Europa-Archiv,* Bonn 1990, S. 318 f.

61 Arnold, Karl-Heinz: *Die ersten hundert Tage des Hans Modrow,*
    Berlin 1990, S. 96.

62 »Ministerpräsident Hans Modrow: Für Deutschland, einig
    Vaterland. Konzeption für den Weg zu einem einheitlichen
    Deutschland, vom 1. Februar 1990«, in: Münch, Ingo von (Hrsg.):
    Dokumente zur Wiedervereinigung Deutschlands, Stuttgart 1991,
    S. 79 ff.

63 Stock, *Merkel*, S. 23.

64 *taz* vom 24. 8. 2005.

65 »Angela Merkels roter Vater«, *Cicero* vom 21. 11. 2007.

66 *taz* vom 24. 8. 2005.

67 Ebd.

68 Diekmann/Reuth, *Deutschlands Einheit*, S. 260.

69 *Frankfurter Allgemeine Sonntagszeitung* vom 1. 1. 2006.

70 Diekmann/Reuth, *Deutschlands Einheit*, S. 262 f.

71 Roll, *Kanzlerin*, S. 129.

72 Stock, *Merkel*, S. 25.

73 Merkel, *Mein Weg*, S. 79.

74 Roll, *Kanzlerin*, S. 118 f.

75 Stock, *Merkel*, S. 26.

76 *Der Aufbruch. Zeitung für demokratische Erneuerung*, in Bestand BW / Herbst 89, DA 2, Robert-Havemann-Gesellschaft.

77 ADN vom 8. 3. 1990.

78 Langguth, *Merkel*, S. 129.

79 *Spiegel* vom 12. 3. 1990.

80 Ebd.

81 Ebd.

82 Zitiert nach *Tagesspiegel* vom 8. 11. 1999.

83 Merkel, *Mein Weg*, S. 80.

84 Zitiert nach Stock, *Merkel*, S. 26.

85 Roll, *Kanzlerin*, S. 42.

86 Langguth, *Merkel*, S. 344.

87 Gieseke, Jens: *Die Stasi. 1945–1990*, München 2011, S. 11 ff.

88 *Frankfurter Allgemeine Zeitung* vom 15. 9. 1990.

89 *Tagesspiegel* vom 15. 3. 1990.

90 *Frankfurter Allgemeine Sonntagszeitung* vom 1. 1. 2006.

5 Von unseren politischen Freunden in Osteuropa haben wir in den vergangenen Jahren viel gelernt
(März 1990 bis 1991)

1 Die CDU erhielt damit 163 Sitze in der frei gewählten Volkskammer, die SPD (21,9 Prozent) 88, die PDS (16,4 Prozent) 66
sowie die DSU (6,3 Prozent) 25 Sitze. Die BFD (5,3 Prozent)
zog mit 21 Sitzen, das Bündnis 90 (2,9 Prozent) mit 12,
die DBD (2,2 Prozent), mit 9, Grüne/UFV (2,0 Prozent) mit 8
sowie der DA (0,9 Prozent) mit 4 Sitzen ins Parlament ein.

2 Langguth, *Merkel*, S. 131.

3 *Frankfurter Allgemeine Zeitung* vom 28. 6. 1991.

4 Bericht über die Recherchen im »Fall de Maizière« gemäß
dem Auftrag des Herrn Bundesministers, 15. 2. 1991, Bestand
Uwe Müller.

5 Dies geht aus einem Schriftwechsel zwischen Militäroberstaats-
anwalt Manfred Lohse und Lothar de Maizière hervor. Einen
Brief Lohses vom 6. 7. 1979 (AZ I A 2000/37/79 S) beantwortete
Lothar de Maizière am 12. 9. 1979, er werde das Mandat von
Winfried Baumann übernehmen. In einem handschriftlichen Vermerk Lohses vom 16. 7. 1979 heißt es, Baumann habe nach Rücksprache mitgeteilt, dass er de Maizière die Vollmacht nicht er-
teile. Der Offizier der Volksmarine, der damit von seinem Recht
Gebrauch machte, einen Verteidiger ablehnen zu dürfen, wurde
am 9. 7. 1980 in einer Geheimverhandlung vom 1. Militärstrafsenat
des Obersten Gerichts der DDR wegen »Spionage in besonders
schweren Fall und mehrfach vorbereiteten ungesetzlichen Grenz-
übertrittes« in einem von Mielke sowohl in seinem Verlauf als
auch im Ausgang vorab festgelegten Verfahren zum Tode verur-
teilt und am 18. 7. 1980 in Leipzig durch »Nahschuss in das Hinter-
haupt« hingerichtet. Die Dokumente befinden sich im Archiv
der Autoren. Der Sachverhalt und die Rolle de Maizières als Ver-
teidiger-Statist wurden in der *Welt am Sonntag* vom 27. 8. 2000
dargestellt. Es war Gregor Gysi, der ebenfalls zu dem Dutzend
beim Militärstrafsenat des Obersten Gerichts der DDR zugelas-

senen Anwälten gehörte, der in einem Leserbrief Partei für de
Maizière ergriff. Vergleiche dazu *Welt am Sonntag* vom 3.9.2000.

6   *Welt am Sonntag* vom 6.3.2011.

7   Er habe niemals wissentlich für das MfS als Inoffizieller Mitarbei-
    ter gearbeitet, beteuert Lothar de Maizière zuletzt in seinem Buch
    (de Maizière, *Meine Geschichte*, S.321ff.).

8   Vermerk zur Wahl des CDU-Vorsitzenden, Tonbandabschrift,
    6.11.1989. HA (die Angabe, um welche Abteilung es sich handelt,
    wurde geschwärzt), BStU; das Dokument wurde den Autoren
    freundlicherweise von Herrn Uwe Müller zur Verfügung gestellt.

9   Es existiert sogar ein Beleg über eine Spesenerstattung durch
    das MfS für den »Sicherungseinsatz« des IM »Czerny« auf
    der Bundessynode in Eisenach, 26.9.1989, MfS HA XX, 2496,
    BStU.

10 De Maizière, *Meine Geschichte*, S.14.

11 Kohl, Helmut: *Erinnerungen. 1990–1994,* München 2007
    (weiterhin zitiert als Kohl, *Erinnerungen,* Bd.3), S.52.

12 *Frankfurter Allgemeine Zeitung* vom 31.3.1990.

13 Langguth, *Merkel,* S.137.

14 Mitteilung Hans-Christian Maaß vom 14.2.2013. Auch Lothar
    de Maizière soll Angela Merkel während des Wahlkampfes
    aufgefallen sein. Vgl. dazu: ders., *Meine Geschichte,* S.189.

15 Stock, *Merkel,* S.29.

16 Langguth, *Merkel,* S.134.

17 Mitteilung Hans-Christian Maaß vom 14.2.2013.

18 De Maizière, *Meine Geschichte,* S.189.

19 Matthias Gehler in der *Thüringischen Allgemeinen* vom 2.10.2010.

20 *Thüringische Allgemeine* vom 2.10.2010. Dies berichtet auch Lang-
    guth auf der Grundlage seines Gesprächs mit Gehler (Langguth,
    Merkel, S.135).

21 Stock, *Merkel,* S.28f.

22 *Frankfurter Allgemeine Zeitung* vom 20.4.1990.

23 Stock, *Merkel,* S.29.

24 Spiegel-TV, »Die schnelle Wende des Günther Krause«, 1.8.2011;
    http://www.spiegel.de/video/vor-20-jahren-die-schnelle-wende-
    des-guenther-krause-video-1135309.html.

25 Spiegel-TV, »Vor 20 Jahren: Die schnelle Wende des Günther Krause«, 4. 9. 2011.

26 Die Frage, die die Autoren Günther Krause am 24. 1. 2013 stellten, wurde von diesem nicht beantwortet. Mail-Anfrage vom 24. 1. 2013, Archiv der Autoren.

27 Hinweis zu Steinbach, Thilo, 8. 8. 1986, HA XX/1/III, MfS 4186/87, BStU. Carl Ordnung ist Sekretär des Regionalausschusses der CFK, Mitglied des Friedensrates und hat gestaltend an den Allchristlichen Friedensversammlungen teilgenommen.

28 Bericht über das erste Kontaktgespräch mit Steinbach, Thilo, 21. 4. 1987, HA XX.1/III, MfS 4186/87, BStU.

29 Information zu Steinbach, Thilo, geb. am 15. 5. 1963, 23. 8. 1983, Abteilung 15, MfS 4186/87, BStU.

30 Bericht über das erste Kontaktgespräch mit Steinbach, Thilo, 21. 4. 1987, HA XX.1/III, MfS 4186/87, BStU.

31 Ebd.

32 Treffbericht IMS »Bernd« vom 1. 11. 1989, HA XX/1, MfS 4186/87, BStU.

33 Ebd.

34 Zu Kirchner vergleiche Müller-Enbergs, *Wer war wer in der DDR?*, S. 426 f.

35 Zu den Vorgängen um den »Brief aus Weimar« vergleiche Reuth/Bönte, *Komplott*, S. 95 ff. sowie S. 140 ff.

36 *Spiegel* vom 2. 9. 1991.

37 Reuth/Bönte, *Komplott*, S. 143 f. Siehe auch *Frankfurter Allgemeine Zeitung* vom 1. 7. 1990.

38 IM »Marktgraf«, XV 2961/69 (Kersten Radzimanowski), Archiv Nr. 13 956/81, BStU.

39 *Süddeutsche Zeitung* . 8. 1990.

40 »Abschied von Carl Ordnung«, in: *SODI-Report,* hrsg. v. Solidaritätsdienst-international e. V., 02/2012, S. 14.

41 *Süddeutsche Zeitung* vom 22. 8. 1990.

42 De Maizière, *Meine Geschichte,* S. 186.

43 *Junge Welt* vom 31. 10. 1990.

44 *Frankfurter Allgemeine Zeitung* vom 27. 8. 1991.

45 *BZ* vom 28. 8. 1991.

46 *Thüringische Allgemeine* vom 2.10.2010.

47 Langguth, *Merkel*, S.136.

48 Merkel, *Mein Weg*, S.82.

49 Stock, *Merkel*, S.29.

50 De Maizière, *Meine Geschichte*, S.189. Siehe dazu auch Roll, *Kanzlerin*, S.140 f.

51 Merkel, *Mein Weg*, S.82.

52 Boysen, *Merkel*, S.130; Roll, *Kanzlerin*, S.145.

53 Ebd.

54 Stock, *Merkel*, S.33 f.

55 Diekmann, Kai/Reuth, Ralf Georg: *Helmut Kohl. Ich wollte Deutschlands Einheit*, Berlin 1996 (weiterhin zitiert als Kohl, *Deutschlands Einheit*), S.310.

56 Kohl, *Erinnerungen*, Bd.3, S.147.

57 De Maizière, *Meine Geschichte*, S.206 f.

58 Kohl, *Erinnerungen*, Bd.3, S.147 f.

59 Merkel, *Mein Weg*, S.83.

60 Kohl, *Erinnerungen*, Bd.3, S.145 f.

61 Vergleiche dazu Kohl, *Deutschlands Einheit*, S.375 ff.

62 *Neues Deutschland* vom 17.1.1991.

63 *Die Welt* vom 3.1.1991.

64 Langguth, *Merkel*, S.140 f.

65 De Maizière, *Meine Geschichte*, S.203.

66 *Frankfurter Allgemeine Zeitung* vom 30.10.1992.

67 »Dokumente zur Deutschlandpolitik. Deutsche Einheit. Sonderedition aus den Akten des Bundeskanzleramtes 1989/90. Bearbeitet von Hans Jürgen Küsters und Daniel Hofmann«, herausgegeben vom Bundesministerium des Inneren unter Mitwirkung des Bundesarchivs, München 1998, Dok. Nr. 428, S.1550 f.

68 *Süddeutsche Zeitung* 4.1990.

69 Langguth, *Merkel*, S.142.

70 A.a.O., S.142 f.

71 Stock, *Merkel*, S.35.

72 *Frankfurter Rundschau* vom 6.8.1990.

73 Langguth, *Merkel*, S.143.

74 A.a.O., S.143f.

75 A.a.O., S.151f.

76 Protokoll des 38. Parteitags der Christlich Demokratischen Union Deutschlands, Hamburg, 1.–2. Oktober 1990, S. 62f.

77 Ebd.

78 A.a.O., S. 22 ff.; siehe dazu auch Kohl, *Erinnerungen,* Bd. 3, S. 232 f.

79 Protokoll des 38. Parteitags der Christlich Demokratischen Union Deutschlands, Hamburg, 1.–2. Oktober 1990, S. 40. Siehe dazu auch *Spiegel* vom 22.10.1990.

80 Bundesamt für Verfassungsschutz, Az.: I A 1-034-A-00009-178-3/91 Geheim, 30.12.1991. Es handelt sich um die Beantwortung der Kleinen Anfrage der Bündnis 80/Die Grünen-Abgeordneten Ingrid Köppe zu den »Stasi-Verbindungen des ehemaligen Bundesministers de Maizière«, Bestand Uwe Müller. Siehe auch *Welt am Sonntag* vom 6.3.2011.

81 Zitiert nach Ingrid Köppe aus der Befragung des Parlamentarischen Staatssekretärs Waffenschmidt vom 28.3.1991. Deutscher Bundestag – 12. Wahlperiode, Drucksache 12/340.

82 Aus der Antwort Waffenschmidts, ebd.

83 Wolf, *Auftrag,* S. 153.

84 De Maizière, *Meine Geschichte,* S. 312.

85 Ebd.

86 Merkel, *Mein Weg,* S. 83.

87 Brief des CDU/CSU-Mitarbeiters Klaus Herrmann an den Vorstand des CDU-Kreisverbandes Rügen, 16. August 1990.

88 Mitteilung von Hans-Günther Zemke vom 25.2.2013.

89 *Rostock delüx Magazin* 3/2008.

90 Ebd.

91 Mitteilung von Hans-Günther Zemke vom 25.2.2013.

92 *Focus* vom 27.6.2005.

93 Merkel, *Mein Weg,* S. 15.

94 Langguth, *Merkel,* S. 149.

95 Merkel, *Mein Weg,* S. 84.

96 Mitteilung Günther Krause vom 8.1.2013.

97 Ebd.

98 Langguth, *Merkel,* S. 153.

99 Boysen, *Merkel*, S. 141.

100 De Maizière, *Meine Geschichte*, S. 189.

101 Merkel, *Mein Weg*, S. 85.

102 Mitteilung Günther Krause vom 8.1.2013.

103 Im renommierten Munzinger-Internat. Biogr. Archiv 12-14/91
P019778-1 aus dem Jahr 1991 fehlt Angela Merkels Mädchenname.

104 Angela Merkel, *Mein Weg*, S. 85.

105 Bericht über die Recherchen im »Fall de Maizière« gemäß
dem Auftrag des Herrn Bundesministers, 15.2.1991, Bestand
Uwe Müller.

106 dpa 354 vom 22.2.1991.

107 *Die Welt* vom 23.2.1991.

108 *Frankfurter Allgemeine Zeitung* vom 1.3.1991.

109 Gauck, Joachim: *Winter im Sommer – Frühling im Herbst.
Erinnerungen,* München 2009, S. 267.

110 *Spiegel* vom 9.4.1991.

111 Kohl, *Erinnerungen,* Bd. 3, S. 393.

Ohne Macht gibt es Chaos
Fazit

1 Merkel, Mein Weg, S. 71.

2 *Frankfurter Allgemeine Zeitung* vom 22.12.1999.

3 *Spiegel Online* vom 22.9.2010; http://www.spiegel.de/
politik/deutschland/buchvorstellung-merkel-ringt-um-ddr-
deutungshoheit-a-718969.html.

4 zit. nach: Stephan, Cora: Angela Merkel. Ein Irrtum,
München 2011, S. 84.

5 Stürmer, Michael, »Alles muss raus!«, in: *Die Welt*
vom 2. März 2013.

Register

Adenauer, Konrad 20, 55
Ahlers, Detlev 258, 276
Ahlers, Conrad 258
Ahlrichs, Reinhard
139, 185 f.
Andropow, Jurij W.
147, 153, 166, 187
Apelt, Andreas
205, 215 f., 221, 229, 231
Ardenne, Manfred von
153, 196
Arnold-Karl-Heinz 219

Bahro, Rudolf 82, 107 f., 153
Bartsch, Dieter 13
Bassarak, Gerhard 30
Beatles 15, 54
Beethoven, Ludwig van 267
Benn, Erika 66 f.
Benn, Gottfried 104
Bergmann-Pohl, Sabine
275, 277
Biermann, Wolf 50, 97 f., 109
Bliss, Peter 57, 69 f., 72 f.
Blüm, Norbert 221
Boer, Dick 200

Bohley, Bärbel 151, 162, 171
Böhme, Hans-Joachim 177
Böhme, Ibrahim Manfred
177 f., 242
Böll, Heinrich 107
Bollwahn, Barbara 185
Bonhoeffer, Dietrich 22, 35
Boysen, Jacqueline
14 f., 165 f.
Braecklein, Ingo 60
Brandt, Willy 83, 154, 208
Brasch, Thomas 98
Breschnew, Leonid
85, 112, 120, 149
Brie, André 159, 188
Brie, Horst 159
Brie, Michael 159, 188
Buber-Neumann, Margarete
48
Bulgakow, Michail 109
Burchardt, Rainer 250
Bush, George 225, 252, 254

Ceauşescu, Nicolae 150, 156
Cézanne, Paul 54
Chruschtschow, Nikita 18, 24

331

Bildnachweis